名师工程

教研提升系列

# 青年教师深度备课秘笈

徐世贵　李志清　著

西南大学出版社
国家一级出版社　全国百佳图书出版单位

**图书在版编目（CIP）数据**

青年教师深度备课秘笈 / 徐世贵，李志清著. — 重庆：西南大学出版社，2021. 11

ISBN 978-7-5697-1148-6

Ⅰ. ①青… Ⅱ. ①徐… ②李… Ⅲ. ①青年教师－备课－教学研究 Ⅳ. ①G424. 21

中国版本图书馆 CIP 数据核字（2021）第 210455 号

---

青年教师深度备课秘笈
QINGNIAN JIAOSHI SHENDU BEIKE MIJI
徐世贵　李志清　著

---

**责任编辑**：牛振宇
**责任校对**：张　丽
**出版发行**：西南大学出版社（原西南师范大学出版社）
地址：重庆市北碚区天生路 2 号
邮编：400715　市场营销部电话：023-68868624
http：//www. xdcbs. com
**经　　销**：新华书店
**印　　刷**：重庆市国丰印务有限责任公司
**幅面尺寸**：170mm × 240mm
**印　　张**：16. 5
**字　　数**：330 千字
**版　　次**：2021 年 11 月　第 1 版
**印　　次**：2021 年 11 月　第 1 次印刷
**书　　号**：ISBN 978-7-5697-1148-6

---

**定　　价**：50. 00 元

PREFACE

# 序

## 学会上课先要学会备课

备课是教学的源头和基础。功在课前，效在课上。备课不成功，上课肯定不成功。青年教师要想学会上课，必须过备课这一关。有效课堂源于有效备课，备课是取得优异教学成绩的秘笈和法宝。名师之所以课上得好，成绩优异，就是因为有扎实的备课教学基本功。而有的教师课总是上不好，这一定与“备课不充分，备课不到位，备课不得法，备课不深刻”有密切关系。可见，教师要实现有效课堂，如果不会备课，其他都是空谈。

有的青年教师认为，备课有什么难的，当教师谁不会备课？其实，备课与备课之间有着千差万别。如果学生课堂满分是10分的话，有的教师能让学生收获8分，有的教师能让学生收获6分，而有的教师只能让学生收获4分。10分的课你只能让学生收获4分，你能说你会备课吗？

深度备课是深度学习的基础。没有深度备课，哪有深度学习。好的课堂需要教师的精心备课作为支撑。因此，指向“深度学习”的“深度备课”是促使深度学习真正落地的关键。

怎样深度备课？备课是一门科学，也是一门艺术，同时也是一门技术。它涉及备课的理念、内容、策略、方法和技巧等。那么怎样帮助青年教师尽快掌握深度备课这门学问呢？摆在面前的《青年教师深度备课秘笈》一书能为青年教师学会深度备课指点迷津。本书具备如下特点。

1. 针对性与系统性。本书选取了青年教师备课过程中最迫切需要解决和最困惑的问题，这些问题不仅有针对性，更重要的是通过本书的说明介绍，能给青年教师翔实具体的备课方法、技术上的指导。本书共 17 章，分为备课技能篇、备课深化篇、名师案例篇三大板块，既有对备课这门科学的系统性和完整性阐述，如深度备课的理念、内容、策略、方法和技巧等，也有对备课这门科学的细节研究，如怎样精准研读把握课标教材，怎样读懂学情，怎样优化教学设计，怎样策划教学策略，怎样通过说课深化备课，等等。

2. 前沿性与创新性。本书各章编写吸纳了新课标、新教材和新课程理念，同时学习和总结了全国一些特级教师和名师备课的先进思想和经验。思想能走多远，课才能走多远。为了帮助青年教师转变教学观念，走进新课程，本书还开辟了几章专门阐述前沿性备课思想和经验，如第 5 章的建立科学的好课观，第 6 章的观念不变课堂就不会变，第 9 章的备课要备教学评价，第 11 章的备课要备学习指导等。这些章节内容可以帮助教师拓展思路，实现深度备课。

3. 实用性与操作性。徐特立老先生说："用与学的分离，是工作和学习双方的失败。"摒弃过于强调理论的构建与说教，突出书的实用性与操作性，是本书最大的特点。全书各章内容都是理论与实践、学习与应用相结合。书中第三板块"名师案例篇"编写了北京中学李志清等六位名师的备课秘笈和学科优化教学设计的鲜活典型案例，这能给青年教师很好的借鉴和启迪。本书力避高深死板，把抽象的理论通俗化，科学的内容技术化，理论可学，技术能用，方法有效。

青年教师朋友，简单的招数做到极致，就是绝招！坚持把简单的事情做好就是不简单，坚持把平凡的事情做好就是不平凡！世界上最公平的事，就是拿努力换结果，越努力，越幸运。潜心苦练深度备课教学基本功，能让你自信稳健地走上课堂，既可以让你迅速提高专业能力，又能使你取得优异的教学成绩。这样一举多得的事，何乐而不为呢！

徐世贵

CONTENTS

# 目 录

## 备课技能篇

## 备课深化篇

## 名师案例篇

# 备课技能篇

# 第 1 章

# 好课源于深度备课

这些年我到全国各地讲学的机会比较多，因此加我微信的教师就比较多，同时教师们从不同渠道给我提出的问题也很多，如下面这位老师。

徐老师：

您好！

我是一名入职两年的教师，我读了您的《好课堂与教师成长密码》这套书，感受颇深。不想当将军的士兵不是好士兵，我也想成为一名名师！但在这两年的教师生涯中，我上课有时感觉特别累，学生们有时听不明白。现在我很困惑和苦恼，希望可以得到您的指点。

这位入职两年的青年教师遇到的问题，有一定的代表性和普遍性。那么，面对青年新教师的这种问题，我能提供给他们的解决对策是什么呢？显然这位老师想要解决目前遇到的问题，需要做很多方面的工作，但首要的还是学会备课。教师备课不成功，上课肯定不成功。教师想要上好课，首先要备好课；有怎样的备课准备，在课堂上就有怎样的发挥和效果。所以在这章，我想重点说说青年教师怎样学会备课的问题。

为什么要高度重视备课？青年教师要想在课堂上站稳脚跟或者得到学生的信任，取得好的教学效果，首先要过"会备课"这一关。我们知道，"备课—上课—批改—测试—辅导"是教学过程的几个主要环节。要提高教学质量，关键是上好课，向 45 分钟要质量。而要上好课，关键是先备好课。在备不好课的情况下，教师的工作重心会出现本末倒置现象：不是把更多的时间和精力用于备课、上课，而是放在批改作业、课后辅导和应付频繁的考试上，这就造成了教学过程的恶性循环。

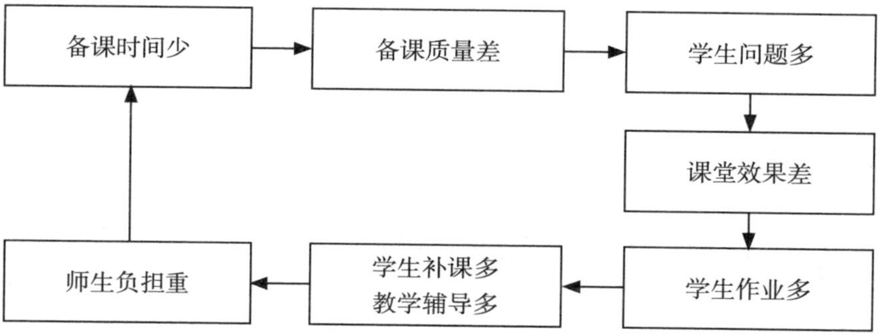


**教学活动的恶性循环**

从上面这个图中，我们看出教师的工作状态进入了一种恶性循环。这就需要教师课前勤一点，课上懒一点，学会巧用教学智慧。

很多名师都对备课有过精辟阐述。曹晓红说："上课与备课的关系相辅相成，有怎样的准备，就有怎样的发挥和怎样的效果。"杨再隋教授说："语文课出现了'虚''闹''杂''碎''偏'的问题。如果这些问题带有普遍性的话，我认为问题首先出在备课上。"张子锷说："我教中学物理 50 年了，同时教 3 个班，课已讲过 150 遍了，即使到最后一遍，不备课我还是不敢上课。"于永正说："关于备课的重要性不必说了，反正没备课或者课备得不充分时，我是不敢进课堂的。"李岩丽："我的课要精彩，精彩的精髓不是热闹而在于深刻，深刻的技巧在于备课教师的钻研。"

即使很多名师一直在强调备课的重要性，但仍有一些教师不重视备课，认为，"备课有什么难的，当教师谁不会备课？教了一辈子书，一直这样备课，不也教下来了！"其实，备课与备课之间千差万别。有的备课没有个人思考的内容，全是照搬、照抄；有的备课有参考与研究、突破与创新，体现出了教师的个人特色。如果课堂上的教学满分是 10 分的话，有的教师能让学生收获 8 分，有的教师能让学生收获 6 分，而有的教师只能让学生收获 4分。10 分的课如果学生在课堂上只能收获 4 分，能说你会备课了吗？

什么是备课？备课，顾名思义指的就是课前的准备工作。好的备课，教师能变简单备课为精心"研"课，即在独立思考研究的基础上，学习借鉴他人的精华，用心研读课标与教材，用心了解学生，用心研究教法与学法，创造性地使用教材，从而巧妙设计教学活动的研究过程。

备课通常有这样几种类型。

（1）常年备课。一次，北京市特级教师陈毓秀讲"战国七雄"一课，极为精彩。课后有人问她："这节课您备课用了多长时间？"她回答说："要说时间长，我准备了一辈子；要说时间短，我准备了 15 分钟。”

（2）学期备课。学期备课是指教师在课程标准指导下对整册教材的钻研，可以粗略一些。学期备课后才可以编制出“学期教学进度计划表”。

（3）单元备课。单元备课是指教师在一个单元或一个课题的教学之前进行的备课。单元备课需要拟出单元的教学计划。

（4）课时备课。课时备课是指教师根据单元目标明确教学目的、任务、重点、难点，从每节课的实际出发，认真研究和解决单元备课各项计划的具体落实。

（5）课前复案。指教师在上课前对教案内容再次揣摩构思、默记熟练的过程。

（6）课后反思。这是教师课后回顾、反思总结的过程，可以做成教学后记。

青年教师在备课中容易出现的偏差，即青年教师的“备课”不是“备”，而是“背”，即背书、讲书。通常表现为以下几种情况。

（1）备教材不备学生。青年教师由于对教材不熟悉，所以花在教材上的时间较多，而对教学的主体——学生却考虑不周。

（2）备章节不备体系，备课内不备课外。青年教师认为写教案的目的仅仅是方便教师讲课。

（3）教学预见性和针对性不强。设置的教学目标常常过大或过小，教学过程中有时不能完成既定的教学目标。

（4）不重视学生主体活动。教学过程中，青年教师容易重讲轻练、“满堂灌”。他们不明白，学生要把知识转化为技能，必须经过严格训练，需要教师在教学中边讲边引导学生练习，做到讲练结合。

（5）容易“一刀切”。青年教师教学时往往忽略学生的个体差异，做不到因材施教。

教师怎样才能做到有效备课呢？据某项调查结果显示：在整个备课过程中，教师只有 20% 的精力用于钻研教材、了解学生、分析学情，80% 的精力则用于书写教案。这就本末倒置了。教师首先要有整体观念，即教师备课绝不是单一的备教材。备课一定要从课标、教材、学情、课堂现状、教学条件、思想观念等诸多方面来思考问题，来设计一节课。为此，教师有效备课应该重点做好以下几个方面的工作。

## 一、备课标，精准把握教材

课标就像高高的灯塔一样，为教师指明教学方向和目标，不以课标为基准的教学无异于失去了方向。一位教师说："以前对课标不了解。教学时，对教材中的哪一点都不敢放过，唯恐教得不够。现在通过钻研课标，对课标的要求做到清晰了解后，整册教材哪里该简略教、哪里该着重教，心中便有数了。"

### （一）怎样有效研读教材？

有效研读教材一定要有整体意识，要遵循"由大到小""由粗到细"的原则。所谓"由大到小"是指备课的范围，教师要按照全册教材→单元教学→课时教学的程序来备课；"由粗到细"是指备课的深度，教师对所教课程要反复推敲，深入钻研。

其实，不同学科会用不同的方法来研读教材。这里以语文学科为例谈一谈。

1. 反复细读

研读教材，要想读得深入，读得透彻，读出与众不同的发现，教师需要"潜身入海"，在"读"上下苦功夫。

（1）用不同的方式去读。读的方式有很多，默读、朗读、诵读、画读等，各有各的优劣，需要教师综合运用，边读边思考，边读边品味，读一遍不行就读两遍、三遍、四遍，熟读还不过关就把教材背会。功夫下到了，自然就能把教材嚼烂于口，消化于心。

（2）从不同的角度去读。备课是教师和编者的对话，和作者的对话，和学生的对话，和自己的对话。解读教材时，教师只有做到与编者、作者和学生的心意相通，才能真正吃透教材，准确把握教学目标，灵活应用教学方法，上出自己的韵味。

如初中语文"唐诗二首之《卖炭翁》"一课。教师对教材的挖掘利用分出了三个层次：第一层次，同情弱者——表达了诗人对劳动人民的深切同情；第二层次，不仅表达了诗人对弱者的同情，还表达了诗人对统治阶级与不合理制度的愤恨与抗议；第三层次，家国情仇、立德树人，在上面两个层次的基础上做今昔对比。卖炭翁为什么会有那样的命运？是当时战乱与朝廷的腐败造成的。今天我们能过着衣食无忧的幸福生活，一是身处和平年代，二是国家政治清明，所以我们要珍惜今天的生活。这样的教学对学生树立正确的人生观、价值观是很有意义的。

2. 四个结合

| | |
|---|---|
| （1）结合课标研究教材 | 研究课标对本学段的要求有哪些，本节课的教学内容与之相联系的有哪些，哪些是重点，课堂上如何呈现。 |
| （2）结合学生研究教材 | 研究教材内容与学生生活有怎样的联系，教材的知识训练点对本班学生来说是难还是易；考虑如何结合学生实际和当地的人文特色，对教材进行二次处理。 |
| （3）结合本单元或整个知识体系研究教材 | 研究本节知识在整个单元或整个学段，乃至知识体系中所处的位置及地位；应对教材进行哪些方面的整合；考虑如何结合学生的情况确定教学的重点、难点和关键点。 |
| （4）结合语言训练研究教材 | 挖掘教材中提高学生语言能力的训练点；研究怎样结合教材进行适度发散，以提高学生的思维能力和语言表达能力；考虑针对这些训练点，还可以进行怎样的变式，与各类考试有哪些联系。 |

3. 瞻前顾后

瞻前顾后就是指教师对教材要有整体意识，备课和研读教材一样，都要遵循“由大到小”“由粗到细”的原则。

瞻前顾后的关键是要处理好全册、单元、课时之间的关系。全册备课时，要弄清整个教材体系，明确本学科的教学任务，真正弄懂教材的精神实质、编写意图，透彻理解教材各知识点之间的内在联系、纵横关系及广度深度，最终明确教学目的和要求。

单元备课是指从一章或者一个知识单元的角度出发，根据本班学生的实际学情，突破原有的章节编排与教学次序，对单元教材的资源进行深度挖掘，提取出单元教学的核心价值，并根据学生“最近发展区”理论与本单元学科核心素养的切实需要，确定本单元的教学目标、内容，创造性地进行整体教学。

单元创新教学设计思路：

课时备课是指根据单元明确的教学目的、任务、要求、重点、难点，进一步从每节课的实际出发，认真研究并最终落实单元备课计划。

4. 不断发问

这种情况与解读教材不一样，需要教师时时处处为自己挖“坑”，再逼着自己从“坑”里爬出来。最好的挖“坑”方法，就是不断对自己发问，正所谓“真理诞生于100个问号之后”。备课时，教师不妨边读边思考：这节课蕴含的知识点有哪些，其中又有哪几个是当前应该教给学生的，用什么方式呈现，等等。

5. 寻找“裂缝”

寻找“缝隙”，就是寻找作品中自相矛盾、不可解释之处。这本是文学批评中“新批评”流派所倡导的方法，我们可以放大来用。研读教材文本时，我们不仅要去发现文本自身的“矛盾”，也要去寻找文本与生活、与人之常情之间的“矛盾”。撕开“裂缝”，追本溯源，我们往往能够找到隐藏在文本背后的东西。

总之，教师备课对教材要潜心研究，深入解读。要时刻铭记自己的困惑点、理解的难点，因为它们肯定也是学生学习中的困惑点与难点；要铭记自己的阅读兴奋点、触动自己心灵的关键点，因为这些同样也是课堂上我们和学生容易产生情感共鸣的生成点。

### （二）怎样多角度体会教材？

教师要真正吃透教材，做到融会贯通，不仅要潜心读懂教材，还要通过各种方式去深刻体会教材，达到对教材懂、透、化的程度。

1. 瞻前顾后体会教材

教师在研读教材时要有整体观念，不仅要了解本学期的全册教学内容，还要了解前一册、后一册的教学内容。尤其是新接某一个年级的课的时候，更应注意这一点。哪些课文过去放在这个年级，现在放到另一个年级了；关于某方面的课文，已经学习过哪些篇目了，还将学习哪些篇目，这样做有助于全面了解教材，做到心中有数。斯霞老师曾说：“近年用的统编教材，我不很熟悉，备课时就需要多翻翻前后各册教材。如在备第六册《列宁和卫兵》一课时，我翻阅了前几册课文，知道第二册有列宁认真学习的故事；第三册有列宁小时候是个诚实的孩子的故事，还有列宁被沙皇政府逮捕坐牢时仍坚持写书指导革命斗争的故事；第五册有列宁在中学时代怎样写作文的故事。三年级的学生对列宁已经比较熟悉，因此在教新课时不用介绍列宁了。”

2. 从别人的经验中体会教材

做法有三：（1）自己先钻研教材，设计好教案后再去听课，然后对照比较，看别人哪些地方比自己钻得更透彻，理解得更深刻；（2）自己在钻研教材时，遇到了难题和疑点，除了查找资料外，还要带着疑难去听别人的课，看别人是怎样解决的；（3）先听名师的课，之后再翻开教材仔细思考，体会名师们对教材的理解及其在教学中的落实策略。

3. 通过亲身体验去体会教材

如果对教材中的某些内容体会不深，教师还可以通过实践切身体会一下，这种真情实感能帮助自己更准确地把握教材。如有一位教师在备《林海》一课时，对“脚踩在几尺厚的松针上”，始终不清楚是怎样的一种感觉，于是他就先想办法自己体会了一下：他踩过路边堆起来的落叶，踩过厚厚的青草地，对此有了感性认识。

4. 从多重角色去体会教材

教师在研读教材时，要意识到教材既有原作者的思路，也有编者的意图；学生学习有学生的角度；教师教学有教师的角度。教师只有从多重角度去体会教材、把握教材，才能既“钻得进去”，又“跳得出来”。

（1）居高临下——编写者角度

按照课标要求，教材中的每个章节都会体现出编写者的意图。教师要善于从编写者的角度来体会教材的思路、感情、意图，确定教学重点和难点，找出编写者意图让学生达到和学生实际能够达到之间的距离，并寻找能缩短这一距离的有效教法。

怎样体会编写者的编写意图呢？首先我们要多问几个为什么。就数学来说，例题为什么这样设计，习题为什么这样编排，结语为什么这样引出，等等。然后我们再来回答，这就能提高我们驾驭教材的能力。例如，在“简易方程”这部分，教材中安排了一些画有天平的配图。有的天平左右两边标注的全是具体的数量；有的天平的某一侧出现了未知的数量。编写者之所以这样编排，首先是想帮助学生建立等式的概念，其次是想帮助学生建立方程的概念。天平图在这部分的教学中还能有别的作用吗？当然还有！起码它还有助于学生对方程的解的理解，因为只有当未知数 $x$ 取一定的值时，天平的两边才会保持平衡。

（2）设身处地——学生角度

学生是使用教材的主体，教师的教是为了学生的学。教师若想让自己对教材的处理适合学生的认识水平，贴近学生的学习心理状态，就要站在学生的角度来体会教材，在心里设想一下：假如我是学生，我应该怎样来理解这一课，我是否能够对此产生兴趣。如《世界多美呀》是原苏教版一年级下册的一篇课文，它以童话故事的形式出现，借一只刚出生小鸡的口吻，叙述了它认识世界的全过程，从中感受大自然之美，激发学生热爱大自然的情感。课文以两条线索展开，一条是小鸡孵化过程中的变化，另一条是小鸡对周围世界认识的变化。

新课程理念告诉我们，阅读是学生的个性化行为。阅读教学应引导学生钻研文本，在主动积极的思维和情感中加深理解和体验，有所感悟和思考，受到情感熏陶，获得思想启迪，享受审美乐趣。

因此，《世界多美呀》这一课所描述的不仅仅是小鸡眼中的世界，更是学生心中的乐园。教师不能以成人的角度，而应该设身处地地从学生的角度来阅读与理解课文，这样才能对课文体会得更深刻、更真切，也才能真正找到教学的最佳切入点。根据课文和学生的认识水平，把“读”贯穿于整堂课中，让学生充分地读，在读中整体感知，在读中有所感悟，在读中培养语感，在读中受到情感熏陶，引导学生把自己的体验、感受用自己的有声言语尽情地表达出来！只有这样，教师才可能把课备好。

（3）统筹安排——教者角度

教师不仅要从编者、学生的角度来体会教材，更要从教者的角度来体会教材。教者角度就是教师要从“主导者”的角度对教学目的、重点、难点、特点、疑点等加以综合考虑，充分发挥教师个人的主观能动性。这就要求教师需要“吃透两头”，尊重教材，又跳出教材，最终设计出既适合“这一班”又适合“这一课”的教学方案。

所以，教师深度备课首先要安下心来钻研课标、教材，做到高占位把握课标、立体式整合教材。“课前钻得深，课上才能讲得浅”“深入浅出，张弛有度”——正是对钻研课标、教材和实施课堂教学之间关系的简练、深刻、充满哲理的描述。理解和应用好课标，处处体现其基本精神，在此基础上深入研究教材，熟悉教学内容，厘清教学思路，弄清楚本次教学要让学生“学会什么”，这些都是深度备课的必备内容。只有对教材的研读达到一定的深度和广度，才能在课堂教学中打一场有准备的“战役”。

## 二、备目标，明确任务难点

方法的困惑往往源于目标的迷失。具体到一节课，教学目标就是其灵魂，是教学的出发点和归宿。教学目标是教师对每一节课课堂内容具体化的积累的表现，对教学评价这一环节起着鉴别与测量的作用，可以帮助教师完善教学设计过程。

所以备课时，明确教学目标、抓准重难点是实现精准教学的保证。

教师备课制订教学目标的过程也是明确教学重难点的过程。重点是对教材而言，难点是对学生的认知而言，二者并不相同，在不同的课时里，有时重合，有时不重合。所以，教师编制教学目标和设计教学，要从学生已有的知识基础、生活经验、认知规律和心理特征出发，找准教学的起点，突出教学的重点，突破教学的难点，捕捉学生课堂的生长点。

但在实际备课中教学目标常常被忽略。有一项对 34 名教师的随机调查：你在设计一节课时，要做哪些方面的工作？（可多选）调查结果统计如下：分析教材的人数为 17 人，占 50%；分析学情的人数为 8 人，占 23.5%；设计教学目标的人数为 14 人，占 41.2%；设计教学活动的人数为 34 人，占 100%；设计教学评价的人数为 2 人，占 5.9%。可见设计教学目标曾经被多少教师所忽视啊！

目前教师编制教学目标时存在的问题主要有以下几类：

1. 随意制订，含糊不清。有些教师之所以会出现这类问题，主要是没有深刻研读教材，教学责任心不强所造成的。

2. 脱离实际，定位太高。有些教师往往把一节课的教学目标定得太大，与教学目的、课程目标混为一谈，导致实际教学中压根不能实现这种目标。

3. 贪多求全，主次不分。不少教师由于缺乏对教学目标的深层次解析，一味求新求全，编制的教学目标超越了教材规定的阶段性教学要求，增加了教学内容，加重了学生的学习负担。

4. 缺乏整合，重点忽略。比如，编制小古文《揠苗助长》的教学目标时，有些教师只关注文言文的朗读和对字句意思的理解，忽略了要重点关注“其”“之”“矣”等文言虚词。

5. 没有差异，层次感差。有些教师编制的教学目标大而笼统，各个课时之间无衔接，无具体化的描述。

教师在备课时，一定要在充分理解课标、教材，结合学生实际情况的基础上来编制教学目标，绝不能简单地将教学参考书上的教学目标照搬过来。一般而言，有效编制教学目标要考虑以下几个方面。

**（一）取舍：适切教材学情**

教师编制教学目标容易产生内容贪多、面面俱到的倾向。因此，编制教学目标前就要明确意识到：教师编制教学目标是为了明确自己教的内容，教的范围，教到什么程度。这就要求教师制订的教学目标不能过高、过多、过难，也不能脱离实际、面面俱到，更不能“荒了自己的地，种了别人的田”。

其实，教师如果能专注于一课一得，反而会让学生收获更多，也就是说，“教得完整”不如“学得充分”。

另外，教师编制任何一个课时的教学目标，都不应该以“一言堂”、拍脑袋的方式来决定，而应当根据学生的学习状态、学习水平等实际情况相机做出调整，最终编制出的教学目标必须与教材学情相契合，因为真正的教学目标实际上也就是学生的学习目标。比如，对于《长城》一课，我们从结构、章法、语言、主题、顺序等很多方面分析，都能有独特的“语用”训练价值。但是，我们必须要取舍，要考虑哪些目标是适合四年级孩子的年龄特征的，是符合“最近发展区”理论的。王崧舟老师就是这样，他沙里淘金，巧妙取舍，最终确定了“指导学生了解‘先写见闻后写联想’的文章结构，学习运用这种方法写一处景物”的教学主目标。这样的取舍主次分明，重点突出，效果特别好。

### 《湖心亭看雪》教学目标设计

1. 知识目标：记住一些常见的文言实词以及虚词的意义和用法，学习白描的手法。

2. 能力目标：学习作者写景和叙事的技巧。

3. 情感目标：理解作者的精神世界，评价作者的性情，寻求人生的启示。

学情分析：初二学生对文言文的感悟已具有一定能力，可以准确地理解文言意义，并有在阅读中发现问题的能力。教师要努力培养学生独立思考问题的能力，引导他们勇于提出自己的见解、感受，敢于对文本进行质疑，并能在互相讨论争辩中提出自己的观点。这样就结合本课的教学目标制订出了本课的教学重点和难点。

教学重点：在深入理解写景特点的基础上熟读成诵。

教学难点：理解作者的精神世界，说清楚写景与叙事、抒情的关系。

**（二）具体：有可操作性**

教师编制的教学目标一定要具体明确、操作性强，而不要含糊不清，甚至出现错误。特别要注意，教学目标的语言表述一定要清楚、简洁、准确，避免出现模式化或程式化的表述方式。表述中尽量不使用模糊不清的目标行为动词，如“了解”“掌握”这类词，因为学习目标的行为主体是学生，他们很难界定自己学到什么程度才算是“了解”“掌握”，要尽量使用“我能说出”“我能辨认、复述、识别、背诵、回忆、选出、举例”等句式，尽量使目标描述得具体、清晰，便于落实到位。

### 《生命生命》教学目标设计

1. 能借助“三读（读通、读懂、读好）”进行自主学习，乐于朗读，达到正确、流利、有感情地朗读课文。

2. 通过体验、联系上下文等各种方法理解本课“肃然起敬”“小憩”“庸碌”“擎天撼地”等词语的意思。

3. 体会作者的思想感情，理解生命的价值，体味生命的顽强和美好。同时能把握主题词，准确理解文意。

案例中的教学目标设计，既有知识和能力（理解词语、正确流利有感情地朗读等），又注重过程和方法（“三读”的学习、体验或联系上下文等理解词语），还有情感态度和价值观的自然渗透（乐于朗读、体味生命的顽强和美好等），描述非常具体，具有很强的可操作性。

**（三）分层：体现因材施教**

黄沙如海，找不到绝对相同的两颗沙粒；绿叶如云，寻不见完全相同的一对叶片。人海茫茫、教海无边，我们既找不到两个完全相同的学生，也不会找到一种能适合所有学生的教学方法。这就需要我们研究学生的差异，找到因材施教的科学依据。

学生的差异是体现在多方面的。教师通常应该重点了解以下三个方面：（1）智力发展水平差异。一般学生的智力发展水平符合正态分布规律，除了极少数的学生属于智力超常或智力低能外，大多数学生的智力水平没有太大差异。（2）智力发展类型差异。研究表明，学生智力发展除了有水平差异之外，还有智力类型和风格上的差异，即学生的智力发展是多元化的。这就说明了为什么会有不同的学习类型，比如，有的善于观察，有的善于记忆，有的善于动口，有的善于动手，有的善于绘画，有的善于表演，有的思考问题快，有的思考问题慢，等等。（3）智力发展早晚差异。有的学生人才早慧，有的学生中年成才，有的学生大器晚成。

因此，教师制订教学目标要针对学生的差异实行动态分层，从学生的实际出发，界定层次及目标。通常教学目标设计可根据学生的差异考虑分为C、B、A 三个层次，分层需要考虑两个方面：一是数量的分层，二是难度的分层。

C. 基础性目标——要求 100% 学生达到的目标。要紧扣当天所学的内容，主要目的是巩固新知。这样的设计既能保证培养优秀生，也照顾了学困生，有利于学生获得成功的欢乐，增强自信心，保持学习兴趣，学有所得。

B. 拓展性目标——要求 80% 以上的学生达到的目标。B 层目标对 C 层目标来说具有知识上的包含关系，即在掌握基本知识、形成基本技能的基础上，对知识的迁移和应用要提高层次。

A. 挑战性目标——要求 5%—10% 的学有余力的学生达到的目标。A 层目标主要用于培养学生思维的灵活性和深刻性。

分层：体现因材施教，可以考虑教学目标设计分层、练习设计分层、批改评价分层等。

1. 目标设计分层。

如六年级下册的第三单元让学生写作“读后感”，总目标是“让真情自然流露”。要能抓住课文中印象最深的内容，写出自己真实的感受和见解。教师应该根据学生的实际水平，将目标分为三层。

C. 能读懂文章，能介绍文章的大概内容，能抓住文中的某个点谈一些简单的感受。

B. 能读懂文章，能介绍文章的大概内容，能结合生活中具体的事例谈感受，虽然生硬一些，但也可成文。

A. 能联系生活实际，感受生活，精心构思，中心明确，真实细腻地表达出内心所感，行文流畅。

2. 练习设计分层。

布置初中语文《中国石拱桥》作业题。

C 组（C 类题）：写出这篇课文的字词，记住常用的说明方法。

B 组（B 类题）：了解关于说明文的有关知识、顺序、说明方法等。

A 组（A 类题）：除了理解掌握 C 组、B 组的知识外，还要指出说明方法在文中的作用，学会写简要的说明文。

当然，这样的目标分组不是一成不变的，随着学生不同程度的进步和变化，分组成员也可以随着变化。另外，这种目标的分层应该是教师心中的事情，不能张榜公布，否则伤害了学生的自尊，反而不利于他们的进步。

**（四）评价：有可检测性**

学习目标要具有可检测性，学习步骤都应指向不同层级的目标，学生一旦理解学习目标，也就知道如何检测自己的学习目标是否实现了。例如，目标检测（拓展性目标）：8 分钟内按照所提要求写一篇 300 个单词以上的文章，小组互批要达到 7 分以上。

小学语文五年级上册新授课学业纸

| 课题 | 17 课《松鼠》 | 编制人 | 朱丽华 雷飞燕 |
|---|---|---|---|
| 学习目标：<br>1. 用思维导图梳理松鼠的信息，总结出作者的说明方法。<br>2. 结合本文和已学过的说明文，运用相关学习资料，对比分析内容相同但说明风格不同的说明语言特色。<br>3. 模仿本文，把文本资料《大熊猫》改写得生动有趣。 | | 达标评价：<br>1. 能用思维导图分条、完整地梳理松鼠的特点，有条理地阐述本课写作特色。<br>2. 能通过看、读以及借助资料进行对比，发现两种说明语言的不同风格，并能说出应用的环境。<br>3. 表达：能运用生动有趣的语言说清楚大熊猫的特点。 | |

## 三、备学情，读懂学生需求

教师备课要吃透两头儿，一头儿是教材，另一头儿就是学生。教师了解学生有多少，他的教学才有多大的可能成功。这就像作战打仗一样，做到“知己知彼”，方能“百战不殆”。

研究学情之所以重要，可以从“土城战役”说起：

遵义会议后，毛主席指挥的第一次战役，即土城战役失利了。孔石泉对战役失败原因作了这样的回忆：“我们在土城那一仗没有打好，因为对敌人估计不足。敌人发的报我们收到了，但把‘旅’翻译成了‘团’，因此估计敌人是两个团的兵力。”按照当时敌军的编制，一般是一个旅辖三个团，一个旅的兵力是一个团的三倍。一字之差，令战场上的力量对比瞬间就发生了巨大变化，给红军带来了几乎全军覆没的危险。美国作家在《长征——前所未闻的故事》一书中，针对这次战役有这样一番评价：“毛因失算使红军遇上了长征中最关键的一次战斗。他得到的情报错得不能再错了。”

教师上课与作战打仗有同样的道理，教师明白在课堂上该讲什么当然是重要的，然而弄清楚学生的学习意愿与能力状态更重要。一位教师就有这样的体会：“我常常遇到这样的情况，自己辛辛苦苦地备了课，教案写得详，课讲得细，可学生听了感烦生怨，这是怎么回事呢？一了解，原来是自己的教学脱离了学生的实际。相反，有些课文自己较熟悉，胸有成竹，只写简案，把时间花在了解学生、倾听意见、改进方法上。由于讲授的内容在详略取舍方面与学生的心理、基础、要求相吻合，讨论的问题与他们的兴趣、意愿相通，方法运用恰当，学生听得有滋有味，教学效果就好。”

教师教学一定要“以学定教，顺学而导”，从学生已有的知识基础、生活经验、认知规律和心理特征出发设计教学，找准教学的起点，突出教学的重点，突破教学的难点，捕捉教学的生长点。直面教学实际：学生遇到这个问题会怎么想，怎么做？学生的经验基础是什么？

苏霍姆林斯基说："在每个孩子心中最隐秘的一角，都有一根独特的琴弦，拨动它就会发出特有的音响，要使孩子的心同我讲的话发生共鸣，我自身就需要同孩子的心弦对准音调。"教师的教学如果不和学生的心弦对准音调，那就是乱弹琴，教师说的话、上的课就不可能符合学生们的生理、心理需要，就不可能在他们心中引起共鸣，即使有，振幅也是极小，师生思想感情得不到很好的交流，教学语言的吸引力、感染力也就会大大削弱。

教师如果眼中没有学生，对自己的教学也会是盲目的。只有读懂学生才能更好地驾驭课堂。建构主义理论强调，学习者并不是空着脑袋进入学习情境中的。在日常生活和以往各种形式的学习中，他们已经形成了有关的知识经验，对任何事情都有自己的看法。即使有些问题他们从来没有接触过，没有现成的经验可以借鉴，但是当问题呈现在他们面前时，他们还是会基于以往的经验，依靠他们的认知能力，形成对问题的解释，提出他们的假设。教学应当把学习者原有的知识经验作为新知识的生长点，引导学习者从原有的知识经验中生长出新的知识经验。

**（一）备学情，备什么**

备学情就是关注学生的学习背景，包括学生的年龄特点、生理特点、心理特点、个性差异、生活经验，还有平时的学习环境、家庭环境等。教师要分析学生的个性品质、智力因素和非智力因素，研究导致学生成绩出现差异的原因，把握有效教学的真实起点。

全面了解学生原有的知识基础，他们目前的经验有哪些，学习新课的能力处在什么水平上，学习的兴奋点和障碍在哪里，学生之间有哪些差异……教师必须明确了解学生能力的"最近发展区"，也就是经过本课学习，他们将在哪些方面有所提高。

另外，教师还需要思考：教材中，哪些是重点，是学生必须了解和掌握的；哪些是难点，是需要教师在教学中予以引导或直接阐述的；哪些是学生已经理解且与教学目标关系不大，可以舍去不讲的……

只有经过一系列的调查研究，真正把握学生的学习状况，才能准确定位教学目标。因此，备课首先要研究学生，从学生已有的知识基础、生活经验、认知规律和心理特征入手，设计教学，做到以学定教，顺学而导。

如特级教师董大方在教学"6.1 正弦和余弦"一课时就备了这样的学情：

新知识点：正弦、余弦两个概念。

新旧知识联结点：直角三角形的边、角，边与角的关系及平行线段的比例关系。

兴奋点：学生在学习过程中总结出“角不变则比值不变”的规律。

创新点：学习了正弦和余弦后遇到了一个难题，即角不变则比值不变，有没有范围限制？在哪个范围内成立？这个难题作为课外探究题。

课堂教学实践证明，这四“点”的分析与确定是准确的。当天晚上就有20余名学生打电话给她，汇报自己对课外探究题（创新点）的想法。

**（二）备学情，怎么备**

教师备学情，了解学生的方法有很多。如下面这些方法：

一查：日常教学，查阅档案。可以借助作业批改、试卷分析、预习笔记检查、学生日记阅览等机会进行了解。

二问：对话学生，洞察教材。两个结合：（1）结合新知识的学习研究学生。把班级里的每一个学生都在自己的头脑中过一次，想一想他们在学习新知识的过程中会遇到什么样的困难，这些困难如何解决。他们对学习这一节内容应预备的相关知识理解到什么程度。（2）结合历届学生的情况研究本班学生。回顾历届学生学习本节知识时成功与失败的经验与教训，预估本班学生会在学习中出现什么样的问题，研究这些问题解决的方法。

三访：走访学生，听取意见。如抓住开学初、期中、期末这样的时机，通过召开座谈会的方式听取学生意见。教师了解学生的工作不是静止的，不应停留在某一点或某一阶段，要有连贯性，经常做前后的比较分析。只要“对准音调”，教育的有效性就可以大大提高。

四调：制作问卷，书面调查。调查研究法有多种形式。有位教师说：“我每一年都对学生的各方面情况进行一次调查统计；每周收一次观察分析日记本，有目的地了解分析学生的思想、学习兴趣、能力等方面的情况。比如，我喜欢在课后、放学路上与同学交谈，也经常与家长联系，了解学生的思想动向。我还注意观察学生，从学生的表情、神态甚至眼神中捕捉到学生敏捷的思维，捕捉到他们心理、情感的变化。

五察：言行举止，暗中观察。教师尤其是要锻炼自己的眼力，要有敏锐的观察能力，要善于发现学生身上的优点、特点、长处，哪怕是思想和言行偏差较多的学生，他们身上也有成长向上的闪光点。为了和学生的心弦“对准音调”，教师要随时随地开放自己的感官，让学生的思想、品德、知识、爱好、生理特征、心理特征、人际关系等各种信息都进入自己的脑中，分别储存起来，千万不能闭锁自己的感官。

六测：编制试题，测试学生。教师还可以通过听学生背诵、朗读、说话、做题、讲演等来了解学生。

学前测是一种很有效果的方法。教师在上课前的一段时间内，通过不同的调查方式，对学生的预习情况和相关学习方法进行预先测试，然后有针对性地设计教学活动，并提出相应的课堂教学策略。学前测就好比是有效教学的“探雷器”，它能帮助我们更加全面、准确地了解学生，更有针对性地确定教学目标、设计教学内容，开展更有实效的教学活动。

## 四、备提问，以问题引领学生学习

一位初中生在作文中写道：“我们不喜欢被动地听，喜欢老师预设情境，引导我们提出问题，在积极参与下研究问题，学习效果特别好。”可见教师备课要注重提问，以问题为主线，引领学生学习是十分重要的。

但是目前很多教师的课堂提问设计还存在许多问题。一项调查表明：教师每节课所提出的问题中，属于有效问题的占45%，属于低效问题的占34%，属于无效问题的占21%。提问方式中，口述方式占了73%。学生答不出问题时，教师往往会不断重复问题。因此，80%的学生认为教师留给他们思考问题的时间较少。70%的学生在回答不出问题时会保持沉默，这种情况下教师缺少对学生进行启发引导，而是经常换人回答。即使学生回答正确，教师通常也只是重复学生的答案或者强调解题过程。

那么，教师在备课中如何更有效地设计问题呢？或者说，优秀的课堂提问应该是怎样的呢？这里我们以山东省临沂第三中学孟黎老师设计的《装在套子里的人》（该课被评选为全国优质课一等奖第一名）一课为例，说明这个问题。

《装在套子里的人》的课堂教学主要分为以下四个环节：

**一、自读**

教师在课前布置任务，让学生结合课后习题自读，然后在课堂上验收自读的成果。课堂验收主要分为以下四步：

1. 检查学生对文学作品的作者、时代背景的了解及掌握情况。

2. 检查基础知识的落实情况。

3. 师：老舍先生说过：“一篇好的小说，人物形象是立在读者面前的。”同学们读了这篇小说后，发现主人公别里科夫有哪些怪异的行为呢？你能用自己的语言给大家描述出来吗？

生：别里科夫是一个大白天打着雨伞，穿着大衣，戴着手套，穿着雨靴，与常人不一样的人。

生：走路低着头，猫着腰，把脸藏在衣领里，恍恍惚惚的一个人。

4. 师：同学们对别里科夫描述得非常生动形象。那么根据你们的描述和理解，别里科夫具有怎样的典型性格？为表现这些性格，作者在文中突出运用了哪些写人的方法呢？

生：封闭、怀旧、胆小、多疑、害怕新生事物……

生：语言描写、肖像描写。

**二、解读**

教师展示小说中典型人物的典型语言：

“我真傻，真的！”（祥林嫂）“我们先前——比你阔得多啦！你算是什么东西！”（阿Q）“多乎哉，不多也！”（孔乙己）“生存还是毁灭！”（哈姆雷特）

师：这些语言都极传神地揭示了人物性格，那么别里科夫的经典语言是什么？他在不同场合重复的这些语言，表现了怎样的心理？

生：他说过“当然，行是行的，这固然很好，可是千万别闹出什么乱子”的话。

师：这句话应该怎样读呢？谁来试试？为什么要这样读呢？

生：封闭、怀旧、胆小、多疑、害怕新生事物。

师：读出别里科夫的心理了吗？为什么没有读出来呢？（要求学生反复品读→指名仿读→师生评读，共同探讨体会人物心理）

师：这句话中的“固然”一词，我能不能给换成“虽然”，读一读试试，换了有什么不好？

**三、品读**

师：人物形象的塑造必须符合人物性格的特点。例如，鲁迅在《药》中突出描写了华老栓的手，“老栓慌忙摸出洋钱，抖抖地想交给他……”通过对手的刻画揭示了他此刻的复杂心理；在《祝福》中多次刻画祥林嫂的眼睛，通过对眼睛的传神刻画，充分展现祥林嫂的悲苦生活及不幸命运。那么，契诃夫刻画别里科夫的传神之笔又是什么呢？

生：脸色。

师：小说中多次刻画别里科夫的脸色，最能表现别里科夫心理变化的是哪几次？脸色的变化揭示了别里科夫怎样的心理变化？

生：漫画事件、骑车事件脸色发青，冲突事件脸色发白。

师：那么能不能把对别里科夫“脸色”的刻画换成对他“眼睛”的刻画？

生：不能。眼睛是心灵的窗户，他僵死的心灵早已把这扇“窗户”关闭了。

生：能。由别里科夫性格决定，他的眼神也应是胆怯、多疑、呆滞、无神……可从这些角度描写。

师：别里科夫在华连卡的笑声中倒下了，别里科夫的死是他杀还是自杀？你怎样看待别里科夫的死？

生：既是受害者又是害人者。

生：专制制度毒害了他，他又是专制制度的维护者。

**四、悟读**

师：至此，我们回头再看文章的题目，你怎样理解题目中的“套子”，还仅仅是雨衣、雨鞋以及别里科夫所教的古代语言吗？若不是，“套子”又是什么呢？

生：保守、顽固、腐朽、专制、禁锢的思想或制度。

师：别里科夫就是被这一重重的套子束缚着走向了人生的结局，但是，别里科夫这个世界文学史上著名的典型形象，以其深远的现实意义，至今还鲜活地存在于人们的印象之中，以后也将永远流传下去。同学们，请问他的那些套子能给我们带来什么启示呢？

师：（总结）顽固、保守，不仅仅是别里科夫反对新事物、反对进步的套子，也可能成为生活在今天的我们反对新事物、反对进步的套子。人是很容易满足的，满足于已经取得的点滴成绩，满足于眼下比较舒适安逸的生活，于是不再努力奋斗、不再积极进取，“满足”便成了一种套子，不仅自己身受其害，还无情地嘲笑甚至阻止他人的进步，成为个人、社会前进的绊脚石。其实，在现实中，“骄傲”是套子，“虚荣”也是套子；“嫉妒”是套子，“自私”也是套子。我们只有根除自身的缺点、驱除心中的邪念，才可能摆脱“套子”的束缚，走向灿烂辉煌的人生。

这个教学设计有什么特点呢？

1. 问题设计有系统性。从对教材的组织处理上看，不是零打碎敲，而是具有系统性。坚持在读中学，以问题为主线，按照“自读→解读→品读→悟读”的环节，设计成问题串，逐层推进，重点放在品读和悟读上，通过感知文本，把握人物形象，理解个性化语言及对人物形象的传神刻画，并与现实碰撞，体味其社会意义和现实意义。

2. 问题设计有适度性。问题设计的适度、适时、适量十分重要。适度，就是把问题提得准，提得富有启发性。适时，就是“不愤不启，不悱不发”，在学生处于“愤、悱”时，在学生“心求通而未得”“口欲言而未能”时，教师的及时提问和适时点拨，能促使学生积极热情地投入到学习活动中去。适量，就是恰到好处地掌握提问的频率。问题的设置应疏密相间，要留给学生充分思考的时间和空间。一节课不能提问不断，否则学生无法冷静有效地思考。

在本课中，教师的问题设计得适度、适时，适量，由浅入深，以旧导新，从易到难来设计小问题，使学生通过问题解答，逐步突破难点，把握要领，掌握规律。

3. 问题设计有多样性。教师课堂提问有多种方法。直问：单刀直入，直截了当。曲问：欲问 A，先从 B 开始，问此意彼。如学生把“滥竽充数”写成“烂鱼充数”，教师不是直接指出错误，而是问：“这个成语是什么意思？从什么地方来的？”追问：分梯度，连续问。其实质就是把知识分解为一个个问题，一环扣一环不断深入地发问。

本课教师的问题设计有直问、曲问，还有追问，既生动活泼，又能引发学生深度思考。

## 五、备方法，选择运用恰当

我们常说，教学有法，但无定法，贵在得法。青年教师在备课中，要选择运用恰当的教学方法和手段。具体来说，主要应考虑以下几种因素。

### （一）备方法要符合教学内容、学生特点

判断教学方法和手段的选择运用是不是恰当，首先要考虑它是不是符合教学内容和学生特点。如语文学科的教学特点是重视“读”，以读为本，以读促悟，以读激情，以读导练。数学学科的教学特点则要求紧密联系生活实际，让学生在生活中学数学，突出强调其应用性。此外，科学、物理、化学等学科的教学还要重视动手实验。品德与社会学科在教学上要克服空洞说教，要重视学生的情感体验。总之，教师选择的教学方法一定要能突出学科特点，做到语文有语文味，数学有数学味。

从学生特点看，不同层次的学生在学习中会使用不同的学习方法，通常年级越高，学生自主学习的能力越强，个性化的学习方法也就越多。面对高年级学生，教师要敢于放手，给予他们自主学习的时间和机会，反之，面对低年级学生，教师要给予他们更多的帮助，指导的内容也要更加具体。

### （二）备方法要处理好学与讲的关系

选择恰当的媒体手段。该让学生钻研、思索的，一定要留给他们充足的

时间；该让学生合作探究的，一定要保证合作探究的质量，不走形式；该由教师讲授的，也不要有顾虑。总之，要各展其长，相辅相成。

特级教师曾军良认为，新课改不是不让教师“讲”，而是对“讲”提出了更高的要求：要求教师讲在重点的关键处，讲在知识的概括处，讲在思维的提升处。所以，课堂上教师不是要求讲得“少”，而是要求讲得“精”，讲得“好”，讲得“有序”，不是就题讲题，而是要由题生发出来讲，指导学生如何应用理论知识解决实际问题。一堂没有教师精要讲授和适时点拨的课一定缺乏深度。教师既要尊重学生，也要发挥自身的指导、点拨、调控作用，对学生理解不了、领会不深或理解错误的地方，要做必要的讲解。

每节课教师具体讲多少时间，要根据课堂上出现问题的多少和学习内容的难易而定。如果问题少、容易懂，教师就可以少讲；如果问题多、不易懂，教师就可以适度多讲。不同的科目、班级，情况各不相同，教师的指导方法和讲授时间也应该有所不同。

### （三）备方法要考虑多样化

观察一节课，我们发现好课总是以一种方法为主，同时辅以多种方法。很少有一节课只采用了一种方法。新课程标准下，通常在一节课里，以教师组织引领为主，辅以适当指导，以便学生能充分地独学、对学、组学、群学。

小组合作学习是课改的重要成果，也是深化课改的重要内容，但是当下的实际情况是假合作泛滥，形式主义化趋向严重。总结来说，有六大痛点：一是独学的虚化，二是对学的不足，三是合作的过度化，四是合作的浅表化，五是合作的功利化，六是被合作的现象。其实，这需要我们理性思考，我们应该回到课堂本质，抓住教学元素，在多样化教学的细节上下功夫，而不应该用所谓的小组合作一种教学模式，来代替多样化的丰富多彩的课堂教学形式。

教学方法不是越复杂越好。事实上，我们提倡简单的方法。在效果相同或相近的情况下，简单就是低成本，相对来讲就是高效。

### （四）备方法要为学生的“学”搭建支架

我们知道，课改以后，学生的“学”成为主体，教师的课堂教学要从重“教”向重“学”转变。学生自主学习的时间和机会越来越多。这就需要教师为学生自主学习提供必要的平台和支架。

打个比方说，学生学习好比上楼，教师背着学生上楼，不仅方法笨而且效果差。正确的方法是教师给学生搭建楼梯，让学生自己拾级而上。但是，如果教师不搭建或不会搭建楼梯，还让学生“自主、合作”上楼，那就是坑害学生。“自主、合作”搞不好就会费力不讨好，甚至会劳而无功、原地打转，还不如教师背学生（讲），至少还能背几个上去。要想让学生真正能“自主、合作”，前提是搭建学习支架（路径支持与资源支持）。新课程标准下的“改课”之所以“异化”，问题就出在这里。因此，教师要把精力和心智用在为学生的学习提供“楼梯”，搭建情境、问题、活动、评价等学习支架上，这才是当前教改的重点内容。

什么是学习支架？指的是为学生学习提供帮助和支持的有效材料，它可以是学习的方法、途径、方向，供模仿的对象、范例，也可以是使用的工具、观察的实物等。支架可以由教师提供，也可以是学生自己准备或学生之间相互提供。如现在课堂上常用的导学案、学习单、教师制作的各种课件等，都可以视为学习支架。

**（五）运用信息技术手段要恰当**

如今信息技术的发展给课堂教学方式和手段带来了一场革命，教学方式从传统的一支粉笔、一块黑板，转变为图、文、声、像四位一体。为此，教师在备课中要发挥好信息技术的优势。

1. 通常信息技术运用在激发学生兴趣和解决教学重难点的教学内容上。

2. 多种技术方法的综合运用。现在能运用到课堂上的信息技术有很多，如 PPT、视频、图片、音频、微课等。教师可以根据教学实际需要有选择地综合运用。

3. 避免喧宾夺主。信息技术也是一把“双刃剑”，用不好也会带来负面影响。有的教师把课件做得很精美，又很长，上课就是“跑课件”，自己的讲述、启发、引导很少，学生参与的机会就更少；有的公开课上的课件精美，声音、视频与幻灯片俱全，教师需要时刻守护在播放器前，随时根据需要来转换播放。于是教师离不开讲台，无法走近学生，这种效果肯定不好。我们说好的信息技术一定是辅助教学的，而不能喧宾夺主。

## 六、备检测，重课堂效果反馈

许多教师不解，为什么自己辛辛苦苦教了，学生也辛辛苦苦学了，可就是教学效果不佳？原因当然是多方面的，但有一个重要因素不可忽视，就是这些教师上课时只关心“春种”，而忽略了“秋收”。教学中忽略了对课堂效果的及时检测与反馈，也就不能及时准确地了解每一个学生对当堂学习内容的掌握情况，自然也就无法开展相应的教学调整，教学效果肯定会打折扣的。

那么教师怎样有效地进行课堂效果的及时检测与反馈呢？

**（一）课前听写**

刚开始上课时，学生的注意力往往不容易集中，教师可以在此时进行听写，一是及时检测学生学过的内容，二是让学生迅速进入学习状态。教师可以把要听写的问题写在纸上，或者由课代表写在黑板上。当然，听写后教师要及时批阅并反馈。

**（二）习题训练**

课堂习题训练既能巩固训练，又可检测反馈，是最有效、最常用的方法。因此，教师要在习题选择和编排上多下功夫。当前课堂训练存在的问题主要有重讲轻练，挤占学生的练习时间；重点轻面，练了少数，丢了多数；重旧轻新，简单重复，机械操练；重量轻质，只顾数量，不讲质量。

习题训练的选择与编制，首先应考虑少而精；其次要考虑梯次，按照模仿性→再造性→创造性的要求次第出现；最后要考虑多样化，力避机械操练。

**（三）自学检测**

自学检测是变被动的检测为主动的检测，不仅能开发学生的潜能，而且可以培养学生的责任心和良好的学习习惯，所以教师应该注重培养和训练学生自学检测的习惯。实际操作中，学生可以先自查，再同桌检查，后小组检查等。教师要注意四点：一是放手让学生自检，二是给以足够的自学检测时间，三是指导自学检测方法，四是做好督促与鼓励。

**（四）自编互测**

老一套考试方法都是教师出题，学生做。这样无疑限制了学生的思维，限制了他们的主动性。我们可以转变一下观念，变教师出题为学生自己出题，学生互考。这样可以激发他们的热情，开拓他们的思路，并带有竞争效应。当然运用这种方法，教师要及时了解出现的问题，对普遍性问题再进行全面讲解。

**（五）口头反馈**

当堂口头反馈是教师了解学情和教学效果的重要方式，如课堂提问、课堂学生展示等。平时教师应该创设安全、和谐、民主的课堂氛围，鼓励学生敢于质疑，敢于说出四句话：老师，我还不懂；老师，我懂了；老师，我不同意；老师，让我来说。

课堂上常常会出现这样的情况，教师提问：“同学们，对于今天学习的内容，大家还有什么问题吗？”全班学生异口同声回答：“没有。”每次听到这样类似“对口令”似的师问生答时，我们不妨仔细想一下：学生真的没有问题吗？教师为何要提这样的问题呢？教师应该仔细思考，怎样问，或者说怎样做，才能使学生把真实的情况反馈出来。

**（六）课堂检测**

课堂检测的方法有很多，如教师备课时编制检测单就是一种常用的方法。请看以下范例。

### 《曹刿论战》检测单

主备人：河南省实验学校林州校区　元瑞红

**一、学习目标**

1. 熟读课文，积累文言词汇。

2. 鉴赏语言描写，分析人物形象。

3. 学习本文塑造人物形象的方法。

**二、预习资料**

1.《左传》简介

《左传》全称________________，儒家十三经之一。《左传》是中国第一部叙事详细的__________体例著作，相传是春秋末年鲁国史官__________根据鲁国国史《春秋》编成，记叙内容起自鲁隐公元年（前 722 年），迄于鲁哀公二十七年（前 468 年）。

2. 解题

“论战”的“战”——是齐鲁________之战，春秋时代以弱胜强的三大战役之一。

春秋时代以弱胜强的三大战役：齐鲁“长勺之战”（前 684 年）、晋楚“城濮之战”（前 632 年）、秦晋“崤之战”（前 627 年）。

3.“长勺之战”背景

齐与鲁是春秋时的邻国，齐是较强大的诸侯国，鲁是较弱小的诸侯国。齐鲁“长勺之战”的导火线是齐国的内乱。齐国国君齐襄公荒淫暴虐，他的两个弟弟分别是公子小白和公子纠。为了避祸，当时他们分别居住在莒国和鲁国。齐国国君被人杀死后，齐国出乱内乱。莒国和鲁国都各自护送公子小白和公子纠回齐国。公子小白抢先到达齐国夺得君位，就是后来的齐桓公——春秋五霸之一。齐桓公当上国君后，以鲁国曾帮助公子纠为借口，于公元前684年进攻鲁国。鲁国被迫出兵抵御，战于鲁国长勺。

4. 给下列加点字注音

（1）曹刿（ ）　　（2）又何间（ ）焉

（3）小惠未徧（ ）　　（4）小信未孚（ ）

（5）下视其辙（ ）　　（6）登轼（ ）而望

（7）公与之乘（ ）　　（8）望其旗靡（ ）

**三、通译全文，翻译下面句子**

1. 衣食所安，弗敢专也，必以分人。

2. 牺牲玉帛，弗敢加也，必以信。

3. 小大之狱，虽不能察，必以情。

**四、探讨人物**

你欣赏文中的曹刿还是鲁庄公？

请用“我欣赏______，因为我从文中____________________看到了他______________________的一面”这一句子表达。

# 第 2 章

# 用心优化教学设计

有位教师说："一堂堂精彩的课背后到底隐藏着怎样的故事？为什么同样的教学内容，在大师们的手中能演绎得如此精彩，而当我们去驾驭的时候，却往往不尽如人意？"这里的关键是教师会不会优化教学设计的问题。教学设计体现的是一种智慧、一种创新、一种艺术。一节课设计得巧妙与否，直接关系到课堂教学是简还是繁，是易还是难，是顺畅还是阻塞，是生动还是枯燥。一言以蔽之，教学设计决定一节课的成败。

青年教师备课必须突破这道"坎儿"，否则很难上好课。特级教师李吉林说："教学确实是需要设计的，它就像建筑房屋一样，没有设计，怎能施工？我自己教了几十年小学语文，深知其中所费的功夫。其实，我非常热衷教学设计，我不喜欢'一锤定音'，我喜欢翻来覆去修改、调整，即使夜深人静也乐此不疲。因为设计的优劣，直接关系到质量的高低。"还有一位名师说："每个假期我总把课文通读二至三遍，了解重点、难点。备重点时，我要反复细细体味，记下许多零散笔记，然后归纳总结，再去琢磨教法。有时，一篇课文要在我头脑中孕育许多天，设计了多种教案，我总是要反复推敲才最终确定。"

什么是教学设计？所谓教学设计是指课堂教学的设想和计划。它是为了实现一定的教学目标，依据课程内容主题、学生特征和环境条件，为促进学生学习和发展而设计的解决教与学问题的一套系统化程序。或者说，教学设计就是在上课之前，根据教材内容及学生的具体情况，预先制订出来的包含教学策略、教学思路等的综合方案，也就是上课前所做的一切准备工作。准备工作做得越充分，考虑问题越周到，课堂实施起来就越顺利，课堂效果就越有效。教学设计的特点有以下几点。

1. 规划性。教学设计实际上是教师对整个教学过程的各项工作做的一个规划，也就是教师要对整个教学流程有一个基本构思。

2. 前瞻性。在做教学总体设计时，教师通过思考，预测教材内容、学习环境、教师行为可能引发的效果，以及学生可能做出的反应，借助于想象拟出操作蓝图。比如，如何组织处理教材，如何组织学生思考，教学时会碰到什么问题，等等。

3. 创造性。教学是一种创造性劳动。一份优秀的教学设计是设计者教育思想、智慧、动机、经验、个性和教学艺术性的综合体现。只有设计者巧妙构思、大胆创新，课堂教学才能常教常新。

那么，教师怎样优化教学设计呢？

优秀的教学设计一定是在充分有效备课基础上的设计，关于如何有效备课，上一章已经讨论过这个问题，也就是说，没有充分有效的备课，是很难优化教学设计的。目前教学设计存在的问题主要有以下几类。

1. 目标不够明确，内容处理不当。对课程标准把握不准，对教材挖掘不深，突出表现在教学内容贪多，追求面面俱到。

2. 脱离学生实际，教师一厢情愿。教师对学生了解和关注不够，导致教学设计成了空中楼阁。

3. 设计肤浅平淡，难以唤起学生的学习兴趣。教师只是一味地自我重复，没有新的教学成长，由此产生的教学设计变成空谈。

4. 方式单一陈旧，学生学习被动。教学设计缺乏吸引力，不能充分发挥学生的学习主体作用。

5. 设计追求形式，实际效率低下。为设计而设计，搭花架子，内容空洞，是这类问题的常见形式。

优化教学设计，教师需要做的工作固然很多，但最重要的是做好下面几项工作。

## 一、实践“为学而教”

思想有多远，课堂才能走多远。教学设计中怎样实践“为学而教”的理念呢？这里，我们先看一个案例。

## 教学设计，是需要教师用一生时间去修炼的基本功

江苏省南京师范大学附属小学　特级教师　贲友林

我体会到，教学设计是教师要用一生去修炼的基本功！

1. 设计课堂，也设计自己

我于1990年中师毕业。初登讲台的我，不会备课，更不要说做教学设计了。每天课前，我把两本参考教案中的教案抄一遍，然后照着教案上课。在抄写教案的过程中，我慢慢明白了“导入新课、教学新课、巩固练习、课堂总结、课堂作业”这样的课堂教学流程，虽是套路，但我的教学设计就这样在课堂中蹒跚起步了。

教学设计，是需要教师用一生时间去修炼的基本功。每个星期日，我都是先看教材，再独立做教学设计，手写教案，尽管那时已有各种教案集等参考资料，但我从不抄袭，就这样准备好一周的数学课。6年独立备课的锤炼，让我养成了独立思考的意识与习惯，后来我的比赛课、公开课、家常课，都是自己琢磨，自己设计。

现实中的教师们是怎样设计教学的呢？如果是公开课，往往是团队协作，数易其稿，反复试教，不断修改完善教学设计。如果是家常课呢？有了互联网，可以在很短的时间内通过搜索、下载、打印，“搞定”教学设计。

这样还是教学设计吗？教师一般都很重视上课。如果说上课是“面子工程”，那备课才是“根基工程”。备课是“养兵”，上课是“用兵”。备课是最有利于教师提高教学能力的，也是为教师课堂教学这个“脸面”充实内在“品性”的最佳途径。教学设计，本应是脑力活儿，在现实中怎么就变成了体力活儿呢？教师，该在“面子工程”上着力，还是该在“根基工程”上下功夫呢？

作为教师，应当从以往关注“有没有备课”转而探讨“怎样备课”，并进一步深入研究与实践“怎样更有效地备课”。在“百度”时代，每位教师是否可以个性化定制自己的备课方式呢？我的教学设计，最初设计怎样教学生；后来设计怎样教学生学；再后来，设计怎样教，学生才能够主动地学、创造性地学、个性化地学。教师在设计教学的过程中，也在设计自己。

2. 发现学生，也发现自己

结合我的成长经历，我把教师的成长大致分为三个阶段：第一阶段，关注教材，知道自己教什么；第二阶段，关注自己，在课堂中展现教师自己，从目前的大多数公开课可以看出这一特点；第三阶段，关注学生，教师明白

了教是为了学。从第一阶段到第二阶段，一般教师都能自然过渡；从第二阶段到第三阶段，则需要教师的用心与努力。

做教师，总是时不时回忆自己曾经上过的课。每位教师所上过的课，就形成了自己的课堂教学史。在我工作20年的时候，我梳理、回顾自己曾经上过的课，有三节课对我具有特殊的意义。

第一节课是“平面图形的面积总复习”。2001年，我经过县、市、省级的一轮又一轮的初赛、复赛，最后参加全国赛课并获一等奖。得到的这个“全国一等奖”，是给这节课赋予的一个美丽的说法。当年，一个又一个通宵的准备，一遍又一遍地试教——导入环节，“买油漆”改成“卖土地”；练习环节，每一道题目，殚精竭虑，力求与众不同；课件制作，每一处精雕细琢，精益求精……当时的课堂，我关注更多的是知识点的落实和按部就班地上课，是参与听课的教师包括评委教师的反映。今天看来，我觉得这节课似乎可以定义为“为教师的设计”，既为听课的教师而设计，也为执教的教师而设计。

第二节课是“认识时分”，2002年首次在江苏省“教海探航”颁奖活动中公开。这节课中“师生一起画钟面”的教学创意源于我在家常课中的设计，而学生有关指针“秒针在最外层、时针在最里层、分针夹在中间”的想法也让我尴尬过。课堂的成功，恰恰是对学生生活的关注、对童年的关注，而尴尬，也恰恰说明了教师对学生的“视界”关注不够。进而，我感受到，教学过程中，学生的反应直接影响着教学活动的进程，并促使教师根据学生的反馈信息进一步调整教学活动的目标、内容、进行方式和进程。学生，影响着教师的教学；学生，应走进教师的视野。我们常常说，作为教师，要弯下腰、蹲下身，从学生的视角看待学生的世界。我以为，作为教师，还需要直起身，以成人豁达、宽广的胸怀，尊重、接纳学生的世界。

第三节课是“7的乘法口诀”。2004年，江苏省教研室在苏州举办青年教师教学展示活动，我上了这节课。这节课的影响出乎我的意料。至今，在网络上还有不少教师点击观看这节课的视频。回顾当年这节课试教、调整与改进的经历，我认为：教师的教学活动设计应当以学生的年龄特征、心理发展特点、学习状态与水平为基础。若以往这句话还停留在纯粹“引用”的层面，那这时，这句话已经真正内化成教师的想法了。教学设计，因学生而调整、改变。教师看学生，不再是浮光掠影、蜻蜓点水。

三节课，有故事；三节课，有思考。对过去课堂的回顾，并不是让自己留恋过去；对过去课堂的反思，也不是让自己否定过去。我们需要“历史地对待历史”，历史是流动着的，从历史中走来，对自己流动着的思与行的梳理、审视，是为了认知当下，瞭望未来，摸索走向与路径，让今后走得更明智、更稳健、更坦然。

我从三节课中发现了学生。发现学生，意味着重新认识学生，建构新的学生观；意味着教学从学生出发，学生的发展是教育教学的出发点和归宿。我在我的第一本书《此岸与彼岸——我的数学教学手记》中写下过这样一句话："对学生视而不见的人，对自己也是盲目的。"

我从三节课中也发现了自己。我的课堂教学，从以教为中心到以学为中心的嬗变，并在这10年中为构建"学为中心"的课堂所付出的努力，和我这三节课是密不可分的。

3. 重构教学，也重构自己

我以为，每一位教师更需要有自己与自己"同课异构"的自觉、勇气、能力与自信，即由与他人"同课异构"转向与自己"同课异构"。与自己"异构"，通过对同一个问题再次思考、阐述、理解、辨析、感悟、再思，构建一种对话场域，在对话中沟通理解、触发思考、促使优化、走向深刻。

教学中的改变，不仅仅是教学行为的变化，更有认识上的变化。我在上述案例中的"异构"，正是表达我对以学为中心的理解。以学为中心，在教学中，教师把学生带到学习任务中，以学生已有的知识和观念作为新教学的起点，给学生更多学习和建构的机会，根据学生的学习过程设计相应的促进学生学习的教的活动。教师不仅要关注学生学了什么，更要关注学生是怎么学的、学生在学习过程中的态度如何，从而促进学生获得全面、生动、积极、和谐的发展。

萧伯纳说："我不是你的教师，只是你的一个旅伴而已。你向我问路，我指向我们俩共同的前方。"课堂教学的过程，就是教师伴着学生一起前行的过程。有两种样态：一种，教师在前，学生跟在教师后面，亦步亦趋；另一种，教师相信学生有前行的愿望与能力，放手让学生自主往前走，当学生前行方向出现较大偏差时，教师跑到学生前面引一引、指一指、带一带，然后又退到学生中间，或者在学生的后面，甚至在路边为学生鼓掌。这两种课堂样态，正是对"教为中心"与"学为中心"课堂的形象描述与直观勾勒。

仔细阅读案例分享中贲友林老师的经历，你会发现：他的课堂教学设计能力的提高是伴随着他的教学思想观念的转变的。他说："我把教师的成长大致分为三个阶段：第一阶段，关注教材，知道自己教什么；第二阶段，关注自己，在课堂中展现教师自己，从目前的大多数分开课可以看出这一特点；第三阶段，关注学生，教师明白了教是为了学。"他还说："发现学生，意味着重新认识学生，建构新的学生观；意味着教学从学生出发，学生的发展是教育教学的出发点和归宿。”还有一位教师说：“以前，我总是很困惑：为什么有些问题在课堂上讲过多遍，学生的错误却依然如故？现在我知道，教学时只想自己‘怎么讲’不想学生‘怎么学’，课堂教学势必是低效的。”

教学设计首先是思想设计，以学生发展为本，落实学为主体。教师在教学设计中要重点考虑这样几个问题。

1. 发展为本。教学设计要把促进学生的发展作为教学工作的出发点和落脚点。教学设计要关注学生的兴趣，关注核心素养、立德树人，关注必备品格、关键能力。教学设计还要尊重学生的生命个性，解放学生身心，开发学生潜能。

2. 学为中心。目前重点解决重教轻学问题。要求做到师退生进，学为主体，教为学服务；做到“教不越位，学要到位”，“弱”化教师的强势，强化学生的表现。

为此，教师要做到“五不教”和“四不讲”。具体来说，“五不教”：凡是学生自己能看懂的，教师不教；凡是学生自己能学会的，教师不教；凡是学生自己能探索出结论的，教师不教；凡是学生自己能做的，教师不教；凡是学生自己能说的，教师不教。“四不讲”：太简单的、学生一看就明白的不讲；太难的内容不讲，因为讲了也不会，等于白讲；学生容易出现问题和理解上出现偏颇的地方，教师不应立即讲出答案，而应该利用学生已有的知识和经验引导和启发学生；超时不讲——时间不要超过 15 分钟，最好控制在 10 分钟之内。

3. 强化“五动”。为了调动学生学习的主动性，课堂上要强调“五动”：手动、口动（学生课堂行为的参与）、脑动（思维的参与）、心动、情动（学生情感上的参与）。教师既要强调学生的行为参与，还要关注学生的情感参与。

同时，在现行的课堂教学中，教师们仍要努力实现“三个转化”：一是把教学目标转化为学生学习的核心任务，二是把核心任务转化为学生的学习活动，三是把学习活动转化为学生的学习力。让学生真正成为课堂上的主人，只有如此，课堂才能生动有趣，扎实有效。

## 二、创造性使用教材

教学设计，教师不能把书本上、教参上的话简单地搬到课堂里。要把“关注学生，为学而教”的理念真正落到实处，教师必须把它融入组织处理教材、梳理教学思路、创造性的教学设计中去。有人问特级教师毛荣富："你凭什么上课呢？"他说："比参考资料更重要的是独立研究和处理教材的能力。"特级教师钱梦龙说："我认为，判断一名教师是否成熟，主要看两条：一看在教学思想上是否有明确、一贯的追求，二看是否具备独立处理教材的能力。"可见，教师把握教材和创造性使用教材是十分重要的。

所谓"教材组织处理"，就是教师在教学过程中，根据教学目标和学生实际情况，对课程资源进行某种开发，对教材进行增删、取舍、重组、加工、包装的艺术处理过程，以增强教材的情趣性、生活性，降低教材难度，使教学内容更趋于合理，让教材的教育教学功能得以充分实现。实际上，教师组织处理教材的过程也就是对教材进行二次开发的过程，如下图所示。

尊重文本　　超越文本

个性化艺术处理

读懂吃透教材→组织处理教材→课堂教学内容

读懂·挖掘·内化　　增删·浓缩·激活　　符合学生和教师实际

上课是一种教学再创造

如果说教师研课标、备教材是精准把握教学内容的话，那么组织处理教材，就是教师依据学生实际确定教学目标，进行教学再创造的过程。这个再创造包括对教材的增删取舍、浓缩简化等，最重要的是梳理教学思路，进行一节课的构想。不同的教师有不同的设计，也就是大家熟知的同课异构。

同课异构过程就是教师依据教材内容、学生实际和自己的优势，梳理教材，设计出符合本班学生实际和教师实际的教学思路。如人教版语文七年级下册第三单元第二篇课文——杨绛的《老王》，下面三位教师有着不同的设计。

蔡孝娇老师的教学创意：

（一）走近老王

（二）品味老王

（三）献给老王

余映潮老师的教学创意：

一、读课文，说老王

二、读课文，说作者

三、读课文，说自己

王君老师的教学创意：

感受老王的“活命”状态

感受杨绛的“活命”状态

总结——“活”出高贵的生“命”

同一篇课文，三位教师有着不同的设计，反映了三位教师对教材的不同理解，以及不同的教学设计风格。这就是教学再创造，教师的功力也体现在这里。

那么教师在组织处理教材时，怎样梳理思路，才能实现教学再创造呢？可以考虑这样几个问题：

### （一）抓住主题，厘清思路

设计任何一节课，教师必须在充分理解教材的基础上做到中心突出，主题鲜明，抓住重点，而且要厘清思路，设计好层次。例如，窦桂梅老师设计的《秋天的怀念》这节课的基本框架。

教学预设：

1. 在“秋天”的回忆中，理解“母爱”的内涵。
2. 在“怀念”的情意中，感受“爱母”的思绪。
3. 在“秋天”的怀念中，获得“自己”的思考。

教学层次：

感受“娘儿俩”的好好儿活；

探究“我俩”的好好儿活；

思考“我们”的好好儿活。

这个教学设计紧紧抓住了“好好儿活”这个主题，思路清晰，重点突出。能上好课，自然在情理之中了。

### （二）找到主线，统领课堂

教学设计，另一种做法是教师组织处理教材要设法找到抓手，即抓住一条主线，以这个主线处理教材和设计学习活动。如特级教师宁鸿彬处理语文教材“八法”：

1. 抓联系——抓住课文中的人、事、理之间的联系，设计教学活动。

2. 抓因果——抓住事物之间的因果关系，或从原因出发去寻求结果，或从结果出发去寻求原因。

3. 抓演变——研究人和事的演变过程，研究如此演变的条件等。

4. 抓线索——抓住课文组织材料的线索进行教学设计。

5. 抓头绪——先指导学生理出课文的头绪，而后指导学生领会思想内容和表现形式。

6. 抓评价——抓课文评价性语言展开教学活动，由此带起文中一系列的具体描述，达到理解全文的目的。

7. 抓特色——抓课文中内容、结构、手法、语言等独具特色的东西设计教案。

8. 抓警句——如果课文中有警句，抓住它展开教学活动，通过使学生领会警句的意思，进而理解课文。

**（三）问题启发，无疑生疑**

“学贵有疑，小疑则小进，大疑则大进。”所以，教师教学设计的另一项重要任务是把知识问题化，教材无疑处须教有疑。但并不是说，随随便便把教材内容呈现出来，就能让学生产生强烈的学习兴趣与探索的愿望，获得深刻的感悟。只有那些能够激发学生强烈的学习需要与兴趣的教学内容，只有那些能够带给学生挑战，让他们获得积极的深层次体验的，给予他们足够自主空间、足够活动机会的教学活动，才能使课堂充满激情与活力。这就需要教师在处理教材时，在“无疑处须教有疑”，用问题激发学生的学习兴趣，以活动点燃他们的求知欲望。

例如，宁鸿彬老师在《皇帝的新装》这一课中做的以问题为主线的教学设计：

问题 1：请你们给这篇童话加个副标题，一个什么什么样的皇帝（板书：一个……的皇帝），省略号是什么意思？

解决：同学们加的副标题有“一个愚蠢的皇帝”“一个虚伪的皇帝”“一个不可救药的皇帝”。由此，大家认识到：这样一个昏庸、虚伪、无能的皇帝是不称职的。

问题 2：下面我们再来研究一下这个故事的情节，谁能用一个字概括这篇童话的故事情节？或者说这个故事是围绕哪一个字展开的？给大家一分钟准备时间。

解决：大家发表了不同的见解，分别用了蠢、骗、伪、假、傻、装、新、心八个字。哪个是正确的呢？学生通过“排除法”“检验法”确定本文通篇体现了“骗”这个字。

问题 3：这两个骗子的骗术并不高明，他们的谎言只要是有一点头脑的人便可识破。可是，却有那么多人上当。这些人受骗的原因是什么呢？大家在发言的时候，请注意结合课文具体地谈出自己的见解。

解决：如果他们没有私心，不考虑自己，就不会被骗了。正因为有私心，把个人利益放在首位，怕这怕那，才会上当受骗，说了假话。

问题 4：为什么小孩没有上当受骗？

解决：皇帝、官员和百姓都上当受骗了，是因为他们有私心，而那个小孩敢于揭露真相是因为他没有私心，不考虑自己，没有顾虑，就什么也不怕。那么，我们应该从中明白什么道理呢？有私心，就容易犯错误。私心是犯错的根源，也是犯罪的根源。

什么是知识问题化？教师备课时，把学生需要掌握的知识点，通过理解、挖掘、重组、生成，转变为探索性的问题点、能力点，通过对知识点的设疑、质疑、解释，激发学生的探求欲望以及学习的主动性和积极性。

问题是教学的心脏，是教学的源头。问题的背后是人的好奇心。课堂教学中，学生只有遇到问题才会有兴趣，才会有想了解“真相”的欲望。所以，知识问题化要关注主问题的设计。主问题是区别于课堂上随意的连问、简单的追问和习惯性的碎问而言的，它指的是课文研读教学中能“牵一发而动全身”的重要问题。

“主问题”不一定是数量上的“1”，而是要有一个相对集中的问题情境，可以由这一个问题引发一系列的问题。“主问题”一定是能触及教学核心目标，作为深层次课堂活动的引爆点、牵引机和黏合剂的突破性问题。如关于《祝福》一文：祥林嫂是怎样死的？

总之，一节好课应在处理一篇课文之初，用问题引导学生走进教材；处理一篇课文之中，用问题引导学生掌握教材；处理一篇课文之后，用问题引导学生走出教材。

**（四）调整重组，贴近生活**

通常，教学内容离学生生活越近，其作用发挥得越好。反之，越不能引起学生的兴趣，甚至不易被学生感悟和理解。但是，无论哪家版本的教材，由于受地域和学生实际的限制，以及文本教材本身的局限，不可能同时适应不同地域的学生。所以，教师使用时不宜完全照搬，应根据需要做必要的调整。

比如，学习历史课“戊戌变法”，总结“戊戌变法”失败的原因是什么时，学生们阅读教材，很容易就能找到四个要点：（1）顽固派的阻挠。（2）维新派力量弱小。（3）脱离群众。（4）维新派缺乏反帝反封建的勇气。如果教学停留在这儿，学生们似乎把该掌握的都掌握了，但是他们的理解一定是浮在表面的。

特级教师魏勇此时提出疑问：“戊戌变法”是一场救亡图存和思想启蒙的运动，但从另一个角度说却是维新派（帝党）和顽固派（后党）的权力再分配，因此作为既得利益的顽固派（后党）必然要对变法阻挠破坏。但是，中外历史上的一切改革都会有顽固势力阻挠，以日本明治维新为例，明治维新废藩置县，剥夺了大名和武士的特权，当然也遭到了他们的反对。请问：为什么旧势力的反对没有对日本的改革造成致命的危害，对中国的改革却造成了颠覆性的破坏呢？

在学生迷茫之时，魏老师引入资料：

我们小时候读历史，常有中国不如别人之感，何以日本明治维新，几十年内就凡事做得头头是道，而中国似乎越做越糟。现在才看得明白，中国文化是亚洲大陆地理的产物，欧美和日本的物质文明，有他们海洋性国家的经验。况且每个国家的发展，也有先后程序，而其中最大的差别，则是现代先进的国家，以商业的法律作为最高层机构及低层机构的联系。落后的国家以旧式农村的习惯及结构作为行政的基础。

——《万历十五年》

当时，维新派应该怎么做，才可能成功呢？魏勇老师又出示了两则材料：一是光绪当时 27 岁，慈禧已经 63 岁了；二是凯恩斯曾说过这样的话："真理之所以战胜了谬误，并不是真理以其客观性说服了谬误，而是站在真理一边的人都成长起来，站在谬误一边的人逐渐死去，真理才最终取得了胜利。"（维新派怎么做才能成功呢？）

对教材的灵活处理，材料的适时引入，拓展了学生的思维广度，引发了他们对历史现象的反思，他们对现实与理想的思考自然也会更加深入。

**（五）化静为动，学生乐学**

处理教材的另一种有效方法就是活化教材，设法让静止的、抽象的、死板的教学内容活动起来，从而增强教学的感染力和吸引力。如小说，和与它表现同样内容的电影、电视剧相比较，现代人更喜欢后者，很少有人愿意再去读小说，因为电影、电视创造出来的形象是动态的，是可以直观感受的，那么，教师又该怎样去活化教材呢？

1. 改变呈现方式

课堂不能只局限于教师的讲授，可以将实物照片、原始文字资料、表格图形等各种形式的教学资源融入课堂教学，从而加深学生对教材内容的理解。

2. 改变学习方式

变革过去教师"一言堂"的怪圈，让学生学会自主学习、合作探究。比如，学习"美国的独立"一课，如果教师照本宣科地教，再让学生们总结一下如何评价华盛顿这个人，学生们是不会感兴趣的。但是，如果教师换一个角度介绍华盛顿："美国的教科书和咱们中国的教科书都高度评价华盛顿，认为他是杰出的政治家，是几乎完美无缺的伟人。可是英国的教科书却把他看成是叛军的首领，把美国的独立看成分裂。你觉得哪种观点靠谱呢？"在学生熟读教材的基础上，再给他们补充合适的资料，这样，学生的好奇心被激活，探究欲望会推着他去翻教材，啃资料，不断寻觅，不断思考。

## 三、设计好教学流程

楼房有楼房的结构，文章有文章的结构，课堂自然也有自己独特的结构。课堂结构指一节课的组成部分及各个部分之间的联系、顺序和时间分配。课堂结构设计也就是把教学的有关因素组织在一起，按最优化的原则排列组合。课堂结构设计也称课堂环节、教学流程、教学过程设计。教学设计的作用是要靠教学流程来实施和实现的。

物质的结构方式不同，其特性会截然不同。比如，同是碳元素，其分子采取层状结构方式排列，即形成石墨；而采取正四面体结构方式排列，则形成坚硬无比的金刚石。元素一样，结构方式不同，就形成了截然不同的两种物质。同样，教学内容相同，不同的教学结构，也会带来不同的教学效果。

多年来我一直致力于对名师和名校课堂结构与流程的研究，试图找到课堂教学流程结构中万变不离其宗的、最本质的东西，为此总结提炼出包括导、学、练、测、结、拓六环节的"六字"要素，如图所示：

**万变不离其宗：找到教学流程中最本质的东西**

教学流程　核心步骤："六字"要素

导—学—练—测—结—拓

一、导：目标定向，激趣导入

二、学：学导并用，问题深究

三、练：精选精练，形式多样

四、测：学情反馈，达标补救

五、结：系统归纳，巩固记忆

六、拓：拓展延伸，余味无穷

下面对"六字"要素课堂结构流程优化设计做一点说明。

### （一）导：目标定向，激情导入

一台好戏演好序幕，一篇新闻写好导语，一部乐章奏好序曲，就会先声夺人，就能激发人的兴趣，吸引人的注意。同理，新奇多趣、引人入胜的课堂导入，能把学生带进跃跃欲试的学习氛围里。

什么是导入？所谓导入是指教师在新的教学内容或教学活动开始时，引导学生进入学习状态的行为方式。通常课堂导入有两个重要目的：一是引起学生兴趣，二是切入教学内容。

例如，王君老师教学《老王》一课的导入是这样设计的：

同学们，王老师是个热爱生命的人。我经常对我的朋友和学生们说，过日子要像鲜花，一朵一朵地绽放。但是，生命有时候很遗憾，很无奈，很艰辛，不仅不是鲜花，甚至连草都不是，只像被人任意践踏的尘土啊！今天我们学习的《老王》里的描述就是这样，那么，老王的生命状态是什么样的呢？我们先读课文中的这个句子，预备，起！

这个导入简洁、快速，达到了导入的两个目的，就是有效的导入。

课堂导入设计的类型和方法有很多，主要有以下几种：

1. 开门见山，揭示新课。这种方式针对教材特点直接揭示学习目的，特点是“短、快”。

2. 联系旧知，提示新课。从已有的知识出发，精心设计导入新课，可使学生感到旧知识不旧，新知识不难，建立起新旧知识之间的联系，明确学习的思路。

3. 巧设悬念，引人入胜。善于创设问题，以奇特的形式设置悬念，令学生产生探究欲望，迫切想知道其中的奥秘。

4. 动手操作，亲身体验。别人说十遍不如自己做一遍，学生亲手操作，有切身实践，往往体会深刻，有助于激发悟性，增强思维力度。

5. 利用活动，创设情境。巧妙地利用猜谜、游戏、表演、朗诵等多种形式的活动来创设情境，以此进行课堂导入。

6. 故事引入，启迪思考。学生天生对新鲜的事物充满好奇，喜欢听有趣的故事。如果教师抓住学生这一心理特点来进行导入设计，也会取得理想的效果。

7. 审题入手，提纲挈领。有些课题就是这节课的“窗口”，也是教材内容高度的概括，从审题入手导入，能揭示一课的中心主题或重点难点。

8. 直观演示，提供形象。利用实物、标本、教具等导入可以化抽象为具体，不但为学生提供生动形象的感性材料，而且为他们积累丰富的感性经验。

设计导入时，要注意遵循以下要求。

（1）求精，有概括性。（2）求思，有针对性。（3）求巧，有趣味性。

（4）求准，有科学性。

**（二）学：学导并用，问题探究**

这个环节因课而宜，多数情况下活动环节如下：

1. 学生借助问题或者导学案先自主学习。（教师的自学指导要做到“四明确”：明确时间、明确内容、明确方法、明确要求）

2. 学生带着问题在小组交流合作中进行探究。

3. 呈现成果（有的是个人呈现，有的是小组呈现），锻炼学生抽取、处理信息的能力以及综合概括能力——属于深度思维活动。

4. 其他同学补充、修正。这时，课堂是师生相互对话与倾听的过程，教师搭建质疑的平台，鼓励学生追根溯源、呈现不同观点，分析学习内容，提出新问题。这个环节教师不能急，要学会等待。

5. 教师归纳总结，确认成果。

这个环节是一节课的主体部分，也是最精彩的部分，设计的好坏决定一节课的成与败。教师必须在充分理解教材的基础上做到中心突出，主题鲜明，抓住重点，而且要厘清思路，设计好层次。

如《人民解放军百万大军横渡长江》这篇课文，篇幅较短，一般只能用一个课时。短短的一个课时之中，既要教课文本身的内容，又要教新闻的一系列基础知识，时间紧、任务重。先讲新闻知识后讲课文吧，时间不够用；先讲课文后讲新闻知识吧，也不轻松。怎样教才能又好又快呢？

特级教师宁鸿彬是这样设计的：

任务：读课文之后，请学生用三种方式表述课文内容。

第一，用一句或一个短语说出这则新闻的内容。

第二，用一小段话说出这则新闻的内容。

第三，用一大段话或几小段话说出这则新闻的内容。

作答时，两名学生不谋而合。用一句话或一个短语表述时，他们都是用的本文的课题；用一小段话表述时，他们都是用的课文的前两句话；用一大段话或几小段话表述时，他们都是述说的全文大意。而且，对这两名学生的回答，全班学生一致赞同，毫无异议。

教师明确：

用一句话或一个短语，最简洁、最鲜明地把所报道的内容告诉人们，这就是新闻的“标题”（板书：标题）。

用一小段话，简要概括所报道内容，在新闻的开头告诉人们，这就是新闻的“导语”（板书：导语）。

用一大段话或几小段话，具体地、翔实地把所报道的内容告诉人们，这就是新闻的“主体”(板书：主体)。

标题、导语和主体，通常是一则新闻必不可少的组成部分。

学生频频点头，顺利接受。

**(三)练：精选精练，形式多样**

中国传统教学中的“讲练结合”是最值得我们继承的经验。讲解之后的巩固练习是一个人掌握知识、形成技能，由懂到熟、由熟到巧的必由之路。没有训练就没有运用的过程，没有训练就没有积累，没有训练就不能形成最终的能力，所以教师备课时要特别重视对习题的选择和对训练的设计。

当前课堂训练大体上有七种状况：精讲精练、精讲多练、多讲多练、乱讲乱练、只讲不练、只练不讲、不讲不练。据某项调查结果显示：在各种课堂训练中，精讲精练占10%，多讲多练占80%，乱讲乱练占10%。而练习设计误区主要表现在：重讲轻练——挤占学生练习时间；重点轻面——练了少数，丢掉多数；重旧轻新——简单重复，机械操练；重量轻质——只顾数量，不讲质量。

怎样精心设计训练？功在课前，效在课上。课前勤一点，课上懒一点。一个聪明的教师一定会在训练的习题选择和设计上下大气力，因为把习题训练设计好，将大大提高课堂效率。好的课堂训练设计应该坚持“六性”。

1. 针对性。设计练习题一定要紧扣教学目标、重难点。

2. 层次性。把练习题设计成不同难度和不同类型的题，有一定的层次性。如基本问题、综合性问题、开放性问题。

3. 典型性。练习题设计不在于多，而在于精。练习题要有典型性，要能做到练一题管一类。

4. 挑战性。问题要有深度，能引发学生深度学习。

5. 趣味性。问题能激起学生极大的兴趣，学生愿意参与并积极思考。

6. 多样性。设计练习题力戒单一化和简单重复，要从教学内容出发，根据训练目标设计多种形式的练习题。简单地抄写和背诵作业，既乏味又容易使学生疲劳。如果把单调的练习变成多种感官活动，让学生动脑、动手、动口，既能激发学生的学习兴趣，又能提高他们的学习效率。如数学学科，可以把口算、笔算和珠算相结合，口答、作图和解趣题相结合，讨论、操作和实地实习相结合。

**(四)测：学情反馈，达标补救**

农民种地，春种为的是秋收，到了秋天，他们会想方设法把一年的收成顺利归仓。教师上课也是同样的道理，不能只管教，却忽略教学的效果。这就需要设计“测”这个教学环节，先是学情反馈，而后达标补救，做到堂堂清。

特级教师徐利就很重视教学反馈这个环节。讲解训练后，教师要了解全体同学是否都能够达到学习目标，尤其是那些成绩较弱的同学。这需要我们及时进行学习效果反馈，通常来说，需注重以下三个方面：

1. 一个做法。教师通常是在一个学习小组内抽 4 名成绩较弱的同学进行检测，采用“ABAB”型，即相邻的同学不做同一问题，通过他们的现场板演进行达标检验。

2. 两个重点。（1）重点学生。教师根据学生的数学基础，选取数学成绩相对较弱的部分同学分成两个组作为重点反馈对象，在楼道内的黑板上进行重点检测。这种做法，能使数学待转化生每节课都在转化中，都在提高中。（2）重点问题。从展示的题目中选择两个有价值的题目（或编制两个典型的变式题目）进行重点问题反馈。

3. 三个目的。（1）达标测评。（2）帮扶。（3）集中点评。

目前这个环节问题很多，许多教师甚至忽略它的设计。课堂效果检测的方法，在备课一章里有讨论，这里不再赘述。

**（五）结：系统归纳，巩固记忆**

进得去，还要出得来。一堂好课不仅要巧设导入，还应该处理好结尾。明代文学家谢榛说得好：“起句当如爆竹，骤响易彻；结句当如撞钟，清音有余。”的确，一堂课如一首乐曲，结尾好犹如曲终时留下袅袅不尽的余音。

结课是一节课的课尾处理，它的作用：归纳概括——让学生知识系统化，画龙点睛——让学生掌握重点，复习巩固——让学生强化记忆。结课设计的方法有很多，这里介绍几种常见的方法。

1. 总结概括式。有两种形式：第一种是教师对一堂课的内容，按教材的顺序或板书的布局，用精练的语言提纲挈领地做一次梳理，使知识条理化、概括化、系统化，以达到当场记忆巩固的目的。另一种是教师设计问题，让学生进行小结。学生按照自己的学习习惯进行总结概括，梳理知识，便于记忆。

2. 画龙点睛式。教师对本课的重难点做巧妙的点拨与提升。

3. 图形呈现式。新授之后，再将知识点归纳小结，以图形的形式呈现给学生，让学生了解知识之间的联系。

4. 表格填写式。为了帮助学生厘清思路、把握要点，教师设计出概括性的表格让学生去填写。

5. 作业练习式。教师抓住本课重难点和关键性的知识技能，设计有读、讲、画、演、学具操作或辨析性的综合性练习，让学生动口、动手、动脑，提高学生的作业技能技巧，并达到理性升华的目标。

6. 游戏表演式。运用电教手段，创造一个充满情趣的语言环境，让学生在游戏中学知识，长智慧。

7. 揭示规律式。教师指明规律，总结出思维顺序，促进学生有序思维的完善与发展。

结课设计应遵循以下几条原则：（1）紧扣目标。（2）选好角度。（3）简明扼要。（4）形式新颖。（5）板书配合。（6）把握时间。

**（六）拓：拓展延伸，余味无穷**

课已尽而余味无穷，这是拓展延伸设计的作用。课堂学习的时空是有限的，在学生发展和学科课程学习的链条上，它只是一个定点。我们需要从一节课辐射开去，有意把课内知识引入到课外，或引入到课外的阅读上，或引入到动植物的研究上，或引入到自然、地理的研究上。

例如，特级教师窦桂梅《圆明园》一课的结尾这样收束——

师：现在就要离开圆明园了。那么请闭上眼睛，课文中出现的是废墟、是火焰，那么，在你的心中圆明园仅仅是废墟、是火焰吗？圆明园在你心中是什么形象？（学生思考后回答）

生：圆明园成了压在我们民族心头的一块石头。

生：圆明园是我们头上永远抹不掉的耻辱。

生：圆明园成了中华民族的一块墓碑。

生：我认为是中国人民的警示牌。

生：是敲在我心中悠远的钟声……

师：圆明园的大火已熄灭，可是我们思考的脚步不能停止，有着5000年文明的中国为什么会被几千个强盗杀进京城？圆明园的大火烧掉的究竟是什么？毁灭的究竟是什么？永远毁灭不了的是什么？

这个结尾尊重教材，又超越了教材。它给了学生更大的视觉和思维空间，引导他们走出圆明园，怀着更多的思考走向未来的人生。

拓展有多种形式，如发散式——激思，回味式——激情，延伸式——激趣，等等。

教学过程的“导、学、练、测、结、拓”六个环节并非是彼此孤立和机械僵化的，教师可以根据教学内容和课堂教学实际需要灵活运用。如在多数情况下一节课需要体现六个环节的设计，而有些情况就只需要体现四个或者五个环节；有些情况下“练”和“测”可以设计在一起，有些情况下“结”和“拓”可以设计在一起。

## 四、生态课堂的营造

怎样去营造民主、和谐、安全、激情、活力的生态课堂呢？谈到这一点不由让人联想到老子“道法自然”的哲学思想。《道德经》有云：“人法地，地法天，天法道，道法自然。”意思是“道”所反映出来的规律是自然而然产生的。“道法自然”告诉我们，任何事物都有一种天然的欲求，顺应了就会与外界和谐相处，违背了就会同外界产生抵触。学习“道法自然”，研究生态课堂，就是要使课堂回归自然，尊重学生成长的规律，尊重课堂教学的规律。

卢梭说过，教育必须顺着自然——也就是顺其天性而为，否则必然产生本性断伤的结果。著名数学家杨乐提到：“学校、家庭、社会对学生的期望太高、太急、太迫切，成才是一个很长的过程，是一个比较自然的过程。”生态课堂注重的是学生的和谐发展，没有盆景工艺式的缠扎，没有强化技术带来的“鞭打”，以创新的教学方式培养学生张扬的个性、开放的思想、创新的品质。

一般来说，生态课堂强调的是人本主义的课堂，是一种以学生为主体、以人的发展为第一要务的教学情境，是一种珍视“独立之精神，自由之思想”的教育氛围。从操作层面考虑，教师要努力营造民主、和谐、安全、激情、活力的教育氛围。教育实践证明，这样的教育氛围能使学生情绪高昂，智力活动呈现最佳状态。反之，沉闷、冷漠、消极的课堂气氛往往会压抑学生的学习积极性，抑制智力活动，熄灭智慧火花。

想要营造优良的生态课堂，教师要做好最重要的几件事。

### （一）相信学生，让学生充满自信

不相信学生是教师营造生态课堂的重要障碍之一。认为学生基础差、能力弱，教师讲得口干舌燥他们还听不懂、学不会，如果让他们自主学习、合作探究，效果肯定会更糟糕。其实，教师要解放思想，树立正确的学生观。我们给学生一个机会，他们会还我们一个惊喜。教师还要做到“四看”：看基础、看素质、看发展、看后劲，绝不能因一时一事给学生贴标签。教师要相信学生，相信每个学生都有成功的愿望，都有成功的潜能，都可以取得多方面的成功。另外，我们还得有静待花开的耐心，克服急于求成的心理。出了问题，不抱怨学生，多从自身教法上找原因。

要学会宽容。宽容是处理师生关系的良好途径和方法。对于中小学生尤其适用，因为他们受到的批评和指责往往更多。全国著名教师魏书生说："学生的大脑忙着接受训斥和处罚的信息，也就无暇静下心来裁判心灵中旧我与新我的论战。"生态课堂要求教师用宽容、理解、欣赏的目光去发现学生的特点，做学生的知心朋友，学生也愿意在这样的环境中轻松地呼吸、自由地创造，感受生命的涌动和澎湃。

**（二）尊重学生，让课堂和谐安全**

有位教师谈过这样一件事：有一次上课，一位学生对她说："老师，我们喜欢你的笑容。"这位教师问为什么？她说："看到你笑，我们心情愉快，上课也带劲些！"可见平等、民主、和谐的教学氛围，是教学的土壤和空气。师生之间的交往，不仅仅是简单的教与学的关系，也是教师和学生心灵交流的过程。平等、民主就如同一座架在师生心灵之间的桥，平等、民主的程度越高，这座桥就越坚固、越宽阔，承载和通过的信息量就越大，师生之间的理解程度就越高，教学效果就越好。

要做到这一点，教师就要抛弃传统师道尊严的思想，放下架子，真诚、坦率地与学生对话。"大海航行靠舵手，学生必须按我的意愿走"的时代已经过去了。把学生视为天使，教师就生活在天堂；把学生视为魔鬼，教师就生活在地狱。教师要以"蹲下身子"的心态对待学生，少一点责备，多一些理解。

今天的课堂教学，要讲民主，要尊重不同学生的声音。在课堂上，如果学生突然提出有争议的问题或者公然和教师"唱反调"，教师千万不能大发脾气或严厉批评，要勇于接受学生的"挑战"。对于有争议的问题，教师应该静下心来，把时间交给学生，让他们在教师的指导下讨论、辨别、分析，自主寻找答案。如果是学生故意"唱反调"，教师要冷静，不要被愤怒冲昏头脑，要运用自己的教育智慧，因势利导，"化干戈为玉帛"，使教学能在友好和谐的气氛中顺利进行。

只有建立在民主、尊重、信任、平等、安全基础上的师生关系，才能为学生营造安全和谐的学习氛围。因为人有两大类需求，一种是成长的需求，一种是安全的需求。当这两种需求相比要取其一的时候，人们往往会首选"安全"的需求，因为一个人只有在有安全感的时候，才会有探求未知世界的愿望。教师可以更多地给学生提供"团组式"的学习方式，让学生在团体当中互相学习，产生一种归属感，更有利于他们思维的碰撞与发散。

**（三）激励学生，让学生充满正能量**

行为科学证明：一个人如果受到正确而充分的激励，能力就可以发挥到 80%—90%，甚至更多。营造优良的生态课堂，教师要用好课堂评价这个武器。

1. 真诚地赞美。美国著名心理学家威廉·詹姆斯说过，人类本性中最深的企图之一就是期望被赞美、钦佩、尊重。真诚的赞美能使人感到温暖。莎士比亚说："赞美是照在人心灵上的阳光。"每个人都渴望赞美，尤其是学生，他们对赞美的渴望更为强烈。教师要学会欣赏学生，由衷地赞美学生。学生在受到鼓励之后，情感能得到有效地激发，身心处于积极的状态，学习的兴趣也会随之增加。

2. 教师不独霸评价权。教师要给学生评价的时间和机会。多数情况下先学生评，教师再做确认。如果学生没答好，教师也不宜冷淡对待，而应该有针对性地提出建议。如果学生被教师的评价触动、激发，深度学习就容易发生。

3. 教师要善于等待。教师提问的次数多了，学生思考的机会就会少，一个问题刚提出，学生还没有充分的时间思考，教师就要求学生回答，学生回答稍有迟缓，教师就急于公布答案，一堂课上，问题一个接一个，最终是该读的书没读透，该掌握的知识没掌握。

通常，课堂上有两个时间点教师要善于等待：一是教师提出问题后，二是学生回答问题时。这两个时间点教师不能急，要提醒自己，等待是一种智慧。

# 第3章

# 开发和利用课程资源

同样的内容，有的教师去上学生就兴趣盎然，有的教师去上学生则暮气沉沉，原因何在？相关因素固然很多，但教师不注重开发课程资源，照本宣科，不能激活教学内容，可能是其中一个不可忽视的重要因素。

《中国教师报》记者高影曾经做过“不受学生欢迎的教师”的调查。其中一个不受学生欢迎的特点是“照本宣科‘满堂灌’”。

◆王 × 今年读高二，他告诉记者，他“最讨厌上课照本宣科、教学方式死板还自以为是的老师”。他回忆说，他上初中时的一位数学老师就是这种类型的。这位教师每次上课都是把课本上的例题“照葫芦画瓢”地在黑板上“重现”一次。上课提问，假如学生答不上来，他就让学生整堂课站着听。

◆“讲课枯燥无味，照本宣读的教师不受学生欢迎。”苏州工业园区胜浦实验小学张亚老师说，“这类教师不思进取，平时缺少学习和研究，知识没有更新，教育思想落后，教学方法陈旧，课堂如一潭死水……”

◆湖北省宜昌市西陵区得胜街小学段淑平老师也认为，只会照本宣科，缺乏创新意识的教师不受学生欢迎。“有些教师把教材当‘圣经’，认为教材是绝对完整的，不能轻易改动的……如果教师只是这样照本宣科，充其量只起到了传声筒的作用。这样的做法会扼杀学生的求知欲望，减慢学生的思维发展。久而久之，学生既不会分析问题、解决问题，更不会提出问题。”

◆四川省广安市广安区前锋小学得胜分校钟乐江老师，回忆起自己的学生时代——“读师范的时候，有一位教育学老师，教学工作非常敬业，每上一堂课，他都认真备课，查阅资料。上课的时候，他总是抱着一摞资料进教室，念完第一本，念第二本……可课堂上的我们呢？被动地听着老师的讲课，感到索然无味，不少人听得昏昏欲睡。”

（原文有改动）

上面列举的那些教师之所以不受学生欢迎的原因，主要是教师对照教材照本宣科，不注重开发课程资源，不能激活教学内容。新课程标准强调，教师不仅是课程的执行者，也是课程的开发者、利用者。特别是新教材给教师留出了充分发挥的空间，并要求教师在使用教材时要“用教材教”而不是“教教材”。所以教师在学好教材的基础上，不但要创造性地使用教材，还要重视开发利用课程资源。那么，什么是课程资源？凡是有助于学生成长与发展的，能开发与利用的物质的或者精神的素材，都是课程资源，如图书资料、音像资料、风俗习惯、文史典故、名胜古迹、自然风光、与众不同的人和事等。

教师为什么要注重开发课程资源？受时空、地域、编者等各种主客观因素的制约，教材也会有许多局限性，这就需要教师创造性地使用教材，以教材为依据，注意开发和利用文本以外的课程资源。知识往往来源于实践，反过来又服务于实践。如果教师能恰当地开发和利用课程资源，就会使课本里的教学内容由抽象变得具体，原本远的变近了，原本难的变易了，不但突出了重点，突破了难点，而且更加生动有趣了，就会大大提高课堂教学的效果。可见，教师如果眼睛只盯着教科书和教参，不注重开发和利用其他的课程资源，是很难备好课、上好课的。

特级教师刘可钦认为，创造性地使用教材可以在以下方面得到体现：当教材中呈现的问题情境与当地学生生活实际相差较远时，教师可以将其换成学生熟悉的事物；当教材提供的学习内容、数据信息等与本班学生实际状况有差距时，教师可以做适当调整；当教材安排的课时对本班学生来说过快或过慢时，教师可以结合本班实际情况调整自己的教学进度。

教师在备课的同时，就要设计留下一定的空间，也就是通常所说的“留白”，这样，学生在探索交流中，在不断地尝试和调整中，才有可能闪现出智慧的火花。一个有专业追求的教师，一定会用一生的智慧和心血，去追求课堂中那个精彩的瞬间。

那么，教师怎样开发和利用课程资源呢？教师开发和利用课程资源的方法有很多，这里介绍几种供青年教师参考。

## 一、教师自身资源的利用

我们知道，新教材给教师个人留有很大的创造空间，这就使得教师的教学不再是简单地教学生学知识，而是教师将自己的智慧、人格与新教材融为一体，去感染、影响学生，而且需要通过师生互动来完成教学任务。由此可以看出，教师对自身课程资源的利用十分重要。

经历是一笔财富。教师的成长经历、生活阅历、经验、人生教训都是可利用的教学资源。这是一本活教材，关键是看教师怎样去开发利用。有这样一个案例。

在一次语文阅读课上，一位同学提出："老师，我觉得朱自清的《背影》不好，可它一直在初中的课本上存在着。写人有好多角度，为什么朱自清偏偏要从背影入笔？"对此，执教的高老师讲了一个自己关于"背"的故事："每当想到朱自清的《背影》，我也就很自然地想起我父亲的'背'。1996 年的农历正月初四，我刚进家门，父亲告诉我奶奶于正月初二去世。我当时放声大哭，父亲也老泪纵横。下午我们要返回家时，父亲执意要送我们。那天雪下得非常大。在车站告别的时候，狂风卷起父亲的衣角，雪花打在他的脸上。父亲推着自行车蹒跚地走在回家的路上，他几步一回头，雪地里留下了一条艰难的足迹……我默默地流下眼泪。那时，我想起的就是这篇《背影》。自古世人伤离别。在我看来，欲舍不忍、欲聚不能的亲人的背影给人的感受是最复杂的，有些东西当你面对面时体会不出，而当你面临失去的时候，却能感觉到最珍贵的东西正在离你远去。同学们，你们心中也一定有这样的'背'吧。大家愿意交流吗？"这时全班同学都在注视着高老师的眼睛，整个教室里安静极了，大家感情的潮水在奔腾着……

上面这位教师由于注重开发自身的课程资源，取得了理想的教学效果。

特级教师钱梦龙说："一个教师如果能从自己的发展过程中悟出某些带有规律性的认识，用以指导自己的教学实践，他就很可能成为一个教学艺术家。"这话颇有道理，因为，用自己的学习经验来启发学生的学习活动，有说服力、有示范性。唐江澎老师高中毕业没考上大学（成绩优异，因身体原因），当年被招为民办教师时，校长对他说："只要把你怎么学的告诉学生，让他们达到你的水平，你就成功了。"后来他成功了，不仅取得了优秀的教学成绩，而且成为著名的特级教师。唐老师说过："教师的学习是对学生学习过程的一种模拟，因为人类认识总有其相同之处。"这种"模拟"也可以称之为"角色转换"。因此他提倡，教师的作用是要引导学生依据自己的生活经历、情感体验、审美情趣、直觉能力与积极性参与作者的再创造。这种认识是很有见地的，这也是提倡教师开发和利用自身的教学资源。

## 二、学生课程资源的利用

学生也是重要的课程资源。学生来自不同的家庭，受到不同的教育，每个人有着不同的生活经验和背景，又形成了不同的兴趣爱好，如果对这些资源开发和利用，就能够大大提高教学效果，又可以极大地调动学生的学习兴趣。

高霞老师讲了这样一件事：

“记得刚开学不久，一次下课，我班的两名学生来到我的面前，问：‘老师’我俩谁高？’这时有几个学生围在他俩的周围。当时，我并没有直接告诉他们谁高谁矮，而是对站在他们身旁的其他学生说：‘小朋友们，你们说他俩谁高？为什么？我看谁说得最有道理。’这时又有一大群学生围了上来，他们开始七嘴八舌地说开了。正当学生说得兴趣正浓时，上课铃声响了，我立刻取消了准备上的‘文具’一课，改上了‘高矮’一课。这样，让学生体会到，生活中处处有数学，处处有问题，有了问题我们想办法解决。学生通过自己提出问题，自己尝试解决，体会到成功的喜悦。”

高霞老师就有开发课程资源的意识。她根据学生的课间即景随时调整教学顺序、内容，因时制宜，不拘泥，取得了更好的教学效果。

## 三、生活课程资源的利用

生活空间是一个巨大的课程资源宝库，关键是教师有无一双发现的眼睛去开发利用。如人文资源的民风民俗、神话传说、名言警句、谜语儿歌、绕口令等。至于自然资源的花草树木、鸟兽虫鱼、五谷杂粮，以及人文地理，更是不胜枚举。比如，收集有关厦门大量遗址的资料，就可以应用在学习关于“台湾的收复”的内容中；而学习关于食品安全的内容时，就可以让学生到商场、超市中去调查了解食品包装袋上的介绍；平时关注和学习的地震常识，也适用于地理学科的教学中；等等。

## 四、不利因素资源的利用

课程资源无处不在，无时不有。课堂上的偶发事件或临时生成的事件都可以成为课程资源，而且相比之下，这些稍纵即逝的课程资源尤为宝贵。事物都有正反两个方面的因素。有利因素固然可以作为课程资源来利用，不利因素也可以作为课程资源来利用。

学《乌鸦喝水》时，学生盛水的瓶子不小心被打破了，教师的一句“你帮乌鸦找到了一种新的方法”，消除了学生的恐慌，丰富了课堂内容。学习《小雨沙沙》时，突然下起了小雨，教师改变了原来的教学程序，让学生听雨、赏雨、沐雨、读雨、品雨，突如其来的“干扰”就这样自然而然地变成了难得的课程资源。

由此看出，生活中不是缺乏课程资源，而是缺乏善于发现和有效利用课程资源的有心人。那些在设计好的教案和常规课堂外突然出现的有效课程资源，尤其需要我们积极对待，及时抓取。

## 五、信息资源的利用

一台电脑、一根网络连接线，就能让人们足不出户便知天下事，与素未谋面的同行交流……如今，越来越多的教师正在利用网络带来的便利，使自己的课堂教学更加丰富多彩。

拓海峰老师谈了如下体会：

我是一个很怀旧的人，即使在这个网络信息时代，我也宁愿一次次跑书店，买回心爱的书静静地品读，把这个当作人生一大快事。至于现在的网络读书，我从来不愿涉及。我甚至对流行的短信也一概排斥，认为那都是浮躁社会的浮躁产物。同学朋友的短信我仅仅是看看而已，从来没想学发短信，所以我收到的短信也越来越少，我认为它跟我的语文教学毫无关系。一次偶然的考试，让我改变了这一看法。

高一下学期月考有一道语言表述题：无论是母亲节，还是父亲节，养育我们的父母都值得我们为他们献上我们最真诚的感谢和祝福，请你给父亲或母亲拟一条短信，至少用一种修辞手法，不少于30字。

这道考题不仅在考题形式上给了我震撼，也让我为讲评试卷犯了愁，这明摆着哪壶不开提哪壶嘛！

这可是我在教学上还从来没有碰到过的尴尬，只有硬着头皮上了。在总结试卷的时候，我欣喜地发现学生此题答得不像我想象得那么糟。另外，在原来的短信储存里，我还找到了一位同学早先发给我的关于母亲节的短信："最美的康乃馨，献给你的母亲，祝她幸福平安！更感谢她养育你，才使我有了你这个生命中不可缺少的朋友。"当时我简直如获至宝。

恰巧试卷讲评之时又临近端午节，我又连续收到几条经典短信。"送你一个香甜的粽子，以芬芳的祝福为叶，以宽厚的包容为米，以温柔的叮咛做馅，再用友情的丝线缠绕，祝福端午节快乐！"我仔细品评，这一短信不仅用了排比、比喻、拟人等修辞手法，而且想象丰富、语言形象又温馨亲切。

而另一条短信则让我们师生玩味许久："知道我想啥？想你！知道为啥想你？因为喜欢你！知道为啥喜欢你？因为你有味道！知道为啥你有味道？因为你是粽子！"这条短信的悬念应用得让人惊叹，四次引人遐想，等到谜底揭开，又让人忍俊不禁，形式幽默活泼之极。而且我们通过分析，发现这条短短的信息竟连用设问、排比、顶真、拟人、比喻等五种修辞手法，可谓妙哉！我竟然小看了这种流行趋势，短信的语言文采不可否认，而且是一种鲜活的语言形式，我竟然喜欢上它了。

后来，我不知不觉地开始在笔记本上摘录好的短信，并且学会了发短信。假期的一天，我还和一个跟我一样喜欢宋词的朋友互相应和了几首词牌，还约定以后时不时继续这种交流！我竟因短信意外交到一位好朋友！

时至今日，我已经摘抄了几百条短信。我突然发现，生活变得多彩起来，我的语文教学思路也开阔多了。

## 六、“差异”资源的利用

由于每个学生的学习基础、智力等存在差异，学生们可能会形成各自不同的思维方式或学习方式。教师如果能够巧妙地利用这种差异，就很可能使之成为一种宝贵的课程资源。如倪高扬老师就说了这样一件事：

某初级中学一位青年教师在教学“列二元一次方程组解应用题”一课时，出示了这样一道应用题：一种蜂王精有大盒小盒两种包装，3 大盒 4 小盒共 108 瓶，2 大盒 3 小盒共 76 瓶，大盒与小盒各装多少瓶？（只要求学生设出未知数、列出方程组）课堂上绝大多数学生设大盒能装 $x$ 瓶，小盒能装 $y$ 瓶，列出方程组为：

$$\begin{cases}3x+4y=108 & ① \\ 2x+3y=76 & ②\end{cases}$$

可其中一位同学演示的解法却与众不同：设 3 大盒能装 $x$ 瓶，4 小盒能装 $y$ 瓶，所列方程组为：

$$\begin{cases}x+y=108 & ① \\ 2x+3y=76 & ②\end{cases}$$

面对这位同学的解法，教师没批评半句。在让这位同学回座位后，即提请全班同学一起分析其设法以及所对应的列法如何。在大家讨论的过程中，教师婉转地否定了同学们对这位同学的否定后，似乎自言自语：“这位同学这样设有什么不好？照这样设，方程① $x+y=108$ 有什么不对？那方程②该怎么列才对呢？”问题的提出使得教室里一片寂静，同学们都皱起了眉头深入思考。片刻后，同学们一个个若有所悟，抢着回答。最终列出方程② $1/3x\cdot2+1/4y\cdot3=76$。方程组列出后，教师并没有就此罢休，接着又让学生当场进行比较评点，从而使学生认识到，这种解法虽然合理，但比较烦琐，解起来也不方便。

这位青年教师的这种教学观念和方法实在高明。首先高在真诚地尊重学生的差异。学生之间的差异是不可避免、客观存在的。教师面对学生的差异没有讥讽或视而不见，而是倍加呵护、关注和理解，将其看作多元思维的硕果。其次是把学生的差异当作一种资源来开发。教师把这位同学如此烦琐的思路当作一种难得的宝贵资料，引导学生一起探讨、研究，打破习以为常的思维方法，进行发散思维的训练，从不同角度发现不同的解题思路，使大家既知道这道题还有另一种解法，同时又明白这种解法不是值得提倡的方法，这无形中就拓展了课堂教学的深度与广度。

## 七、需要特别注意的问题

开发课程资源，创造性使用教材的目的是为了更富有实效性地开展教学。为此教师开发课程资源、创造性使用教材应注意这样几个问题：

### （一）开发课程资源不能冷落教材

在课改实验区，有这么一节“简单统计”的新授课，整节课教师和学生都没用过教材。当有人问学生为什么不带教材时，有的学生说：“忘带了。”有的学生说：“老师说了，这节课不用课本。”显然，这位教师的做法值得商榷了。教材是编者精心编写出来的，是学生认识世界的窗口，是学生获取知识的工具。如果剥夺学生阅读教材的权利和时间，淡化教材的作用，有时反而会增加学习的难度并降低学习效率。

沈坤华、孙树清两位老师谈到这样一件事：“一名教师在执教三年级‘两步计算的问题’时，课才上到 10 分钟，一名平时学习成绩优异的学生提出一个三步计算的问题，该名教师大加赞赏并做出分析解答。其他学生出于从众心理，也千方百计地提出三步计算的问题，教师逐一组织讨论解答。由于拔高了教学要求，后 30 分钟只讨论了 3 个三步计算的问题，大部分学生越搞越糊涂。课后我们用两步计算应用题对该班做出测试，合格率只有 27%。这真是舍本逐末。”

再如语文阅读教学，我们也应该看到，不少课堂教学忽视了对文本的阅读理解，过早、过多地补充内容，甚至离开文本大谈从网上查阅到的资料。有的课堂上，学生的活动形式很多样，蹦蹦跳跳、热热闹闹，一节课既有自主学习，又有合作讨论，更有课堂辩论和课本剧表演。课堂教学像摆满汉全席似的“一盆盆、一碟碟”往上端，可是学生读书的时间不多了，思考感受的时间不多了，对语言文字的理解、品味、运用的时间被挤掉了。

以上列举的事例提醒我们，开发课程资源并不意味着淡化教材。教材是主要课程资源，是教学的主要依据，只有领悟新课标，领会编者意图，深入钻研教材，尊重和用好教材，才能根据需要有目的地开发课程资源，补充、活化教材，实现课程资源的整体效益。

**（二）资源引入要适时、适量、适当**

一位教师在教学一年级下册《元宵节》一课前，请学生回家收集元宵节的相关资料。上课时，她请学生展示交流收集到的信息，发现学生手捧着一张张从网上下载的资料却说不出几句话来。教师只好信手拿来几张资料开始讲解，其效果可想而知了。

从上面这种做法可以看出，开发利用教学资源，贵在适当、适时、适量。过早、过多、过滥、过高地给文本教材补充内容，效果并不好。

**（三）对资源要进行筛选加工和艺术处理**

开发和利用课程资源并不是采用拿来主义就可以了，要真正发挥它的作用还在于把引入的资源做一系列的筛选、加工和艺术处理。教学资源是以什么方式呈现的，是原版翻拍，还是经过一番艺术加工处理，其课堂教学效果是不同的。有这样一个教学案例。

**提升思想，张杨个性——一堂作文指导课小记**

昆山国际学校　刘恩樵

作文指导课开始了，我带着两个文具盒走进教室。这是我精选的两个文具盒，很特别，外形只是一个普通的长方体，可它“肚子”里有“文章”。一个是翻开盖子，里面就能拉出梯状的三层文具盒来；一个是只要摁动文具盒上的6个按钮，它就会弹出6个小工具来，什么削笔刀、日历、温度计等。我故作神秘地像玩魔术似的在学生们面前展示这两个文具盒，同学们的情绪一度高涨。我知道，他们“上当了”，胃口被我调起来了。

随即，我让学生把自己的文具盒或笔袋送到讲桌上来，这下可热闹了，同学们一窝蜂似的拥了上来，把文具盒放到讲桌上。平时不起眼的小东西一下子汇聚讲桌，整齐地摆列着，形形色色，格外可爱。我在黑板上工整地写下“班级文具盒博览会”几个大字。这时，我看到学生们的笑脸。

之后，我说：“同学们，平时文具盒、笔袋默默无闻地跟着你转战南北，浴血考场，共度春秋，今天，要你向大家从形、色、质、构、饰等方面介绍你的‘战友’，这个要求不过分吧？”学生们明白了，马上动笔。5分钟工夫，就有同学写好了。我让几位同学走到讲台前，拿着自己的文具盒向大家介绍。介绍完了，学生们没有忘记给他们掌声。

接下来，我让一个学生把讲台上的几十个文具盒分成两大类，下面学生纷纷给他出主意：分为文具盒和笔袋。我问："分成这两类的标准是什么？"有的说，质地不同；有的说，产生的时代不同；有的说，形状明显不同。我肯定了他们的说法，并明确指出，文具盒和笔袋确实在生产的时代上是不同的。于是我给同学们讲了我小时候读书时用的文具盒，是用从乡村小医院拿来的放药水的盒子改制的。然后，我问学生："你们能想象一下50年后的文具盒的样子吗？"教室里又热闹起来了，有的说，那时文具盒是由电脑控制的；有的说，那时的文具盒连同文具都是袖珍的；有的说，到那时根本就没有文具盒了，已经进入无纸化学习时代了。

最后，我让学生根据刚才说的关于文具盒的一些内容，说一句关于文具盒的话。教室里安静片刻后又开始骚动了："文具盒反映了社会的进步"；"文具盒能说明一个人的性格"；"文具盒是我们的忠实朋友"；"笔袋，爱你没商量"；"文具盒，友谊的象征"；"是是非非文具盒"；"文具盒与作弊"……

火候到了，该出题了："请以'文具盒'为话题，写一篇文章，体裁不限。"我还在"话题"和"不限"下加了重重的点。我观察了一下，学生的表情并没有昔日的愁眉苦脸。

构思成熟了，学生开始动笔。我巡视了一下，作文题有《文具盒的变迁》《文具盒的自述》《从"药盒"到"文具盒"》《我家的三个文具盒》《文具盒和笔袋的对话》《文具盒超市》《文具盒幻想曲》《文具盒与橡皮（现代寓言）》《文具盒对我的诉说》《听爸爸讲文具盒的故事》《文具盒大排档》《笔袋，都是你惹的祸》……教室里静悄悄的，同学们或凝神静思，或奋笔疾书。我心想：学生们心智的闸门打开了。

作文难，作文难，难如上青天。这是目前中小学生普遍存在的问题。而上面这位教师独具匠心的作文指导课，巧妙地以文具盒为主题组织教学活动，激发了学生的写作兴趣，降低了写作难度，因而取得了理想的教学效果。本节课开发和利用课程资源之所以能获得成功，一个重要原因就是教师对文具盒不是简单的引入，这里包括一系列的组织艺术处理过程：展览文具盒—介绍文具盒—给文具盒分类—关于文具盒的联想—关于文具盒的写作。教师通过让学生看、说、议、写，一下子打开了学生心智的闸门，使同学们文思泉涌。

所以，教师开发和利用课程资源决不能采取拿来主义，应该有一个筛选、加工、组合和艺术处理的过程。

# 第 4 章

# 精心策划教学策略

课堂教学是一种创造，也是一种智慧。军事家指挥战斗要讲战略、战术，教师教学也要讲究技巧。教师只有苦其心智，经常在教学策略上用心打磨，才能把课上“活”，常教常新。

据调查，目前中小学生厌学的现象很严重。有人对 1.6 万余名学生抽样调查的结果表明，无论是小学还是中学，学生一年比一年不喜欢学校环境和学习活动。有 58% 的学生选择“假如可以不上学的话，我会不去上学”。有一项调查显示：我国学前孩子的厌学比例为 0，一年级厌学的学生占 13%，六年级厌学的学生居然达 33%，而到了中学，80% 以上的学生或多或少都会存在孤独、焦虑等不同的学习心理障碍。

学生厌学的原因固然是多方面的，教师的教学方式和教学策略不当也是其中的一个重要因素。现在有些地方的课堂教学，要么是“教师主讲式”，要么是“师生一问一答式”，再或者是“教师抛出一个问题，学生放任讨论式”。课堂上少、慢、差、费现象十分严重，这也容易让学生产生厌学情绪。所以，教师备课时如果能精心策划教学策略，不仅能提高课堂教学效率，还能克服学生的厌学情绪。

什么是教学策略？“策略”一词最初指大规模军事行动的战略、战术，后泛指为达到某种目的而使用的手段和方法。在教学方面，策略指的是思想要达到预期效果的一整套教学行为。因此，通俗地讲，教学策略就是教师在教学过程中为实现预定的教学目标而采取的一系列教学活动。广义的教学策略指为实现教学目标而制订的总体实施方案，包括方法、步骤、组织形式等教学措施。狭义的教学策略单指为实现预定的教学目标而采取的最佳方案、技巧。本章讨论的是狭义的教学策略。

教师怎样运筹与设计教学策略呢？伽利略曾说：“科学是在不断改变思维角度的探索中前进的。”教学策略是一个点子、一种创意、一种技巧，总之它是一种智慧。这里列举一二。

## 一、创造情境策略

什么是教学情境？为了增强教学效果，教师借助一定的表现形式，如音乐、图像、语言、实物、自然环境等，创设一种带有问题性质的场景，这就是教学情境。施教之功，贵在引导，重在点拨，妙在开窍。学生的智慧迸发往往是在一定的情境感染下发生的，情境能引发学生的联想，能激发学生的情智，能催动学生的灵感……如果学生在上课的时候能“身临其境”，全身心地投入，这表明，教学的最佳时刻到来了。如特级教师吴正宪在教学“分数比较大小”时，讲了这样一个故事。

唐僧带着徒弟们去西天取经，路上又渴又饿，唐僧说：“八戒，你下山化缘个西瓜来解渴如何？”八戒一听，扛着九齿钉耙就下山去了，约有一顿饭的工夫，只见他汗淋淋地抱着一个西瓜，一边跑一边喊：“西瓜来也！”悟空边切西瓜边说：“师父，我们把这个西瓜平均分成 4 份，咱师徒四人每人吃它的四分之一，您看怎么样？”没等唐僧开腔，馋嘴的八戒急了：“西瓜是我老猪找来的，怎么只分给我四分之一，最少也要给我八分之一。你看怎么样？”悟空一听，连连称是。请问，馋嘴的八戒是聪明，还是愚蠢呢？

同学们七嘴八舌地议论开了，急性子的同学拿起准备好的学具（一张圆形纸片），又画又剪（如图）。最终，教师通过操作教学，使同学们发现了八分之一小于四分之一的道理，学生根本无须死记硬背书上的结论。

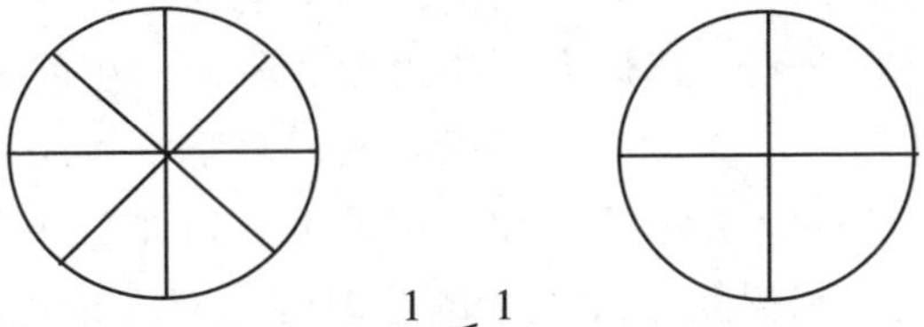

$$\frac{1}{8}<\frac{1}{4}$$

枯燥的数学知识在同学们的面前变得有情有趣，同学们在动手实践中理解了知识的内涵，在笑声中沟通了师生的情感。新奇有趣的故事，激起了同学们强烈的好奇心和求知欲望，同学们跃跃欲试地开始了对新知识的探索。这正是教学情境创设的魅力之所在。

教学情境创设的方式方法多种多样，这里介绍 8 种。

1. 生活展示情境。生活展示情境指的就是利用自然环境和条件，展现生活场景，由此创设出的一种问题情境。教师为了创设教学情境，可以根据教材内容的需要，把学生带入社会，带入大自然，从生活中选取某一典型场景，作为学生观察的客体，并以启发性的语言描绘，使问题鲜明地展现在学生面前。例如，教师准备让学生写“农贸市场的一角”这类作文，就可带领学生到农贸市场实际观察，让他们在现场直接收集作文的素材。

2. 实物演示情境。根据教学内容的需要，以实物为中心，简略设置必要的背景来构成整体，以演示某一特定的情境。如郝又明老师在上第一节英语课时，背着一个大包袱走上讲台，而后从中掏出印有外文商标的商品，让学生读一读。当学生读不出时，她趁机对学生们进行了学习外语的目的的教育。这就是运用实物演示创设教学情境。

3. 图画再现情境。图画是展示形象的主要手段，用图画再现教学内容情境，实际就是把教学内容形象化。课文插图，特意绘制的挂图、剪贴图、简笔画等，都可以用来再现教学内容情境。其中剪贴画、简笔画更简便易行。

4. 音乐渲染情境。音乐的语言是奇妙的，也是强烈的，给人以丰富的美感，往往使人心驰神往。为什么电影往往在情节关键处配以音乐或插曲，因为它可以增强艺术感染力，调动人的情感因素。同样的道理，教师以音乐渲染情境，使用恰到好处的音乐渲染，以特有的旋律、节奏塑造出饱满的音乐形象，能把学生带到特有的意境中，从而取得理想的教学效果。

用音乐渲染情境，并不局限于播放现成的乐曲、歌曲，教师自己的演奏、清唱以及学生的表演唱、哼唱都是行之有效的方法。关键是选取的曲子与教材在基调、意境以及情境的发展上要对应、协调。

5. 故事引发情境。学生愿意听故事，如果把知识融入故事中，有时再配上生动、新颖、色彩鲜明、感染力强的投影片段，就更能激发学生的学习兴趣。如《崇高的理想》一课，关于理想问题，对于学生而言，可以说是老生常谈了。设计不好学生就会不感兴趣，不爱听。怎样引导学生深入课文，让他们更深一层地认识到树立崇高理想的重要性？袁建康老师在上这一课时，便从情境入手，先给学生讲了《措大吃饭》的故事。这个故事中，两个秀才“相与言志”，一个要“饱吃饭了便睡，睡了又吃饭”；一个要“吃了又吃，何暇复睡耶”。这样的丑态易于激起学生讨论问题的兴趣，而且与课文第一部分内容是隐线暗牵，相得益彰，这样导入课文使学生接受起来感觉入情入理。

6. 表演体会情境。这是根据教学内容，把游戏引入课堂，让学生扮演角色进行表演并体验，从而增加教学情趣。

7. 疑难诱发情境。教育心理学研究表明，当人处在困惑情境时，被引发的动机最强烈。教师运用问题引领是调动学生学习积极性，实现教学高效的最有效的方法之一。教师在教学中精心设计有一定难度的问题，让学生在学习中面临困难，碰碰钉子，更能激起学生积极寻找解题方法的欲望。

以问题为中心，教师就要尽可能地变对知识的讲授为学生对问题的探究。也就是说，教师在设计教学时，不应仅仅以感知教材为出发点，而应把教材上的例题、问题和公式、定理等知识，改编成需要学生探究的问题，唤起学生解决问题的欲望，激发学生的探究兴趣，从而培养学生解决问题的能力。如初中课文《狼》，山东肥城教师姜士平设计了这样一个问题："同学们，假如你是屠夫，途中遇到两只狼，你会怎样做呢？"

8. 语言描述情境。情境教学十分讲究"直观手段与语言描绘结合"。在情境出现时，教师的语言描绘能对学生的认识活动起到一定的指向作用，提高感知效果。学生因感官的兴奋，感知得到强化，从而激起情感，进入特定的情境之中。

## 二、教学细节策略

什么是教学细节策略？教学细节可从两个角度来理解。一是广义上的教学细节。它是在一定的教学情境之中形成的，是构成教学活动的单位，是教学行为的具体分解。如教师的语言、动作、指令，学生的发言、课堂表现、情绪变化，等等。二是狭义上的教学细节。并不是所有的教学行为都值得作为教学细节来研究，只有处于教学关节点、连接点上的教学行为，才具有连接、延续、推动、激活教学过程的功能，才值得作为教学细节来研究。

课堂教学运用细节策略，即教师把握住教材中或教法中那些重点或关节点的问题，将其做细、做大，从而扩大和增强教育教学效果。

特级教师窦桂梅在执教《圆明园的毁灭》一课时，对火烧圆明园有这样一段课堂纪实。

师：有感受吗？（学生纷纷点头）那好，再把感受融入课文朗读这句话。

师："……实在运不走的就任意破坏、毁掉。"（提示学生朗读时对"破坏"和"毁掉"的语气要重一些，表现无奈、气愤、痛心等）

生：还没完，敌人为了销毁罪证，放火把圆明园烧了，大火烧了三天三夜，圆明园只剩一片灰烬！

师：一天多少小时？（学生答 24 小时）

师：三天三夜多少小时？（学生答 72 小时）

师：一小时多少分钟？（学生答60分钟）

师：三天三夜多少分钟？（学生答4320分钟，有的学生动笔计算）

师：4320分钟是多少个半分钟？（学生回答8640个半分钟）那么会烧掉些什么？

师：烧掉一幅历史名画只要几秒钟，烧掉一个建筑，比如“平湖秋月”只需几分钟。（放无声录像，是大火焚烧圆明园的镜头）“火烧”半分钟，想象会烧掉什么？（全体静场，出示画面，烈火熊熊、浓烟滚滚的半分钟）

师：这半分钟，感觉长吗？（学生感觉长）

生：会烧掉许多华丽的建筑物，画家和书法家的作品。

生：会烧掉许多华丽的丝绸和衣服。

生：会烧掉唐、宋、明、清历代的奇珍异宝。

师：把这8640个半分钟加起来，想象一下，是在10000多个教室这么大的面积同时燃烧8640个半分钟啊！

生：圆明园本来是在北京的西北郊，可大火笼罩了整个北京城！所以，可以想象圆明园不可估量的文化价值是怎样化为灰烬的。

师：那就把感受送到课文中再读！

师：至此，圆明园所拥有的一切，现在都“没有了——”（在黑板上添加“没有了”。一边添加一边让学生跟读。比如，圆明园中，“没有了”金碧辉煌的殿堂，“也没有了”玲珑剔透的亭台楼阁；没有了……也没有了……；没有了……还没有了……）

事实胜于雄辩。上面窦桂梅老师正是利用细节，通过让学生计算的方法把教学重点内容做大了，做深了，把教学环节做活了，因而把学生的学习兴趣激发出来了。从这里可以看到教学细节所蕴含的独特魅力。

海尔集团创始人张瑞敏有句名言——“细节决定成败”。什么是细节？从字面上理解：“细”者，小也；“节”者，单位或要点也。教学细节是外显的教学行为中的最小单位。细节是重要的，有细节才有情节，有细节才能深刻。

怎样去设计教学细节呢？特级教师刘仁增认为，精彩的教学细节来自四方面。一是来自对文本的研究。教师要做文本的“知音”，把握文本的“文化细节”，涵泳“文心”，把握“文脉”，捕捉“文眼”，艺术地进行文本的二度开发和智慧生成。二是来自对课堂的精心设计。匠心独运的教学设计是催生精彩的“前奏”。三是来自对目标的慧心把握。教学目标清晰了，才能正确处理教学细节，避免教学陷于枝节而不能自拔。四是来自对学生的用心倾听。如果教师在课上一直惦记的是这个环节的时间把握，或是下一句的串联词，没有把注意力放在倾听和观察学生上，就可能与“精彩”擦肩而过。综上，细节的设计缘于教师对教材、对学生和对环境的深刻理解与把握，缘于其对各种教学资源的有效组合与利用。

教学细节的设计主要有以下几点。

1. 抓住重点、难点、关键点。要设计好教学细节必须花费时间和精力，因此教学设计中必须保证抓住教学中的重点、难点和关键点，使这种教材处理或教法设计真正具有价值。例如，前面提到的窦桂梅老师执教的《圆明园的毁灭》一课，为什么她要在“火烧圆明园三天三夜”处下大功夫，强化细节，因为这是本课的重点和关键点，把这一关键问题处理好了，其他问题就都好解决了。

2. 把内容或环节做细放大。摄影、摄像技术告诉我们，为了突出重点，突出重要人物，展示某些特殊时刻，需要采用特写的手法；小说创作时，为了把人物刻画得生动，总要用到细节描写。医学上为了方便对细菌展开研究，要借助显微镜观察，把细菌放大几百倍、几千倍，乃至几万倍。同样道理，对于重难点的教学内容，只有做细放大，展现其过程，才能有助于学生对这些知识的理解和感悟。

3. 注重学习过程的完整性。“细”我们可以理解为细小、精细，但是，我们绝对不能忽视教学细节的过程性和完整性。即使细小的教学环节也必须是一个完整的学习过程。在这个细节中，折射出学生对知识的理解由不懂到懂，对技巧的掌握由不会到会，由不熟练到熟练，对事物的认识由不全面到全面的发展过程，这样的细节才是富有实际意义的细节。

## 三、欲擒故纵策略

欲擒故纵是“三十六计”中的第十六计，意思是欲擒抑之，必先张之；欲擒之，必先纵之，以退为进，欲抑先与。这个计谋用在课堂教学中，就是先错后正、正误鉴别、以错纠错的策略和方法。

北京市第二实验小学特级教师华应龙在教学《计算器》一课时，为了提醒学生在使用计算器中容易出现的错误，就采取了“欲擒故纵”的教学策略，取得了较好的教学效果。下面是他的一段说课。

借助计算器可以让我们发现一些数和运算的美妙。我对一些传统的题材做了教学加工，不只是一种展示和欣赏，更多的是一种激发和挑战。

我们熟知的：

$12345679\times2\times9=222222222$

12345679 × 3 × 9=333333333

12345679 × 4 × 9=444444444

…………

我把它们加工成了妙趣横生的“猜数字游戏”，吸引了学生的眼球。由乘变除，更加巧妙地彰显计算优势。

在这节课上，我正视并接纳学生学习过程中出现的差错。课中创设的“猜数字游戏”，由于数位多，确实需要用计算器，但正由于数位多，学生可能会把 9 个“5”输成 8 个或 10 个“5”，“12345679”也可能输成“123456789”。“计算器算的也会错？”分析错因的过程就是学习使用计算器的过程。

课前，我用计算器尝试了学生可能出错的各种类型，以便自己心中有数，但在执教过程中，又不是直接指出学生错在何处，因为那样就剥夺了学生自己“反省”的机会。想到郑板桥“难得糊涂”的名言，课上的我装糊涂。学生给出“2700000022”的答案时，我愣住了，好像被难住了，过了一会儿才说：“你算错了。”这样，给学生的印象是老师思考后做出的判断，应好好“反省”。板桥先生说“由聪明而糊涂难上加难”，看来也不一定，只要把学生放在主体的位置上，做老师的就好“糊涂”了……

看来，错误是一种重要的课程资源，巧妙利用可以取得意想不到的教学效果。但是许多教师上课就怕出错，既怕自己出错更怕学生出错，他们追求课堂上“滴水不漏”“天衣无缝”。其实从辩证的角度看，有时错误也是一种好事、一种资源，也是一种教学机遇。

另外，我们知道，由于受知识、认识能力等因素的制约，学生在学习活动中会遇到这样那样的困难和障碍，进而产生一些错误甚至荒谬的认识，这很正常。如果教师能及时捕捉这些“错误”，利用这些“错误”来调整教学策略，反而会大大提高课堂教学效果，推动课堂教学的动态生成。因为错误可以激发学生的心理矛盾和问题意识，更好地促进学生的认知发展。特级教师于永正有一句话：“我喜欢发言错的学生。”他认为，这些学生至少动脑了，至少敢说了，况且失败是成功之母，一个人说错了，其他同学就更会积极思考，正确答案往往很快就出来了，从远一点看，说错的同学还有大功呢！

总之，欲擒故纵、因势利导确是教师的一种高超的教学艺术。那么教师该怎样运用欲擒故纵的策略呢？

1. 内容选择要合适。我们知道，对于大部分教学内容的处理还是要以正确、准确的讲解为本。欲擒故纵也好，利用错误的教学资源也好，都只是用在那些学生容易忽略、容易产生错误的知识点的讲解中，或者是用在为了突出教学重点的少数知识学习的情况中，所以教师在运用这些策略时要选准内容，要有针对性。

小学数学特级教师吴正宪抓住那些容易被学生忽略的问题，经常借用“美丽的陷阱”引导学生出错，让学生先思考而后鉴别正误，以错纠错，从而去学习知识，发现规律，认识真理。这里不妨列举几例：

△请学生用平方分米的计量单位（纸片）去测量大舞台。（学生在测量中感觉这种方法太笨拙，从而发现新问题、新知识、新方法）

△学习平均数时出题：一条河平均水深110厘米，小刚身高135厘米，问小刚在河中游泳会有危险吗？（因为小刚的身高高于平均水深，表面看没危险；学生容易忽略110厘米是平均水深，不排除可能有超出小刚身高135厘米的地方）

△学习分数，在学生对“分”有了初步认识以后，提出这样一个问题：“把一个圆分成两份，每份一定是这个圆的二分之一，对吗？”（因把“平均”这个关键词语隐藏了起来，学生自然容易走进陷阱）

2. 形式选择要恰当。欲擒故纵应用的情境：想要防止学生出错，提醒学生存在被他们忽略的知识点，就不要先提醒或警告，而是让他们在学习中正常发挥，不回避他们的错误，也不回避他们的忽略，而后再去鉴别正误，以错纠错。这就要求教师在预设学生出错方面下一定的功夫。

恰当引导学生出错需要一种智慧，不应当随意为之。一是内容设计切中要害，真正达到引错—鉴错—纠错的目的，而不是分散学生的注意力，或造成思维上的混乱，反而浪费了学生的学习时间。二是活动形式有趣味性，学生积极参与，思维活动的频率高。三是教师既能放得出去，又能收得回来。上面介绍的华应龙老师和吴正宪老师的数学题型设计，都体现了上面这三种精神。

3. 引导学生发现。欲擒故纵的计谋可由教师来设计，但活动的主体应是学生。因此在整个策略实施的过程中，教师要退在后面，做一个引导者、组织者，重要的是让学生进行参与和体验。

如吴正宪老师在教学“平均数”的数学练习题时，就曾给学生设计过这样一道题：你知道1号歌手的实际得分是多少吗？

同学们经过计算得出：（93+98+95+83+92+96+94）÷7=93（分）

此时电脑屏幕上出现1号歌手的实际得分是94分。

“咦？这是怎么回事？”吴老师煞有介事地说：“为什么同学们算出1号歌

手的实得平均分是 93 分，而评委给出的答案却是 94 分呢？是我们错了，还是评委错了？”

教室里一片寂静。

突然，一个学生大声说：“是我们错了！我们看歌手比赛的时候，还要去掉一个最高分和一个最低分呢！”

“噢！想起来了，是这样的。”

学生们用自己的生活经验找到了症结所在。于是大家马上自觉地再次伏案计算，去掉一个最高分 98 分，去掉一个最低分 83 分。（93+95+92+96+94）÷ 5=94（分），正确答案是 94 分。吴老师引导学生利用已有的生活经验解决了问题。

对一个生活实例的巧妙运用，使学生深深地体会到在生活中运用知识不能死套公式，要结合具体情况具体分析。那一段沉默的时间，留给学生的是一片思考的空间，学生经历的是“出错—找错—知错—改错”这样一个思维过程。在吴老师的课堂上，她总是这样善于等待，善于把空间留给学生，把自由留给学生。等待是一种尊重，等待也是一种艺术，吴老师正是恰到好处地运用了这一艺术。

4. 不怕学生出错。前不久，我在中国教育网上看到一位中国父亲与在日本上小学的儿子间的一段耐人寻味的对话。爸爸说：“你日语不好，上课发言那么积极，就不怕出错？”儿子说：“不怕！老师说出错是孩子的权利！教室是出错的地方。如果人人都怕出错，不敢说出自己的想法，正确的答案从哪里来呢？”父子之间的简短对话，折射出日本的先进教育理念。反观当前我国的教育现状，我们有多少教师还缺少这种“雅量”？

学生在求知的过程中，属于不成熟的个体。因此，他们在学习的过程中出现错误是允许的。从发展的角度讲，这是他们特有的“权利”。

因此，教师要善待学习中出现错误的学生，如果处理不当，就会挫伤他们学习的积极性和自信心。有经验的教师都懂得，保护学生的自尊心和自信心，培养学生的自信心，需要花很大力气，而挫伤他们的自信心，往往只在一瞬间。学生出错后，在他们最容易丧失自信心的时候，教师一定要给予关注，并且给学生改正错误的机会。

5. 保证学生科学地认识世界。无论是教师引导学生“出错”，还是学生因认识能力所限出错；无论是不怕学生出错，还是善待学生出错，最终，学生的错误必须得到纠正。欲擒故纵、利用错误资料只是一种手段，学生学会、学对是根本目的，最终学生对知识的学习、对科学的认识，必须是准确的。

## 四、角色体验策略设计

“角色”是由戏剧引申来的一种社会学名词。它是一个人的地位作用和社会形象的总称，与“身份”近义。如学生、教师、作家、医生、科学家等，一个名称就是一种身份，也就是一种角色。

在社会上，一个人同时承担多种角色。如一个教师，当他站在讲台上，他是教师的角色，他外出坐车就是乘客的角色，他在电影院观看电影就是观众的角色。角色的魅力在于一个社会成员进入角色，对自身充当的社会角色悉心体察，能提高其行为的社会效能。而教师让学生用角色体验的方法去学习课文，不仅能增强学生的责任感和兴趣，更主要的是能更好地使学生体察、理解教学内容。

角色体验策略在各科的教学中可以被广泛应用，如在语文课上的分角色朗读，让学生以文中主人公的角色来体会课文；在数学课上成立教学研究小组，让学生以数学家的角色来研究数学；在政治课上可模拟法庭，让学生以法官的角色来学习。

特级教师窦桂梅老师在教学《黄河象》时就让学生扮演了三种角色。下面是纪实片段。

师：你们的想象和推想，正是科学家看到黄河象的化石时所产生的想象和推想。你们也能想象出这样一种情景，真有想象力！假如把你们刚才的推理反过来说，其实就是大象掉河里的情景。现在咱们做一个角色的转换，你不是开平市长师附小五（2）班的同学了，你现在就是科学家，这些黄河象化石的资料，就是你想象和推想出来的。我现在要问你了，你是谁？

生：我是科学家。

师：（握手）周科学家你好！

师：（转向另一位学生）你姓——

生：我姓吴。

师：（握手）现在正缺女科学家，吴科学家你好！旁边这位同学是——

生：（齐）科学家！

师：那好，快！把你桌子上的“科学家”的小卡片，写上你的名字，戴在胸前。

（生写名字，把小牌戴在身上。）

师：你看，戴上这小牌，多么精神，眼睛里透着智慧。

师：要是科学家的话，我们一会儿要进行想象，进行推想，想象它失足落水的那一瞬间的情景，要推想出它死后在那里就没有被移动过。你说，你应该注意些什么？你应该有怎样的科学态度？

生：要特别认真。

师：（握手）好，就应该有这种科学精神。你呢？

生：我会做到细心。

师：（握手）好，你要做到细心，研究的关键要注意细节，不细心可不行啊！你呢？

生：仔细观察。

师：仔细观察，要有一双善于发现的眼睛，你这个科学家也了不起！

生：还要有坚强的毅力，遇到难题决不退缩。

师：对，决不退缩，决不放弃！

…………

紧接第二步，窦老师又让学生当“小作家”。到了第三步，窦老师又让学生当“小小旅游家”。窦老师通过让学生充当“小科学家、小作家、小旅游家”，学生由一个“旁观者”——看看科学家是怎样“想象”“推想”的，转变为一个“当事者”——我是科学家、作家、旅游家，我亲自来做一番“想象”“写作”“演说”……这样，便促使学生的一切学习行为进入了“自主—合作—探究”的全新境界。学生在积极主动的探究中理解课文内容，学习科学知识。让他们设身处地地思科学家、作家、旅游家所思，想科学家、作家、旅游家所想，真正体会了科学家、作家、旅游家的“想象”和“推想”。这样，他们对课文的理解便十分深入了。

运用角色体验策略应注意的问题。

1. 目的明确，有必要性。运用角色体验策略的目的是，通过换位思考，增强体验，激发学生的学习兴趣。教师要从教学内容实际出发来考虑是否有必要进行角色体验，要有选择、有针对性，不可多用。

2. 真情实感，有情境性。角色设计应巧妙，形式应新颖活泼，真实性、情境性强，学生有参与的积极性。

3. 形式为内容服务，有实效性。寓教于嬉，寓庄于谐，这样的生活体验让课堂教学戏剧化，目的是调动学生课堂学习的主动性和积极性，增强教学效果。但角色扮演不意味着只是追求表面形式的花拳绣腿，更不是为了哗众取宠，形式必须为内容服务。

## 五、学生竞赛策略

竞赛活动能激励人的斗志，能克服人的惰性心理，特别是人的大脑这部机器处于竞赛状态时的效率要比无竞赛时的效率高得多。即使是毫无直接兴趣的智力活动，因为希望竞赛取胜产生间接兴趣，也会使人兴致勃勃地投入到竞赛中去。少年儿童逞强好胜，喜欢竞争，如果在教学中运用竞赛策略，引入竞赛机制，这将会大大提高他们的学习兴趣。河北衡水中学学生有一个口头禅是“眼睛一睁，开始竞赛”。

从上述内容可以看出，课堂上适当安排学生的学习竞赛活动，是激发和调动学生积极性和主动性的有效方法。那么教师在备课的教学设计中，应该怎样设计学生的竞赛活动呢？

因学科、年级不同，又因为每个教师的教学个性不同，其教学方式也不同，这应根据具体情况来定。开展竞赛的形式多种多样：从竞赛的内容来看，可以是计算、朗读、背诵、做实验等；从竞赛的对手来看，可以是个人竞赛、团体竞赛等；从竞赛的方法来看，对较难题可采取小组接力赛、累计团体赛；对难度大的题则采取夺红旗赛等。

为了开拓教师的思路，下面介绍一个开展学生竞赛的案例。

### 给学生“阳光”，他们就会“灿烂”

河北唐山　宋海军

在学生充分感知课文后，我说：“《试》是一篇微型小说，情节生动，通俗易懂。这节课我们就以‘阅读爬山’比赛的方式来学习……”学生们一听，便立刻来了精神，你一言，我一语，个个跃跃欲试。接着，我出示了比赛的规则：第一，男女同学各为一个代表队，进行“阅读爬山”比赛，看哪个队爬得高，爬得快。第二，各代表队轮流向对方提出问题，若对方答对，对方登山旗帜上升一级；若对方不能答对，则提出问题的一方旗帜上升一级。第三，提出问题的一方对所提的问题要自备答案，答题一方若认为本组同学答得不完整可及时给予补充。“好！十分钟准备。”话音刚落，学生们便立即按课前自愿结好的四个小组讨论起来，他们有的问、有的答、有的辩、有的写，那种学习的劲头别提多足了。

热烈的讨论之后，比赛开始了，我鼓励道：“究竟是男生棒，还是女生强？让我们拭目以待。”刚说完，一名男生就站起来，向女生提出了问题：“‘狼狈’一词在文中是什么意思？”思考片刻后，一名女生站起来回答：“‘狼狈’就是在众人面前难堪。”说完又有一名女生站起来：“我给孟同学补充，‘狼狈’就是非常落魄的样子。”有意思的是，我发现学习不太好的梁同学正在翻她那本大词典，然后很有信心地回答："'狼狈'形容困苦或受窘的样子。"女生登山旗帜上升一级。

轮到女生提问了："女主人是个什么样的人？你是从哪儿看出来的？"

男生毫不示弱，马上站起来回答："女主人将楼梯上的10元钱偷偷地藏在自己兜里，这件事说明女主人是个贪财的人。"

"女主人是个自私的人，她企图用金钱测试小保姆，却从来不顾及小保姆的感受。"

"女主人是个不尊重普通劳动者的人，她认为小保姆是个乡下人，没什么地位，就怀疑小保姆，用金钱测试小保姆，企图让小保姆上钩，太小看人了！"

学生精神集中，情绪高涨，提出一个又一个问题："什么是'钓金龟'游戏？""女主人为什么三次把钱放在房门口，而且越来越多？""小保姆是什么样的人？""这篇课文的写作特点是什么？"……学生们你一言，我一语，课堂气氛异常活跃。真没想到，学生竟能合作得这样默契，竟然提出了这么多有价值的问题，我打心眼儿里为他们高兴！这也不禁让我反思："为什么以前的课没能取得这样的效果呢？"看来，我得好好想一想了。

意大利诗人彼特拉克说："每天我死亡一千次，也诞生一千次。"教师的工作特点是机械枯燥、简单重复，很容易产生职业倦怠感。这需要教师不断地潜心学习和研究，并在教学方法和策略上不断创新，这样才能使自己的教学充满生机与活力，做到常教常新。

# 第 5 章

# 建立科学的好课观

方向比努力更重要。既然教师备课为的是上好课，那么，好课是什么样的？它的标准和特征是什么？显然，搞清楚这件事，对教师有效备课是至关重要的。通常，好课的标准脱胎于教学经验和教学成果。在总结吸纳特级教师、名师和骨干教师的教学经验和先进教育思想的基础上，再接受专家指导，梳理提炼实践经验，使之上升到一定的理论高度，反映一定的教学规律，这种做法对于青年教师来说，可以少走很多弯路。

## 一、好课标准的讨论

我们千万次地问：什么样的课算是一节好课？一节好课的标准是什么？有什么特征？这个问题众说纷纭，有的从宏观上界定，有的在微观上切入；有的说得抽象，有的说得具体……可谓仁者见仁，智者见智。其实，课堂教学是一门艺术，更是一门科学。是科学就一定有规律可循。我们应该找到万变不离其宗的规律性的东西，让教师们在眼花缭乱的理论和说法中不至于迷失方向，在学习借鉴他人经验的基础上建立起自己的好课标准。

好课虽然没有一个统一的特征或标准，但应该有一个基本的或一般的特征或标准。这里选取几种比较普遍的看法或结论，仅供参考。

◆顾明远：课型分为四种，深入浅出型（轻负高效）、深入深出型（重负高效）、浅入浅出型（轻负低效）、浅入深出型（重负低效），其中深入浅出型的课是好课。

◆崔允漷：教得有效，学得愉快，考得满意。

◆叶澜：一堂好课的标准有：（1）有好处的课——扎实的课；（2）有效率的课——充实的课；（3）有生成性的课——丰实的课；（4）常态下的课——

平实的课；（5）有待完善的课——真实的课。

◆朱永新：三个层面、六个度的新课堂评价标准，第一个层面是教师层面，包括亲和度和整合度；第二个层面是学生层面，包括参与度和练习度；第三个层面是师生互动的层面，包括自由度和拓展度。

◆邱学华：一堂好课的基本特征是：（1）趣；（2）实；（3）活。

◆刘良华：一堂好课的基本要素至少有三点：（1）有效；（2）开心；（3）主动。

◆薛法根：我以为“大道至简”，语文课必须返璞归真，体现一种“简约之美”，正所谓“简简单单教语文，扎扎实实促发展”。

1. 教学目标简明。一堂课彻底解决一两个学生切实需要解决的问题，真正给学生留下点东西，比浮光掠影、蜻蜓点水、隔靴搔痒的教学要有效得多。

2. 教学内容简约。课堂教学的时间是有限的，学生的学习精力也是有限的。因此，选择学习的内容，特别是关乎学生终身受用的“核心知识”，就显得尤为重要。课堂上，也不需要把什么都讲透了，留下点悬念和空间，就是给学生自由和发展。

3. 教学环节简化。语文学习本身是一件简单、快活的事情。我们没有必要设计那么多的学习环节，没有必要设置那么多的学习障碍（问题）和陷阱让学生去钻，没有必要搞得这么复杂、这么玄妙、这么深奥。

4. 教学方法简便。简单意味着可以学习，是学生经过努力可以达到的。简便的方法、简捷的思路是为学生所喜欢、所乐意接受的。这样的方法是真正能为学生所用的有效的方法。

5. 教学用语简要。除去一切不必要的繁文缛节，省去一切不必要的言说，使课堂如同秋天的天空一样明净，让人有一种心旷神怡的感觉。简单的课堂，其独特的神韵就在于此！

其实，简单是一种教学中的大气度、大智慧！它来源于对学生真切的、真诚的、真实的爱，来源于教师丰厚的修养和教学艺术，来源于对教学生活的发现和深刻的认识！

◆王崧舟：我觉得一堂好的语文课得有“三味”。

第一味是“语文味”。一堂好的语文课，首先得有“语文味”。语文味越浓，课就越好。语文课的最大问题，不是怎么教的问题，而是教什么的问题。

第二味是“人情味”。一堂好的语文课，必须得有“人情味”。这里的“人情味”有着三层意思：一是指语文课要有情趣；二是指语文课要注重情感熏陶、价值引领；三是指语文课要以人为本，充满人文关怀。

第三味是“书卷味”。一堂好的语文课，最好还能有点“书卷味”。当然，这是我的一种个人偏好，或者说是我的一种风格追求。

## 二、好课教师要有自己的坚守

对于好课，教师一定要有开放的思想、海纳百川的胸怀，学习研究不同流派、不同风格的课堂。但教师也要有自己内心的坚守，如果一味模仿照搬，今天学这个，明天学那个，就有可能迷失在人云亦云的漩涡中。教师只有保持自己的独立意识，才不会被社会上的一些风刮得晕头转向，也才可能把课上好。

特级教师贲友林经历过这样一件事：一次全国赛课，省复赛过后，专家们对他的课进行了深入剖析，提出了许多修改建议，他都认真记录下来。回到学校，他根据笔记对教学设计大刀阔斧重新修改，可再次试教时，怎么也找不回原来上课的感觉，听课的教师也面露抱憾之色，觉得这节课变成了“四不像”，原先的一些特点突然间销声匿迹了。专家们的建议和指点使贲友林认识到，要在课中找回“自我”。后来，贲友林恢复了原先的多处设计，最终获得全国比赛一等奖。

什么是好课？这种标准往往是共性与个性的统一。所谓共性，即它体现了国家的要求与学校的文化；所谓个性，即它体现了学科的特点与个体的特点。每一节的教学内容不同，教学对象不同，重点、难点也不同，呈现的方式自然千变万化、千姿百态。如果完全按一个标准去要求、衡量它，显然是不合适的。

## 三、好课特征：六看

什么是特征？特征就是一个事物异于其他事物的特点。好课特征即它异于普通课堂的基本特点。这种特征究竟是什么？什么样的课是一节好课？我结合多年对课堂教学的研究，认为一节好课主要有以下六个特征，简称“六看”，可供教师备课、上课时参考。

1. 看思想——教学主张正确（灵魂）；
2. 看目标——适切教材学情（方向）；
3. 看内容——组织处理恰当（载体）；
4. 看流程——结构合理有序（骨骼）；

5. 看方法——选择运用得当（措施）；

6. 看素养——体现个性特点（风格）。

下面结合著名特级教师吴正宪的经典案例“平均数”，对好课特征“六看”逐一进行说明。

## “平均数”教学实录

执教：吴正宪

教学目标：

1. 使学生初步了解统计知识，了解平均数的意义，会计算一组数据的平均数；

2. 培养学生的观察能力、计算能力；

3. 培养学生认真、细致的学习态度和合作精神。

**一、创设情境，提出问题**

以拍球游戏活动导入——切题激趣。

从学生熟悉、喜爱的拍球比赛活动入手，激发学生的探究欲望与热情，让学生在“怎样比才公平”的问题情境中，从解决问题出发，初步建立平均数的概念。

【问题】如果一个人、一个人地来拍球，时间肯定不够，咱们想个办法，应该怎样进行比赛呢？

**二、解决问题，探求新知**

1. 感受平均数产生的需要——这种情况能不能比赛？

【问题】“哎呀，看来人数不相等，就没办法用比较总数的办法来比较哪组的拍球水平高了，这可怎么办呢？”你有什么想法？你有什么意见？

2. 探索求平均数的方法——平均数的计算。

【问题】我们怎样求出平均数呢？你能想办法试一试吗？

3. 理解平均数的意义。

【问题】平均数是一个什么数？

（1）快乐队拍球的平均数是 21，21 代表什么？你怎么认识、理解 21 这个数？

（2）是呀，21 是谁拍的数量啊？

（3）什么是平均数呀？

4. 沟通平均数与生活的联系。

【问题】

（1）在平时的生活中，你们见过平均数吗？

（2）生活中哪里还有平均数？

**三、联系实际，拓展应用**

高超、有智慧的练习设计。（共五题，这里选三题）

▲出示第一题：北京“五一”期间自然博物馆售出门票情况如图所示。

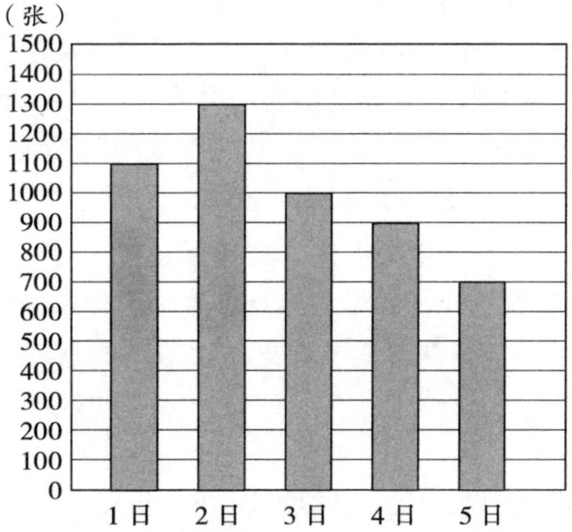


“五一”期间自然博物馆售出门票统计图

【问题】

（1）请你估计一下，这五天中平均每天售出门票大约多少张？

（2）你们估计得准不准呢？请用自己喜欢的方法验证一下。

（3）如果你是自然博物馆的馆长，看到这个信息，你会有什么想法？

▲出示第二题：少儿歌手比赛。

**少儿歌手比赛**

单位：分

| 歌手 | 评委 | | | | | | | |
|---|---|---|---|---|---|---|---|---|
| | 李 | 吴 | 王 | 张 | 刘 | 赵 | 孙 | 实得分 |
| 1号 | 93 | 98 | 95 | 83 | 92 | 96 | 94 | 94 |

【问题】1号选手最后得分是多少？

▲出示第四题：

小河平均水深110厘米，小明身高135厘米。小明要到小河里游泳。

【问题】小明有可能遇到危险吗？

**四、总结评价，布置作业**

【问题】通过这节课的学习，你有什么收获？

学生们争先恐后地发言：

生：我明白了什么是平均数，在生活中会遇到它。

生：我认识了平均数，它能使生活中不公平的事变公平。

生：我知道了可以用不同的方法求平均数。

生：我懂得了遇到问题可以和同学交流。

吴正宪老师的这节课，“理念新、有生活、课堂实”，“以问题为主线，以活动为载体，以体验为收获，以情趣为动力”。这是一个经典课例，它的影响不仅局限于小学数学，对不同学科、不同年级的教师都有很大的启发作用。下面我们按照“六看”来逐一说明这节好课的特征。

**（一）看思想——教学主张正确（灵魂）**

【特征解读】思想是课堂教学的风骨，教师有什么样的教学思想，就有什么样的教学行为。一节好课首先要看支撑这节课的教师的教学思想，即他有什么样的教学主张，一贯追求什么。透过执教者的教学设计，这些我们是能够品味出来的。

通常一节好课的背后，总会发现教师的用心之处，他们总是立足于学，着眼于学生的未来发展，尊重学生的个性，解放学生的身心，开发学生的潜能。这样的教师聚焦立德树人，关注的是学生的核心素养与必备品格。

时代的快速发展要求社会必须有相应素养的人才跟进。国民具备怎样的核心素养，关系我国在国际上的核心竞争力，这是当代教育面对的课题。因此，在新一轮的教改进程中，国家对学科课程标准做了修订。

【案例佐证】吴正宪老师的这节课之所以好，首先体现在教学思想上，整节课贯穿了一切为了学生的可持续性发展的新理念。她从学生熟悉、喜爱的拍球比赛活动入手，激发学生的探究欲望与热情，让学生在“怎样比才公平”的问题情境中，从解决问题出发，初步建立平均数的概念，再联系实际，感悟生活中的“平均数”这一数学现象，充分体现了传授知识、启迪智慧、完善人格三者有机结合的教学思想，体现了对学生学科核心素养的培养。其次是吴正宪老师的这节课充满生机与活力。吴正宪老师将“平均数”的教学内容转换成学生任务，又把学生任务转化成问题，又用问题驱动学生来学习和思考。如“怎样把比赛变不公平为公平？”“平均数是一个什么数？”“1 号选手最后得分是多少？”“小明有可能遇到危险吗？”等，这些问题一个接一个地生成，一个高潮接着一个高潮地发生。学生积极参与，在快乐中学习。整堂课最终达到了有效学习的目的。

【观察视点】教学主张的考察。

反映教师课堂上的教学思想的角度有很多，这里重点介绍四个角度。

1. 看是不是以学生发展为中心。好的课堂，教知识的同时一定会教方法、思维、心态，一定会关注学生的成长，聚焦学生的行为。现在手里拿着习题集讲课的教师越来越多，学生课桌上的习题集也越摞越高。这样的课堂教学，也许可以让学生得高分，但算不上是好课。“刷题”扼杀了学生对数学的兴趣，用它替代教学是一种教育异化和退化的现象。特级教师曾军良认为，目前我们课堂最缺的是情趣、生机、活力、激情，对生命的敬重、学习的精气神，以及一种推动学生生机盎然地去学习的力量。如果中国的课堂能够找回这种力量，将是教育莫大的功德。

2. 看是否以学生为主体。一节课的好坏固然要看教师的“教”，但更应该关注的是学生的“学”。好课不看教师“表演”，只看学生“表情”。传统的评课多侧重于对教师的评价，而忽略了每个学生的真实存在。观察每个学生的学习行为，了解每个学生的学习需求，遵循学生的成长规律，发现学生的困惑，及时给予帮助，这些都是评课时不应该被忽视的。

我们应该聚焦课堂情绪度、参与度、思维度、效果度，即看学生学得是不是主动和有效。

一节好课，除了教师教学以及学生互动的时间外，还应该多一些属于学生的“沉默”时间。这个时间，虽然教室内静悄悄的，但是学生头脑中的思想火花却在激烈地碰撞着……

特级教师曹培英在一次大型区域性课堂教学观摩活动中发现，课堂上黄金般的“沉默”时间有些短。调研结果显示，在 15 节观摩课中：一节课中，6 成以上的耗时是教师在说，3 成左右的耗时是学生在说，“沉默”的时间极其有限。其中，说得最多的教师，说话时间占比接近总课程时长的 9 成，留给学生的思考时间不足 2%。产生这种问题的根源还是教师没有树立以学生为主体的思想，对学生的潜能估计不足。“顾虑学生耽误时间，担心学生自己解决不了问题，甚至迷信教师讲解等，这些都造成本该属于学生的时间被教师挤占。”

曹培英老师建议教师应该坚持“三讲三不讲”。“三讲”指讲核心的问题，讲思路和方法，讲知识缺陷和易混易错知识点。“三不讲”指学生学会了的不讲，学生能自己学会的不讲，讲了学生也不会的不讲。留给学生充分的“沉默”时间，让学生在“沉默”中自学、自悟、反思。

3. 看是不是为学习而教。没有教的学，只能是一种原始本能驱动下的自生自长，学生的学需要在教的引导下从自发走向自主与自觉。让学生学会学习，应是学校生活中教的核心任务。为学而教，就是为学习而教，为学会学习而教。“学习是需要学习的”，学生“懂了”和“会了”是两码事。教学要的是在“会”上下功夫。这要看教师能否实现“三个转化”：一是把教学目标转化为学生学习的核心任务，二是把核心任务转化为学生的学习活动，三是把学习活动转化为学生的学习力。

4. 看课堂的生机与活力。一节好课一定会像吴正宪老师的课那样，充满生机与活力。“动人心者，莫先乎情。”情不深，则无以惊心动魄。浓厚的兴趣是激发学生学习的强大动力。所以，除了看教师的教学思想外，还要看教师能不能激发学生的学习兴趣。有的教师把学生的学习兴趣、情绪、信心等问题搁置起来，死盯着学习效率与教学成绩。事实上，不关注学生的情感，不调动学生的兴趣，这样的教学绝对是低效的，甚至是无效的、负效的。

**（二）看目标——适切教材学情（方向）**

【特征解读】教学目标是教学的出发点和归宿，一节好课一定要有明确精准的教学目标。课堂教学要有水平要求，要有数量概念，要有质量要求，要有时间概念。也就是说，这一节课教师花多少时间让学生做多少事，完成的质量如何，都要有明确的要求。确立教学目标，要从三维目标和学科核心素养出发，适当聚焦于让学生干什么，做到符合学情，符合教材要求，做到师生认同，指向明晰。确定了方向，看准了目标，我们再全力奔跑，才不会南辕北辙、事倍功半。

按照教学目标逆向设计的思想，看目标不仅要看教学目标的设计确定，还要看教学目标的达成，即体现教、学、评的一致性。

【案例佐证】本节课教学目标适切具体。平均数是一个统计值，新课标指出，在教学中应将平均数的统计意义放在突出的地位，而这恰是过去被我们忽略的。吴正宪老师通过精心设计，把教学目标恰如其分地分解、落实到平均数的统计意义上。与传统教学相比，这一课的教学目标着眼点不同。以前的课关注的是知识点，是结果，是让学生会解题，会考试。而吴正宪老师的课着眼于让学生经历、体验、感受平均数的产生，理解平均数的本质意义，关注的是学习过程，让学生学会思考、学会解题的策略，也更加关注学生的情感态度和价值观。这里的目标以学生发展为中心，而不是单纯地教知识。

【观察视点】教学目标的考察。

1. 看教学目标理解得是否到位。教学目标的确定是不是精准，往往取决于教师对教材的分析、对课程标准的理解、对学情的分析是不是到位。有的教师教学目标定位盲目、含糊不清，甚至是简单照搬，就是因为对教学目标没有真正理解和内化。

2. 看教学目标是否适切。这种适切主要说的是与学情相契合，不是过多、过难，脱离实际，面面俱到，也不是荒了自己的地，种了别人的田。当前教学目标存在的问题有：目标确定太高（够不着），目标确定太多（完不成），目标确定太死（无差异），目标确定太散（不整合）。

教师教学目标设计的通病有：内容贪多，面面俱到。要知道少则得，多则惑，伤其十指不如断其一指，以少胜多，以舍保得。如特级教师宁鸿彬教学《从百草园到三味书屋》的目标是这样确定的，考虑教材特点：1 段虽短，可容量大；2 段写百草园的夏日，写法精妙；3 至 6 段写美女蛇的故事；7 至 8 段写捕鸟的方法及乐趣；9 段写三味书屋，意在与百草园对比。宁鸿彬老师让学生重点学习前两段，其余各段从略处理；从阅读、说话、写作等能力训练着眼，确定教学目标。取舍合理，主次分明，重点突出。

3. 看教学目标是否具体。要求操作性强，不能是摆设，不能笼统、含糊不清，甚至错误。例如，《范进中举》一课的教学目标，在"知识与能力"方面，一位教师是这样设计的：通过学习课文，了解人物描写的特点；通过品读文段，揣摩语言，在理解的基础上，进行人物的改写。该目标太笼统，无法操作。修改后为：（1）通过阅读课文，能画出文中描写人物语言、动作、神态、行为的段落和词句；（2）在自主品读和揣摩词句的基础上，能运用人物写作知识对文中其他一些关键人物进行改写。修改之后，目标指向明确，学生的行为可观察、可检测。

4. 考察教学目标的达成。包括体现三维目标和学科核心素养，不应只关注知识与技能的显性目标，而忽视情感、态度、价值观和过程方法的隐性目标。也就是说，不仅要关注学生知识与技能的掌握，更要关注学生心灵的发展。

什么是隐性知识与显性知识？显性知识也称编码知识，人们可以通过口头传授、教科书、参考资料、期刊、专利文献、视听媒体、软件和数据库等方式获取和传播，也容易被人们学习。隐性知识可以意会但难以言说，如经验、情感、领悟力、信念、技巧、习惯等。隐性知识有什么作用？它是显性知识的基础，如果把人的知识体系看成一座冰山的话，水面上的十分之一左右是显性知识，而水下的大部分则是人的隐性知识。隐性知识不足，会妨碍人的才能的发挥。比如，高分低能就是缺乏隐性知识的表现。一个人真正成就事业依靠显性知识，更依靠隐性知识。

课堂上，学生的面部表情就是一张“晴雨表”：一节课里学生究竟学到了什么？能力提高多少了？感受到学习、成长的快乐和幸福了吗？好课的重要标准是看学生的收获。学习真正发生了，学生有实际收获，就是好课。

一节课效果如何关键看学习效果，要倾听来自学生的声音：感觉上，可根据学生“累”与“不累”来区别；看是否体现了“实”与“活”的统一；观察学习的成效，还要看学生学习的可持续性，即学生学完本课对后续知识学习的期待度。一节好课，应该是学生听了还想听、不愿意下课的课。这样的课堂，他们往往经历了困难，解决了问题，完成了任务，成功的喜悦才会如此强烈。

**（三）看内容——组织处理恰当（载体）**

【特征解读】一节好课，应该是基于课程标准和教材内容、符合学生实际情况的课。也就是说，教学内容必须科学正确。教材内容≠教学内容。一节好课一定包含了教师对教材的创造性使用。教师不能对教材照本宣科，需要瞄准学生的最近发展区，立足学生的长远发展，合理组织教学内容。也就是说，教学内容既源于教材，又不能等同于教材。

【案例佐证】本节课创造性使用教材。

吴正宪老师深入研究教材后，发现让学生掌握求平均数的方法并不难，难的是让学生理解平均数的意义。因此，她没有按照原有教材的编排采用让学生动手摆圆片，通过移多补少使每一行的圆片个数同样多，得到 3、7、6、4 的平均数是 5 的教学流程，而是创设情境，让学生产生需求，在解决问题的过程中自然地理解平均数的意义，找到求平均数的方法。当学生理解了平均数的意义之后，吴老师马上让学生应用所学的知识去解决身边的、生活中的实际问题。这样，学生们体会到了数学与生活的密切联系，产生了学习数学的兴趣，感受到了成功的喜悦。这样的教学设计，给学生们营造了自主探究的学习氛围，让他们在探究中发现问题—提出问题—解决问题。这就激活了课堂，调动了学生学习的主动性，促进了学生的发展。

吴正宪老师创新性地使用教材，让学生们学习“好吃”又有“营养”的数学。“好吃”就是适合他们的口味，“营养”就是教的知识点是他们所急需的。如何做到的呢？吴老师将数学教学与学生需要相连，与学生生活结合，使得数学散发着诱人的香味，吸引着学生们不断寻找、探索、研究，每个人都能大快朵颐。

【观察视点】教学内容的考察。

1. 看重点难点。一节课的重点难点能否突破，标志着这节课的成功与否。重点内容通常是指在教材中或因讲述详细所占篇幅大，或因是归纳的结论、规律而显得地位突出。难点是指大部分学生难以理解、掌握、运用的部分，有来自教材的难点，也有来自学生的难点。这堂课的重点是什么，教师应心中有数，课堂上要集中精力对它进行讲解。难点要突破，疑点要解决，特点要抓准，重点才能突出。

2. 看创造性。我们知道，国家课程标准注重的是普适性，很难考虑到学校、学生的个别差异，满足多样化的需要。所以教师不能将教材内容原封不动地塞给学生，而是要通过选择、改编、整合、补充、拓展等方式，对国家课程和地方课程进行再加工、再创造，让国家教材校本化、多样化，让教材符合自己学生的实际，适应他们的口味。

教师在处理教材、备课和讲课过程中，要努力挖掘知识的用途和价值，建立书本知识与学生现实生活之间的联系。不论你今天的教学内容是非洲澳洲还是原子分子，是唐宗宋祖还是英美移民，都应如此，这是教师教学智慧的重要体现。

3. 看呈现方式。教师要对教材进行“二次开发”，把教材转化为学材，以不同的面貌呈现在学生面前。教材的呈现方式有很多种，如问题式呈现、探究式呈现、情境式呈现等。问题式呈现是最常见，也是最重要的呈现方式。这是教师把知识问题化的过程。

什么是知识问题化？教师备课时，把学生需要掌握的知识点，通过理解、挖掘、重组、生成，转变为探索性的问题点、能力点，引领学生设疑、质疑、解释，从而激发他们的探求欲望与学习的主动性。问题的背后是人的好奇心。学生遇到问题，才会有兴趣，产生了解“真相”的强烈欲望。看教师对教学内容的组织处理，重点是看教师能否把知识问题化，是怎么设计教学主问题的，呈现方式如何。

4. 看学科特点。教学内容要突出学科特点，教学方法和手段要利于学科内容的学习。如语文教学要注重听、说、读、写，数学教学要有数学味、生活味，英语教学注重的是游戏与情境，道德与法治教学关注学生的生活体验，物理和化学教学重视实验与操作，等等。这都是由学科性质决定的。

### （四）看流程——结构合理有序（骨骼）

【特征解读】课堂结构指一节课的组成部分及各个部分之间的联系、顺序和时间分配。课堂结构设计也就是把教学的有关因素组织在一起，按最优化的原则排列组合，从整体上设计一节课。课堂结构设计也称课堂环节、教学流程、教学过程设计。教学设计的一切研究成果是要靠教学流程来实施和实现的。评价一节课也要从流程上去评析，看一节课的流程结构是不是设计得合理有序。

【案例佐证】本节课结构严谨，流程有序，注重探究。

吴老师的教学流程设计了四个环节。

第一个环节是“创设情境，提出问题”。组织拍球比赛活动，让学生在“怎样比才公平”的问题情境中，从解决问题出发，初步建立平均数的概念。

第二个环节是“解决问题，探求新知”，分四个步骤：（1）感受平均数产生的需要；（2）探索求平均数的方法；（3）理解平均数的意义；（4）沟通平均数与生活的联系。

第三个环节是“联系实际，拓展应用”。通过出示 5 道不同角度、不同层次的训练题，让学生更深层次地理解平均数，并学会在生活中熟练运用。

第四个环节是“总结评价，布置作业”。学生通过回顾总结，进一步巩固刚刚学到的东西。

**教学流程结构的对比**

“平均数”课堂结构设计

吴正宪

| 传统结构 | 变式创新 |
|---|---|
| 课堂导入 | 一、创设情境，提出问题 |
| 新课教学 | 二、解决问题，探求新知 |
| 巩固训练 | 三、联系实际，拓展应用 |
| 课堂小结 | 四、总结评价，布置作业 |
| 布置作业 | 情境—问题—探究—练习 |

这个课堂流程结构严谨、流程有序，时间分配合理。从环节看，首先让学生们在拍球比赛中产生对平均数的强烈需求，体验平均数是如何产生的。经历了这样的过程，学生们自然而然地理解了平均数的本质意义，学会了求平均数的方法。然后再用学到的方法解决生活中的实际问题，进一步感受平均数在生活中的作用，体验学习数学解决实际问题的乐趣。这个设计思路是情境—问题—探究—练习—小结，思路特别清晰。

【观察视点】教学流程结构的考察。

1. 看环节组成。吴老师的这节课过程明了、目标明确、内容清晰，由导—学—练—测—结—拓几个环节组成。这些环节和教学活动，是不是一条清晰而严谨的线，或者说是不是一条环环相扣的链，谁前谁后，应该有一定的逻辑。

万变不离其宗：找到教学流程中最本质的东西

教学流程　核心步骤："六字"要素
导—学—练—测—结—拓

一、导：目标定向，激趣导入
二、学：学导并用，问题深究
三、练：精选精练，形式多样
四、测：学情反馈，达标补救
五、结：系统归纳，巩固记忆
六、拓：拓展延伸，余味无穷

2. 看紧扣目标。几个环节应该是紧紧围绕目标组成一个闭环，每一个环节、每一项活动都应该指向教学目标。教学流程设计符合学生年龄特征及认知规律；教学流程符合学科逻辑，严谨流畅，疏密有致。

3. 看时间分配。要有高比例的有效学习时间，时间安排上要做到得当、守时；各环节安排注意拨冗去繁，使进程安排有节奏。每个教学环节的时间安排是不是合理，有没有前紧后松，或者前松后紧的现象。

4. 看学教一体。教学流程既是教师设计的教的流程，更是在教师组织引领下的学生学习的流程。师生角色分配清楚，双方协商好规则、程序及自由空间。充分体现学生的学习活动，体现教为学服务，教不越位，学要到位。

**（五）看方法——选择运用得当（措施）**

【特征解读】看教师是不是从教学内容和学生实际出发，选择合适的教学策略，并运用得当。在运用了合适的教学策略的课堂中，教师有丰富的组织技巧，多样化的行为模式，教学流程不拘一格，均衡使用多种教学方法。在教学方式上，教师、学生和教材至少有三种组合方式：第一种组合方式是教师带着教材走向学生，第二种组合方式是教师带着学生走向教材，第三种组合方式是学生带着教材走向教师。第三种组合方式能够实现学生的自主学习，是最理想的教学方式。

【案例佐证】本节课教学方法运用恰当。

求平均数是有公式的，但是吴正宪老师并没有讲公式，而是通过巧妙的教学设计，创设需要平均数的情境，推着学生们探索求平均数的方法，理解平均数的意义。这样做，学生从根本上理解了求平均数的方法，这比过去记公式、套公式要有效得多，深刻得多。

整个教学过程中，她给学生搭建了学习的平台：课堂上，有观察、操作、估计、分析、交流，更有反思。在活动中，学生逐步体会到数学知识是如何产生、形成的。她的课堂与传统的课堂相比有了很大的不同：过去的课堂是一人讲，大家听，师演示，生观察，学生们是被动地听数学、看数学；而现在的课堂是在活动中“做数学”，教师给学生提供大量的独立探索、实践操作、讨论合作的时间和空间，充分发挥了他们的主体作用。

吴正宪老师的教学特色是注重抓细节，这节课中出现的几次教学细节，都演绎为精彩的课堂场面。如拍球比赛从“不公平”到“解决不公平”的整个细节过程，学生在自主、合作、探究中，思维活跃，收获很多。另外，在“1 号选手最后得分是多少？”“小明有可能遇到危险吗？”这两个练习题的设计上又出现两次细节，问题设计得有挑战性、开放性和趣味性，掀起了两次教学高潮。总之，吴正宪老师的课抓住了关键点的细节，突出了活动的过程性和完整性，取得了良好的教学效果。

【观察视点】教学方法选择运用的考察。

1. 看方法选择。不管是什么样的方法，只要运用得当就是好方法。所以，我们要依据学科特点选择方法，针对不同层次的学生用不同的方法。课堂中，教师要改变以往常见的师生一问一答、“挤牙膏”、“打乒乓球”式的互动方式，学生与学生的互动交流应占据课堂更多的时间，即课堂中不仅仅是学生与教师的互动，更多的应是在教师组织下学生与学生的互动。

另外，好的信息技术可以用来辅助教学，如果运用适当，能起到很直观的作用。但是，一定要注意，学生比课件重要，信息技术的运用不能喧宾夺主。

2. 看教学方式。一节好课，要看教师如何突破重难点，看讲授的必要性、时机与时间量，看讲授时能否做到内容清晰，表达有条理、逻辑严密，情感投入积极，能感染学生。好课还要看启发、引导的时机是否恰到好处，设计的问题是否有挑战性、趣味性和思维含量。

特级教师曾军良认为，新课改不是不让教师“讲”，而是对“讲”提出了更高的要求——讲在重点内容的关键处，讲在知识的概括处，讲在思维的提升处。所以，课堂上教师不是要讲得“少”，而是要讲得“精”、讲得“好”、讲得“有序”，不是就题讲题，而是要由题生发出来讲，指导学生如何应用理论知识解决实际问题。一堂没有教师精要讲授和适时点拨的课一定缺乏深度。

教师既要尊重学生，也要发挥自身的指导、点拨、调控作用，对学生理解不了、领会不深或理解错误的地方，要做必要的讲解。

每节课教师具体讲多少时间，要根据出现问题的多少和难易程度而定。如问题少，容易懂，教师就可以少讲；问题多，不易懂，教师就可以适度多讲。不同的科目、班级，情况各不相同，教师的指导方法和讲授时间也就不同。

3. 看学习方式。一节好课，要看学生的动态表现，更要看他们的静态思维，也就是学生的思维活动在课堂上的参与深度和广度。更重要的是看学生是否有自主、合作、探究的学习机会，教师重在唤醒和激励，学生能充分地独学、对学、组学、群学。教师要根据需要，适时、适当地渗透学习方法，培养学生的自主学习能力。从学习结果来看，一节好课，学生除了收获学科知识外，更会在学科思想方法、创造性地解决问题等方面得到进步，也就是人们常说的，要在“学会”和“会学”上有所收获。

4. 看教学评价。教师不独霸评价权，多数情况下先学生评，教师做确认。学生没答好，教师再巧妙引导。有两点需要注意：一是教师常会急于评价，导致缺少课堂等候时间。二是教师评价一定要以正面评价为主，多鼓励、激励学生。

**（六）看素养——体现个性特点（风格）**

【特征解读】真正的教学艺术都是个性化的。越是民族的越是世界的，越是个性的越是大众的。一节好课除了看共性特点外，还要看有没有个性特点与独特风格。也就是说，看课不仅要看共性，还要看教师的教学个性，即个人特色。魏书生说过，有特色的课就是好课。有的教师口才好，上课有些情况下讲得神采飞扬，学生听得津津有味，咱们就不能说人家就一定是“满堂灌”；有的教师拙于言辞，但擅长组织学生课内自学；有的教师善于调动学生参与课堂的积极性，总是能激励学生动口说乃至登台说，动脑、动笔研究，教师只在学生疑难处点拨几句；有的教师书法好，精于板书设计，给学生留下便于记忆的整体知识框架，同时让学生享受美妙的书法艺术……这样的课都是好课。实际上，一节课难以做到面面俱到，更加难以做到高潮迭起，精彩纷呈，能有一两个亮点就不错了。

【案例佐证】本节课的教学个性非常鲜明。

吴正宪老师的课教学个性特点很突出：

1. 教学风格。精心设计练习，巧妙以练代讲。教学中，吴正宪老师没有挖空心思带着学生围着教材转，而是巧设情境，让学生带着问题走向教师。

这是教学的最佳状态，于无法处知法，于无疑处生疑，在徘徊处给予点拨，实在难能可贵。

吴正宪老师的课，教材呈现方式不同。传统的课往往是出示例题—分析解答—总结规律—机械练习。而吴正宪老师是让学生在数学活动中学习，设置情境，让他们产生求平均数的需求，再鼓励他们用自己的方式寻找解决之道。最后，结合生活实际，拓展平均数方面的练习。数学活动，一环扣一环，学生质疑、探究、讨论、分析，乐在其中，自然体验到了学习数学解决实际问题的乐趣。

2. 采用“欲擒故纵”的策略。吴正宪老师的数学课，就是由一个个美丽的“陷阱”组成的，如“1 号选手最后得分是多少？”（学生计算 93 分，而实际得分为 94 分）和“小明有可能遇到危险吗？”（平均水深 110 厘米，小明身高 135 厘米），学生不由自主就会“深陷”其中。这是先错后正，正误鉴别，以错纠错。学生经历了找错、知错、纠错、改错的学习过程，遵循了认识的规律，因而学得有趣，记忆深刻。

3. 学习竞赛。前面我们说过，竞赛活动能激励人的斗志，克服人的惰性，人的大脑处于竞赛状态时的效率要比无竞赛时的效率高得多。这节课，吴正宪老师就巧妙地引入了拍球竞赛活动。

4. 基本素养。吴正宪老师的这节课激情、阳光、亲切、深刻。作为一位全国著名的特级教师，她展现给我们的是谦逊、平和、真情，看不出丝毫的矫揉造作，令观者体会到了大师高尚的人格魅力。

【观察视点】考察个性教学特点。

1. 看教学基本功。教学基本功是教师的基本素养。执教者的教学基本功包括：仪表端庄，教态亲切、自然；教学有激情，语言流利、抑扬顿挫，表达有感染力、自然、富有逻辑性，普通话标准并富有情感；多媒体辅助教学手段使用熟练、得当；板书工整，书写速度快，板书内容的主、副区布局合理；课堂应变能力强等。

2. 看教学特点。课的特点总是和教师本身的特性紧密地联系在一起的。所以，评价一节课一定要根据教师的个性气质和爱好特长来进行。教师的教学思想（教学主张）不但要渗透进教材、渗透进教学，还要成为教师人格的一部分。教师的主张不仅要通过教材、教学表现出来，还要通过教师自己的生活和为人表现出来，形成体系。

这些年我观课、评课时一般会给教师做教学个性风格或特点的评点。如北京市朝阳区十八里店中学语文教师张振华的教学特点：教文育人、和谐创生、学以致用。陕西安康长兴中学语文教师蔡孝娇的教学特点：亲和、阳光、民主。天津市西青区实验小学音乐教师倪英的教学特点：严谨、开放、优雅、亲和。天津市西青区美术教师高磊的教学特点：重情趣，让课堂生动起来；重创新，让思维活跃起来；重生活，让学生学会观察。

怎样评价一节课？这里提出看思想、目标、内容、流程、方法、素养的“六看”，当然这仅仅是一家之言。由于课堂教学的复杂性和多样性，什么样的课是一节好课，值得我们不断研究和讨论下去。生活中，我们一心追求完美，其实世界上根本就没有完美的事物。而我们，正是在追求完美的过程中成长、进步。同样，教学中，教师也是在追求完美的课堂的过程中，一步步成长并享受着快乐。

# 第6章

# 观念不变课堂就不会变

在有的教师看来，思想观念只是抽象空洞的概念，离我们的课堂极其遥远，于是总会敬而远之甚至摒弃排斥。有的教师的课堂教学水平之所以总是原地踏步，可能就差在思想观念的革新上。正确的教育思想是课堂教学的灵魂。观念决定思路，思路决定出路。观念不变，行为就不变；行为不变，课堂也不可能改变。教师要备好课，就要有新思想、新观念。

什么是教育思想？教育思想是指人们对人类特有的教育活动、教育现象的一种理解和认识。它的主旨是对教育实践产生影响。当我们只用一种方法教学生时，一定有部分学生学不好，这时该怎么办呢？同样的困境，不同的教师会有不同的做法，随之产生不同的结果。第一种教师：从不怀疑这些学生学不会，因此他会用第二种、第三种……第二十种方法去尝试，在尝试中他的教学水平也会逐渐提高；第二种教师：埋怨这些学生脑子笨，怀疑他们能否学得会，因此也不会去寻找第二种方法，更不会用第二十种方法去尝试。于是，他的教学永远停留在第一次的水平上。这两类教师，他们之间的根本差异就是观念上的差异。

特级教师钱梦龙认为，判断一名教师是否成熟，主要看两条，一看教学思想是否有明确、一贯的追求；二看是否具备处理教材的能力。当前教师想要提高课堂效率，不仅要透彻地研究课标教材和教法，还要在转变教学观念上下一番功夫。

教师备课中应该树立哪些课堂教学思想？

目前影响教师课堂教学的思想有很多，但我们认为最直接、最重要的是发展观、教材观、学生观、教学观、教师观，可以说它们是决定教师能否实现高效课堂的关键。

## 一、发展观——解决培养什么样的人的问题

如果培养目标出现了问题，那就是最大的问题。所以教学首先要解决的是培养目标的问题。什么是发展观？这里指教师对教学培养目标的理解和认识，即解决为培养什么样的人服务的问题，是单纯的为考试得高分服务，还是为学生一生的成长负责。发展观也可以理解为教育观。

关于学生的发展观，许多名家都有过论述。例如，王栋生说："教师给学生心灵世界种下一粒什么样的精神种子，学生就会有什么样的未来。"德国教育家第斯多惠说："教学艺术的本质不在于传授本领，而在于唤醒、激励和鼓舞。"刘铁芳也说过，教育作为一项精神成人的志业，首先意味着成全学生的生命，任何教育行为都旨在促进学生人格健全与身心卓越，同时也意味着教育自我生命的实现。共和国勋章获得者钟南山说："年轻人追星，喜欢能歌善舞、帅气美丽的明星是正面的，但是不能把追星作为人生唯一的追求。这次疫情，我们通过事实教育了整代孩子，让孩子懂得了要学什么，长大要追求什么、做什么。孩子们亲身经历了 8 个多月的抗疫，在他们小小的心灵里开始有了自己的价值判断，要学什么，将来要成为什么样的人。"

这些观点告诉我们，今天的教师应该是立体型的，而不是平面型的，要抱有为学生一生负责的态度。所以，我们的培养目标，要实现从"双基目标"到"三维目标"，再到"学科核心素养"的跨越。立德树人，培养学生的核心素养，这是党和国家赋予每个教育者的光荣使命。

那么，教师怎样在教学中落实"立德树人，培养学生的核心素养"呢？这里我们提供了吴正宪老师执教"平均数"中关于"月平均用水量"的教学片段：

电脑出示一个关于干枯的土地的画面。

吴老师的语调转为沉重："在严重缺水地区，平均每人每天用水量约为 3 千克。"吴老师拿出 3 千克的一袋水，继续说："洗脸、喝水、做饭、洗衣服，一共就这么一点水。在这里，我还要提供一则信息：（出示小刚家各季度用水情况统计表）小刚家每季度用水分别是 16 吨、24 吨、36 吨、27 吨。"

"请你帮他算一算平均每月用水多少吨。应该选择下面哪个算式？"

出示算式：

（1）（16+24+36+27）÷4

（2）（16+24+36+27）÷12

(3)(16+24+36+27)÷365

同学们用反馈器进行了选择，形成了三种意见。吴老师请出三位代表，并向选正确的同学说："你能通过提问，把对方问得心服口服吗？"请听正确方的发问："题目让我们求平均每月用水多少吨，你除以4，求出来的是什么？""请问一年有多少个月？"在正确方的反问下，错误方心服口服："我选择的算式求的是平均每季度用水多少吨。"同样地，另一个错误方也承认了："我选择的算式求的是平均每天用水多少吨。"

对话在延续……

吴老师总是能抓住时机，引发学生争论，让学生在争论中进行思维的碰撞，自己找到错因。

吴老师有意识地将这两个画面鲜明地呈现在学生面前。(图略)

师：此时此刻，你最想说什么？

同学们有感而发："小刚家要节约用水。""水比较多的城市用水也要少一些。"吴老师也发自肺腑地说："节约用水，从我们自己做起吧。"

吴老师没有政治说教，没有矫揉造作，但是"立德树人"的思想品德教育却润物无声地寓于教学的各个环节中。这是一节数学课，吴老师的做法也充分证明，理科教学也完全能进行德育渗透，实现立德树人的目标。

有的教师担心：现在升学压力这么大，"分、分，小命根"，教学上如果坚持立德树人，会耽误时间，丢了成绩。北京市第二十二中学数学特级教师孙维刚用他的教学实践证明：越是抓好立德树人，越有助于提高学生成绩。自1980年开始，他进行了从初一至高三的大循环实验，致力于学生的能力培养，用德育促进智育，全面提高学生素质。三轮教改实验的成效十分显著。1997年高考，全班40人，上本科线的有39人，上重点线的有38人，进入北京大学、清华大学的有22人。凡毕业已走上工作岗位的，个个都干得很出色。

## 二、教材观——解决创造性使用教材的问题

有的任课教师不向学生介绍学科内涵，不介绍学科史，不介绍学习过程的不可知与趣味，而是用"好处"引诱学生，或是用考试恐吓学生："我这门课，就是靠多做题，熟能生巧。上届高三，某某中学做了一万多道题，高考卷上果然有三道题基本一样；还有三道题是相似的，所以，一定不要怕做题……""我这门课，就是靠背，除了封底上的定价外，全部都要你背个滚瓜烂熟，考试不会吃亏的。""我上课说的话，凡是说了两遍的，都要记下来，考试基本就考这些……"设想，教师这样介绍教材，学生对这门学科的性质

及重要性能充分认识吗？学生能对这门学科产生学习兴趣吗？学生会不会产生厌学情绪呢？那么，教师应该怎样看待教材，怎样树立正确的教材观呢？

1. 热爱。要让学生喜欢教材，教师首先要对自己所任教的学科充满热爱。北京市三里屯一中教师张檬曾说："从初中起，我就发现我对数字很敏感，最擅长找到数字间的规律，每一个数字在我眼里就像是一个个跳动的小精灵，充满无限的魔力。我愿意和它们交流、游戏，慢慢地我感觉我与这些小精灵有种超级亲密的关系，也开始对数学的学习情有独钟。每次挑战完成一道数学难题，都能让我有种运动后全身毛孔打开的爽快感觉，收获着发自内心的喜悦。我尝试用数学的思维分析、解决问题，数学成为我生活中不可或缺的一部分，数学学习上的优势也让我越来越自信，我感到自信的女人才美丽。因为研究数学是我擅长并喜欢做的事情，我愿意把我对数学的理解和同伴分享，于是我决定选择成为一名数学教师，将它作为我终生的事业，并为此不懈努力着。

2. 研读。精准的教学源于教师对课标教材的精准理解。连教材都不熟悉的教师，无论怎么说都不能算作合格的教师。教材是教与学的依据，具有权威性和科学性，有不可替代的作用和效应。没有教材或不以教材为主的课堂，教学就会失去方向，失去内涵。教师对教材钻研达到的深度、透视的角度，是决定课堂教学质量的前提和关键。研读包括理解与内化，就是要求教师要能够全面准确地理解教材的本质和本意，把握教材的精髓内容和重难点，融会贯通地把教材内化为自己的东西。

3. 挖掘。如果教材的内涵和深度是 10 分，有的教师仅能挖掘利用 3、4 分，有的可以深入至 6、7 分，最优秀的则能达到 9 分，甚至 10 分。他们呈现出不同的教学效果是不言而喻的。要挖掘教材，第一点，即最基本的方法就是反复研读，对教材内容烂熟于心。这时，很多过去没有发现的细节，可能就悄然出现在你的眼前。第二点，我们需要从不同的角度去解读教材。除了用教师的眼光去品味教材外，还可以从学生的视角去审视教材，哪些内容是他们理解上的"拦路虎"，怎么助他们一臂之力？甚至我们还可以从教材编者的角度去看教材，他们为什么这么设置教材内容，里面有哪些玄妙？第三点，我们不妨由教材内容这一点扩散开去，读读他人的相关解读。比如，教学古诗词《长相思》，你可以读读专家是怎么解读这首诗的，读读纳兰性德的生平以及他创作的其他诗词，读读别的诗人同词牌的名作，读读和《长相思》同主题的"乡愁"系列诗词，等等。这样，如同滚雪球般，教材越读越厚，对教材的理解自然也会越深刻。

4. 调整。前面我们说过，国家课程注重的是普适性，很难考虑到学校、学生的个别差异，自然无法满足多样化的需要。国家课程要校本化。校本化就是教师通过选择、改编、整合、补充、拓展等方式，对国家课程和地方课程进行再加工、再创造，使之更符合学生、学校的特点和需要。教师需要结合学生的实际情况创造性地使用教材，真正做到依托教材但不完全依赖教材，从“死”教教科书转向“活”用教科书。

5. 创新。教材乃教学材料，与教学内容有着不同的界定。教师不是将教材内容原封不动地塞给学生，而是要分析教材，理解把握教材。教师眼中的教材，应该与教师自身的情感世界相融汇，排列于教师的整个知识体系之中，这才真正成为“教学内容”。过去，教科书是学生的世界；现在，世界是学生的教科书。教师对教材解读不仅要达到基本共性的要求，还要有独到见解，能够于平凡中见新奇，发人之所未发，见人之所未见。有了这些发现，教师在教学中才能够化枯燥为生动，化共性为个性，化腐朽为神奇，化平庸为智慧。

## 三、学生观——解决能否读懂学生的问题

学生观是指关于学生的本质属性和特征的基本观念体系，或者是教育工作者对学生的本质、特征、成长发展过程等每一方面的基本看法。浙江省富阳市郁达夫中学盛志军老师在《今天，我没有完成授课计划》一文中，讲了自己的一段体会：

回忆起那天上课的一幕，就像发生在昨天：那天上午第四节，是我的复习课，初中三年级的复习课。备课时，我精选了 4 个复习例题，还考虑了解题思路、各种解法和数学思想的渗透，甚至准备叫哪几个同学发言、板演等都考虑到了。我想，这节课我准备得很充分，要把四道题全讲完，这样，对几何直线型部分的内容就能有全面的复习。我先出示了第一道题：如图，$D$ 是△ $ABC$ 的边 $BC$ 上的一点，$AD=AC=2$，$AB=4$，$BD=4CD$，求 $BC$ 的长。

我用添 $BC$ 上的高线的方法来解，教给学生们应该怎样加辅助线。此处我感觉自己轻车熟路，心里很是得意。然而情况突变，这时竟出了岔，我即将进入第二道题的讲解时，站起一位同学，还是位文静的女生。她举着手，等着发言。

我还有三道题没有讲完，复习课时间紧啊，本想着不让她发言了。但我从她期盼的眼神中，发现了她闪烁的智慧灵光，还有强烈的求知欲望。好吧，让她发言吧！

“老师，你的解法太烦琐了。我用圆幂定理解，很快就能完成。”她毫不

客气地同我“对着干”。这时同学们都用异样的眼光看着我。是啊，竟有学生向盛老师提出挑战！她简单地描述了自己的想法。大家感到莫名其妙，她怎么能用圆的知识解决直线型问题呢，太不可思议了吧。我仔细倾听了她的发言，觉得她的思路非常有新意。

我走过去，把教鞭交给她：“请你到讲台上再给大家讲讲吧！”她自信地点了点头，信步走上讲台，而我却悄悄地坐到了她的位置上。面对 40 多位同学，她熟练地讲起了自己的解法：

$\because AD=AC=2$，$\therefore$ 可作以 $A$ 为圆心，$AD$ 为半径的 $\odot A$，则 C 必在这个圆上。由圆幂定理得：$BD \cdot BD=AB^2-AD^2$，$\because AB=4$，$BD=4CD$，$\therefore \left(\frac{4}{5}BC\right)^2=12$，$\therefore BC=\sqrt{\frac{15}{4}}$ cm.

“哇，这个解法真的好优秀啊！”顿时教室里发出一片惊呼声。这堂课，由于增添了这个优美的小插曲，4 个例题只讲了 3 个，没有完成预定的授课计划，但我深感我达到了以前从没有达到过的境界！

这个案例给我们什么体会呢？教师树立正确的学生观，实在是太重要了，给学生一个机会，学生就会还教师一个惊喜。特级教师贲友林说：“发现学生，意味着重新认识学生，建构新的学生观；意味着教学从学生出发，学生的发展是教育教学的出发点和归宿。”“对学生视而不见的人，对自己也是盲目的。”这种学生观是很有见地的。为什么许多教师课堂教学研究没有起色，课改的步子不大，这与他们对学生缺乏科学的了解，不能树立正确学生观有密切关系。

教师时常出现的学生观误区如下所示：

（1）对学生潜能估计不足，小看了学生，甚至把学生当傻子来教。

（2）不了解和不尊重学生，教学完全按照自己的意愿做，教师想怎么做就怎么做。

（3）没有因材施教，教学“一刀切”，齐步走。

（4）急于求成，忽略人才培养是农业行为，需要慢工出细活。

（5）不能建立民主和谐平等的师生关系。

那么，教师怎样树立正确的学生观呢？

**（一）相信学生**

教育没有选择性，每个学生都是礼物。教师虽与学生终日相处，但扪心自问：我们真的了解并真正信任他们吗？树立正确的学生观，首先教师要科学认识学生巨大的发展潜能。

举个例子，有这样三个孩子，情况似乎都很糟糕：

◆一个孩子4岁才会说话，7岁才会写字。老师对他的评语是：“反应迟钝，思维不合逻辑，满脑子都是不切实际的幻想。”他还曾遭遇退学的命运。

◆一个孩子曾被父亲抱怨是白痴。在众人的眼中，他是个毫无前途的学生，艺术学院考了3次还考不进去。他叔叔绝望地说：“孺子不可教也！”

◆一个孩子经常遭到父亲的斥责：“你放着正经事不干，整天只管打猎、捉耗子，将来怎么办？”所有教师和长辈都认为他资质平庸，与聪明沾不上边。

这三个孩子分别是爱因斯坦、罗丹和达尔文。三个从小看起来毫无希望的孩子，长大后居然都成了卓有成就的名人。

人类潜能开发理论证明，人的大脑有神经细胞140亿个左右，可人们在日常学习、工作、生活中所使用的神经细胞，只占总量的5%—10%。其他神经细胞都处于睡眠、休整状态。也就是说，人脑有90%以上的潜能还没有开发出来。苏联学者伊凡·叶夫莫雷夫说：“人的潜力之大会使人震惊万分。”也就是说，每个人都蕴藏着巨大的潜能，正在成长中的学生更是如此。

上海市闸北八中校长刘京海提出“三个相信”的教育信念：相信每个孩子都有成功的愿望，相信每个孩子都有成功的潜能，相信每个孩子都可以取得多方面的成功。所以每一位教师都要充分相信学习能力是一种伟大的生命力量，如果我们在课堂上施以过度的教育约束，反而会减弱这种天然的学习能力。

相信学生就是把学生放在最中央的位置，给予他们自主学习的机会、独立思考的机会、敢于质疑的机会、当众发言的机会、结交朋友的机会、获得鼓励的机会、发展兴趣的机会、参与实践的机会、规划成长的机会、迎接挑战的机会、帮助他人的机会、创造生活的机会。

相信学生就要面向全体。有这样一个统计，在一节课里，共有32人次答问，尖子学生共答问23人次，占72%，中等生答问7人次，约占22%，较差学生答2人次，约占6%。其中三个尖子学生各答问5次，共答问15次，约占47%。从这个统计可看出，尖子生基本上垄断了课堂上的发言权。难怪有的学生说：“课堂提问没有我的份，不用思考，反正每次都不会叫我答。”可见教师这样做是不公平的。

**（二）了解学生**

树立正确的学生观就是要解决读懂学生的问题。教师了解学生有多少，教学便有多大可能成功。教师要读懂学生的特点、读懂学生的基础、读懂学生的需要、读懂学生的思路、读懂学生的情感、读懂学生的错误。

人海茫茫，教海无边，我们既然找不到两个完全相似的学生，找不到一种能适合所有学生的教学方法，就需要研究学生的差异，找到因材施教的科学依据。曾经有三幅漫画：第一幅是“选材”，要选果树的人，发现的是能做梁的树，结果他说这不是好树；选能做梁的树的人，找到的是能结果的树，结果他也说这不是好树。设想如果这两个人颠倒一下会怎样呢？第二幅漫画是让身材、特长、能力不同的动物用一个标准来比赛。第三幅漫画，画的是由园丁剪冬青，联想到我们的教育，也是常常把个性、特点等不一样的学生统一“修剪”齐整。

心理学研究表明：儿童的智力发展不仅有水平上的差异（通常是正态分布），而且有早晚的差异。有的少年早慧，有的中年才做出成绩，还有的则大器晚成。学生的差异不仅表现在智力水平上，还表现在智力风格和特长上。因此，孔子很早就提出了因材施教的观点。美国心理学家加德纳教授的多元智力理论更进一步证明了这一点。

人类到底有多少种智力，有多少种才能？世界上还没有人能做出令人满意的回答。相应的，学生的智力和才能也是多样的，表现在生活、生产、劳动、学习、创造、语言、文学、体育、音乐、美术、空间想象等多方面。一般说来，人只能在一个或几个方面显出优势。所以，教育者不能把学生的发展定格在我们自以为是的范围之内，只用学习成绩的优劣给学生做出或聪明或愚笨的结论，那不是培养人才，那分明是扼杀人才。人才是各种各样的，社会的各行各业都需要人才。人才的广泛性几乎渗透在整个大千世界。

教育必须正视学生的差异。学校培养人才不是生产月饼，应该立足人的本性教育，让学生全面和谐地发展。这种发展并非是让每个学生按统一规格平均发展，而是善待每一个学生，发挥他的特长，挖掘他的潜能。

### （三）等待学生

教育是慢的艺术，要静待花开。教育有它自身的规律，学生总是慢慢长大，心智也是一点点地开启。教育就像庄家和树木，我们不能拔苗助长，也不能靠打生长激素。我们所能做的就是播种希望，辛勤地锄草施肥浇水，让它们在阳光下，在春风夏雨中自然地成长，除了这些就是耐心地等待。我们许多教师太着急了，急于求成，急于改变学生，这样给他们的成长与心灵带来的只能是伤害。

“十年树木，百年树人。”教育上没有一劳永逸，也很少立竿见影。明白了教育工作的特殊性，我们就应当用平和的心态来面对它。我们可能苦口婆心地给学生讲道理，而学生却无动于衷。不要急，换一种方法再试试。医生不会因为自己开的药方没有效果而责怪病人，他会反思自己可能误诊了，要重新诊疗，再试别的方子。有时学生已经有了进步，可又出现了反复。这时我们要告诉自己这很正常，教育常常是“抓反复，反复抓”。

我们不能奢望在学生心田上撒一次种子，洒几次汗水就能收获成长的果实。许多学生是在他的生命航船驶出学校这条河，进入社会广阔的海洋时，才体会到教师的可敬和崇高。许多受益一辈子的东西是在学校生活中播种的，但往往来不及开花结果，学生就已经离开了学校。因此，教育是一种慢的艺术，教育真正的价值是很难比较和量化的。

## 四、教学观——解决教为学服务的问题

教学观是教师对教学本质的认识或主张，具体地说就是教师对教学过程、教学对象等基本问题的认识。教师从这一认识出发，确定教学目标，决定教与学、主导与主体关系如何处理，选择合适的教学方法。有什么样的教学观，就有什么样的教学行为，不同的教学行为必然导致不同的教学效果。

特级教师曾军良认为，“学习”是教学的核心，教学应该围绕这一核心进行。教师要精心策划学习流程，努力推进课堂学习的多样化。创设学习的情境，激发学习的兴趣，丰富学习的方式，拓展学习的时空，发展学生自主学习的能力，激励他们在学习中进步，培养终身学习的习惯与能力。教师在课堂中的一举一动，都事关学生的学。

许多教师很困惑，功夫没少下，可教学效果为什么就不如意呢？教师说：“我都讲一百遍了，你怎么还不会？”学生说：“老师，你一讲，我就明白，但自己做，就不会。”原因固然是多方面的。但教学观方面存在误区是重要因素。如有的教师一直认为，多讲 = 高效。其实，讲得多≠听得懂。这涉及讲解与理解的关系。知识，只有让学生经历、体验、感悟，才能真正被内化吸收。

另外，听得懂≠自己会，这涉及记忆与掌握的关系。教师把教学内容咀嚼得细碎，一口一口地喂给学生，学生只需张着嘴直接吞到自己的胃里。这种喂养教学，学生根本没有品尝食物味道的机会，相应地也扼杀了他们寻找食物的欲望。这样的教学，教师教得很累，学生学得无趣。有的教师可能会问：“讲得这么详细，他们还听不懂，如果让他们自己去学不是更不会吗？”须知，学困生是讲出来的，讲得越多，学困生越多，“满堂灌”的教学方法，

只会使学生厌学、流失。

观念决定思路，思路决定出路。教师要改变课堂教学现状，有时真的需要在树立正确的教学观上找出路。我们来看一个教研活动的例子：

路老师和王老师教学同一内容：小学数学工程问题应用题。

评课开始了，大家对王老师的课大加赞赏，对路老师的课不大接受。学校主管业务副校长李慧军临时决定暂停评课，现场出题，对学生进行小测试。

结果让人十分震惊，路老师班的成绩远远好于王老师的班。

路老师班有 63 人，写对一种算法的有 20 人，两种算法的有 17 人，错误的有 23 人。

王老师班有 66 人，写对一种算法的有 10 人，两种算法的有 4 人，错误的有 52 人。

原因分析：

路老师的教学：

1. 尽管没对例题做太多的分析、讲解，但他了解学情，抓住了所教知识的难点和学生理解知识的关键点，并层层铺垫，减缓了问题坡度，降低了学生理解的难度。突破了难点，实现教学目标就水到渠成了。

2. 利用课堂宝贵时间，让学生参与学习活动：读题、思考、练习、尝试。教师没有包办代替，学生的主体作用得到充分发挥。

3. 当然，路老师如果将练习反馈的面再扩大一点，对后进生出现的问题再有针对性地指导点拨，错误率会更低。

王老师的教学：

1. 重讲解、重分析，轻训练、轻反馈，即只重视了基础知识的教学，忽视了基本技能训练。所讲的几种做法，表面上是培养学生扩散思维能力，实际是教师包办代替。教师替学生想、说、做，学生成了看客，没能很好地发挥学习的主动性、积极性。

2. 教学效果不佳的另一个原因是教师没有抓住重点，没有找准解决难点的突破口，所以没有做十分必要的铺垫练习，学生根本没有读懂题，理解起来自然困难重重。

［选自《中小学教师培训》（小学版）1999 年第 2 期］

这个听评课教研活动在教学观上给我们什么启示呢？简单说是重“教”还是重“学”，是重教师，还是重学生。显然，学为主体，以学定教，顺学而导，教学效果更好。李镇西说：“最好的教，就是让学生学会学；最好的学，就是让学生给别人讲。”

教师的教学观是否科学，考察的标准很多，这里重点讲四个。

**（一）立足于以学定教**

人，天生是会学习的，是爱学习的。如果我们都用标准答案、答题套路去约束学生，就会扼杀他们天然的创造力。不要总想着“我要教什么”或者“我怎么教顺手”之类的，而要多想想，“如果我是学生，我想学到什么，我的困惑是什么，我想得到哪些指导”。灌输只会造成学生的思维产生惰性和退化。须知，知识是学生学会的，不是教师讲会的；能力是练出来的，不是听出来的。“填鸭式”教学，压抑了学生学习的积极性和主动性，收到的效果也就可想而知了。

**（二）立足于主动参与**

如果学生没有学习愿望的话，我们的一切想法、方案、设想都将化为灰烬。所以，教学中教师必须吃透“两头儿”：一头儿是教材，另一头儿是学生。关注学生的最近发展区，千方百计让学生参与教学，发挥学生学习的主动性和积极性。

一节课的好坏固然要看教师的“教”，但是更应该关注学生的“学”。好课不是看教师讲得多么精彩，而是看课堂情绪度、参与度、思维度、效果度，即看学生是不是学得主动、积极和有效；看教师能否正确处理主体与主导的关系，创造教学情境，营造民主和谐气氛 ，让学生在自主、合作、探究中获得自我发展。

**（三）立足于经历体验**

对学生来说，有时体验比记忆更重要。而现在教师普遍重视讲述，忽略学生的经历和感受。课程标准与教学大纲对学生学习知识的要求不一样：教学大纲要求的是“了解、理解、应用”，课程标准同时强调学生“经历了什么”“感受了什么”“体会了什么”。《语文课程标准（2011 年版）》中“体验”一词是整个文本的关键词，贯穿于目标、建议、评价三部分之中。在表面看来，仅仅是几个字的变化，不过增加几个动词，但是背后的深刻含义很不相同，它将会给教师的教学方式、学生的学习方式带来不小的变化。

请看下面这个案例：

**美国的一节历史课**

一天上课，教师达塔宣布：“由于教学经费紧张，本来是免费提供的课堂用纸，今后 5 分钱一张。现在，大家拿钱来领纸，准备小测验。”教室里一片喧哗，学生纷纷叫嚷起来："这不公平，为什么事先不通知我们？""为什么要5分钱一张，商店里卖的不是这个价钱啊？""我的钱买了纸不够午饭了，怎么办？""怎么别的教师不收我们的钱？"看着学生沮丧、吃惊、生气的表情，教师一再说："对不起，可我不得不这样办。"

学生们持续不安。教师坚持要收钱发纸测验。一些平时的乖学生，无可奈何地拿出零用钱，取了纸。接着又有一些垂头丧气的学生说"我会还钱"，也领了纸。领纸后，教师发了试题，学生们闷头作答，只见最后一题写到："关于花钱买纸的事，不是真的，请你写出你当时的感受。"

（节选自胡明根主编的《影响教师的100个经典教育案例》，有删改）

原来这节课教师的设计意图是让学生得到那种感受——当英国议会决定向殖民地强行征收"印花税"时人们的心情。由于这位教师设计了让学生通过体验促感悟的教法，因而取得了理想的教学效果。

可见，知识是学会的，不是讲会的；能力是练出来的，不是听出来的。知识的获得强调实践—体验—感悟的过程。知识只有变成学生自己的，才是有效的，必须让他们有经历、体验、感悟的过程，这样学习才是更有效的。

**（四）立足于学有情趣**

动人心者，莫先乎情。情不深，则无以惊心动魄。浓厚的兴趣是激发学生学习的强大动力。有的教师把学生的学习兴趣、情绪、信心等问题搁置起来，死盯着效率、效果。事实上，不关注、不激发学生的情感，不顾及、不调动学生兴趣的教学绝对是低效的，甚至是无效的、负效的。如中学地理课讲到"时区和日界线"这节内容时，考虑到难度大、内容枯燥，有位教师巧妙地设计了这样一个悬念：

"今天我要同学们和我一起寻找大航海家麦哲伦丢掉的一天（引起兴趣）。麦哲伦船队完成第一次环球旅行后回到西班牙时惊奇地发现：航海日记明明写着这一天是1522年9月6日，而西班牙的日历上却是1522年9月7日。这是怎么回事呢？（产生悬念）船员们一直到死都未搞清楚这天丢到哪里去了。大家能不能帮忙把这天找回来呢？"讲到这儿，同学们的兴趣点自然被吸引过来，开始积极地思考，这位教师的课堂导入设计得多么巧妙。

（选自李海涛著的《教师语言行为研究》，有删改）

学有情趣，还要看教师在课堂上对民主和谐氛围的营造。在好的课堂上，教师与学生平等、民主、和谐地相处，学生的学习自然会愉悦，有情趣。

班级是个小社会，是师生交流的场所，同样需要人情、友情、亲情的温暖。这种情是通过师生的交流传递的。在课堂上，教师要注意“知”与“情”的处理，真正地尊重、爱护学生，教学中做到情知结合、相得益彰，让学生不仅学会、会学，而且爱学、乐学。

## 五、教师观——解决教师角色定位的问题

在如火如荼的课改大潮中，“把课堂还给学生”“充分发挥学生主体作用”“教要为学服务”……这种一边倒的呼声很强烈，惹得大家不敢谈教师的作用，不再重视研究教师怎样发挥作用。其实这也是有偏颇的。首先，教师的地位决定了他必须发挥重要作用。天下极少蠢材，世上应多良师。没有一流的教师哪会有一流的教育？其次，我们总讲教师在教学中是组织者、合作者、引领者。这种作用在实际教学中，到底应怎样体现？我们现在的研究还很不够。有些教师课没有上好，恰恰是没有很好地把握自己的角色定位。

所以教师树立正确的教师观，准确把握自己在教学中的角色定位同样是至关重要的。北京中关村三小校长刘可钦说过，教师课堂教学需克服两种现象：一种是认为教学方法的优化纯粹是教师的事情，于是绞尽脑汁思考“教”的招数，脑子里盘旋的是怎样把学生“讲”懂“教”会；另一种是知道“教学就是教学生学”，于是不顾及学生的知识水平和接受能力，一味强调自学，采取“放羊式”教学，以为这就是“教学生学”。

怎样树立正确的教师观，应该思考下面几个问题。

1. 教学是有目标、有计划的活动，课改面前，教学设计依然是十分重要的。教师在课前对教学任务要有清晰、理性的思考与安排。没有备课时的全面考虑与周密设计，哪有课堂上的有效引导与动态生成？没有上课前的胸有成竹，哪有课堂中的游刃有余？

2. 学生是学习的主体，教师是学习的组织者、引导者与合作者。教学设计不是设计教师怎样精彩地讲，而是通过教师的精心策划达到让学生精彩地学，做到“教不越位，学要到位”，“弱”化自己的强势，强化学生的表现。

教师“教不越位”要做到“五不教”：①学生自己能看懂的，不教；②学生自己能学会的，不教；③学生自己能说的，不教；④学生自己能做的，不教；⑤学生自己能探索出的结论，不教。

学生“学要到位”要做到“五个优化”：①优化“看”的过程，观察到位；②优化“做”的过程，操作到位；③优化“听”与“说”的过程，表达到位；④优化“想”的过程，思考到位；⑤优化“练”的过程，训练到位。让学生多种感官都参与活动，各个感官都到位了，学的就会深入，理解就会透彻。

3. 自主而不自流，放手不是放任，互动不是浮动。教师课堂重在“导”：目标引领——直奔主题、重点，少走弯路，教师心里有数，学生心中有灯；铺垫创境——减少坡度，激发情智；启发诱导——引向深度、广度，把握方向；推波助澜——在学生求“知”不得的时候，教师的讲授还是必不可少的；方法指导——学习目的、学习方法的指导；激励评价——随时给学生以鼓励；组织管理——必要的严格要求，严加督促。

4. 我们经常说让学生做主体，其实这句话想要真正做到实在不容易。让学生做主体，首先要让学生会做主体，一个不会思、不会学，总是习惯于让教师牵着走的学生，即使给他时间，给他机会，他也做不了学习的主人，成不了主体。教师要考虑如何解决“帮—扶—放”的问题。

5. 教师要成为学生“学会学习”的指导者，这是教师的又一角色定位。其实指导学生才是教师该干的活儿。教师除了要教给学生知识、技能外，还应教给学生独立获取知识的方法和能力。教会学生学习，使他们能够不断地获取新知识，使他们离开了教师，离开了课堂还能自主地学习、成长，满足自身的发展需要。

6. 教、学、管三位一体，互为作用。为什么有的教师教也教了，有的学生学也学了，可是效果并不是很好？这里除了教学方法的问题，不能不说与教学管理方法有关。“三分教，七分管”，成绩是教出来的，学出来的，同时也是管出来的。管理是一种激励、强化、约束和历练。洋思中学、杜郎口中学、东卢中学这些课改名校取得成功的一个重要秘诀是教、学、管一起抓，一方面改变了教师“满堂灌”的低效做法，坚持少讲、多学、重练，另一方面也强化了教学过程的严格管理。

# 备课深化篇

# 第 7 章

# 通过说课深化备课

说课是备课的检验和深化，是教师的一项基本技能，每个教师在其职业生涯中都会接触到说课，都需要说课。青年教师入职以后一定会经历各种规模的说课活动。说课集备中说、说中评、评中研、研中学为一体，是优化教师教学设计、教学实施和教学评价，提高教师教学能力的一种有效途径。

## 一、说课的诠释

什么是说课？尽管大家有着不同的说法，但总体的说法是相近的。通常，说课就是教师以语言为主要表述方式，在备课基础上，面对同行、专家系统概括地解说自己对具体课程的理解，阐述自己的教学观点，表述自己具体执教某课题的教学设想、方法、策略，以及组织教学的理论依据等，然后由大家进行评说。说课活动是由解说和评说两部分组成的，评说则是针对解说而进行评改、交流、研讨。

说课与上课的要求是不同的，上课主要解决教什么、怎么教，以及学什么、学多少、怎么学的问题。说课则不仅解决教什么、怎么教的问题，而且要说出“为什么这样教”，即这样进行设计的意图是什么，这应该是说课的核心问题。另外，说课与上课在目的、形式、内容、评价上是有很大差异的（见下表）。

备课与说课既有联系又有区别，说课是备课后上课前一种特殊的相对独立的、在教师之间进行的教研活动形式，是将备课研究的成果写成说课稿，通过语言媒介展示在同行、专家面前。

可见说课是介于备课和上课之间的一种教学研究活动，对于备课是一种深化和检查，能使备课理性化，对于上课是一种更为缜密的科学准备。

说课与上课的区别

| 差异项目 | 说课 | 上课 |
|---|---|---|
| 目的不同 | 提高教师知识水平与教学能力 | 全面提高学生整体素质 |
| 形式不同 | 执教者以教师为对象，是面对教师的一项单边活动 | 执教者以学生为对象，是面对学生的一种双边活动 |
| 内容不同 | 运用教材及相关教育科学理论 | 运用教材 |
| 评价不同 | 以教师整体素质作为评价标准 | 以学生的学习效果为评价标准 |

说课还经常被用在教师基本功比赛、教师招聘、新教师上岗、教研组备课等教研活动中。通常，很少有孤立地说课教研，学校开展的一般以系列化的教研活动居多。如开展备课、说课、上课、评课系列化的教研活动，因为这样的教研活动环环相扣、层层深入，发挥的作用更大。根据每一次任务的不同，也有不同类型的说课。

1. 研究型——以同一年级的教师组成教研组进行集体备课。一人说，大家评、修改。

2. 专题型——从众多教学内容中选取专题，突出某一单项研究进行说课，把问题研究得深一点。

3. 示范型——由优秀教师做示范性说课。

4. 评比型——指定教材开展说课竞赛。

5. 课后说课——伴随上完一节课的体悟，教师再一次说课。

## 二、说课的策略

由于说课并不是教师在课堂上具体实施教学，这必然给说课活动带来许多局限性，为此应该注意以下“四个避免”：

### （一）避免空洞——纸上谈兵

对于课堂教学来说，一招一式都应是实实在在的精心设计，不能夸大其词和空谈理论，脱离学生和课堂实际的教学是不会成功的。说课应突出教学实践特征，充分展现真实教学情境下的教学素材、教学策略和学习活动。有的教师的说课中理论成分太多，旁征博引，对传统教学这也否定那也否定，而且提出很多新理念、新名词，听起来很新颖，但因脱离实际，不符合本课教材和学生实际，在课堂上根本实施不了。

**（二）避免框框——追求规范**

我们知道，良好的课堂教学是不可能按教师事先设计好的计划固定不变的，因为课堂是一个动态生成的过程，课中的教学设计也应是灵活的、变化的，是粗线条的，而不可能是静止的、僵化的。以往的说课设计追求教学的规范化和程式化，如对教学过程的环节设计都很详细严密；教学方法都很固定，如对教师提什么问题，学生怎样回答都做了具体规定。这样的教学设计，势必造成课堂教学的死气沉沉。所以说，说课中教师一定要处理好预设与生成的关系。

**（三）避免求全——面面俱到**

有的教师说课的本意没有放在如何说好内容上，而是放在说课形式上，为说课而说课，即不是根据教学需要去深挖教材，确定教学目标和教学重点，设计教学知识，而是把说课的重心放在面面俱到地凑齐说课项目和文字上，这种为说课而说课的做法是舍本求末，自然使说课的作用大大降低。

**（四）避免表演——华而不实**

说课者要将自己的教学设计实事求是且朴朴实实地说给大家听，不能像搞演讲比赛那样搞演讲，更不能像演小品那样去搞表演，如有些说课中的情境听起来很真切、很活泼，教师说得神乎其神，其实是华而不实、矫揉造作。

## 三、说课的内容

说课的内容即说课的基本要素，它可以分为“课前六说”“课后七说”。

“课前六说”：说教材、说学情、说目标、说流程、说板书、说创新。

“课后七说”：说教材、说学情、说目标、说流程、说板书、说创新、说得失。

因为每次说课题目的类型不同，又因为每个教师都有着不同的教学个性，说课的内容与形式也应有所不同，但就说课内容来讲，不管采用什么形式，总是离不开以下内容。

**（一）说教材**

说明课程标准对本年级教学的要求，说明课时教学内容在节、单元、年级乃至整套教材中的地位、作用和意义。厘清教材基本思路，同时说明自己在处理教材中有什么独到之处。

注意：在说教材环节中，容易出现的问题是教师不能说出教材分析依据。一般只能说出“依据新课标灵活运用教材的理念”，而且比较抽象、笼统，没有具体提出依据新课标中可以对教材进行补充、删减、替代、整合等的一些要求进行研究从而确定的教学内容，也没有提出这项内容与前后内容的逻辑联系、地位和作用。

**（二）说学情（分析学生学习背景）**

教师的备课就像作战打仗一样，做到知己知彼，方能百战不殆。教师教学一定要“以学定教，顺学而导”，从学生已有的知识基础、生活经验、认知规律和心理特征设计教学，直面学生的现实，如学生遇到这个问题会怎么想，怎么做？学生的经验基础是什么？

注意：在说学情环节中，只有较少数的教师能说出根据学情和教材内容确立教学重难点，却也只是提到学情和教材分析，并没有依据以往的教学事实或经验指出某项内容对学生来说比较抽象，难以理解和掌握，从而确立为教学难点。另外，有的教师不能有效结合学生的兴趣爱好以及实践和教学理论来分析学情。

**（三）说目标**

方法的困惑往往源于目标的迷失。具体到一节课，教学目标就是其灵魂，是教学的出发点和归宿。所以备课明确教学目标、抓准重难点是实现精准教学的保证。

教师备课制订教学目标的过程也是明确教学重难点的过程。重点是对教材而言，难点是对学生的认知而言，两者并不相同，在不同的课时里，有时重合，有时不重合。所以，教师编制教学目标和设计教学，要从学生已有的知识基础、生活经验、认知规律和心理特征出发，找准教学的起点，突出教学的重点，突破教学的难点，捕捉学生课堂的生长点。

注意：在说目标环节中，所有教师都能说出教学目标的确立需要依据教材内容，而不能说出还需要依据学生的整体认知水平、已有的相应知识经验等学情，也不能按照新课标分级标准要求的内容来确立教学目标。

**（四）说流程（说明教学过程和教学环节的设计）**

说教学流程是说课的核心部分，它是对一节课教学过程设计的说明。在说教学流程中应该说清这样几个问题：第一，本课准备设计几个教学环节，每个教学环节如何展开，如何操作，如导入怎样设计，新课如何进行，课尾怎样延伸和拓展，等等。第二，怎样突出教学重点，怎样进行过程和细节的安排。第三，借助何种教学手段突破教学难点，实现预设教学目标。第四，以上实践设计的理论依据是什么？在说流程环节中，要处理好说实践与说理论的关系，要注意理论与实践结合，即避免教学式的简单叙述，也要防止空泛的说理论。说课之道关键是要把握住“课”。

注意：教师说教学设计、教学过程中容易出现的问题是主线环节不清晰、套用模板脱离说课文本等，有的属于教师基本功问题，有的属于教学经验或说课技巧问题，但都可以通过教师自身的反思以及教研活动中同行交流解决。但是，教师们在说课中常有一个共性的问题没有得到重视，那就是“为什么这样教”。

**（五）说板书**

板书是一个微型教案，是一节课的框架、要点或题眼。一般情况下教师在说课中都应对板书设计做一下解读，不过可以在说的过程中介绍，也可以在说课的最后进行介绍，这要看对具体情况的处理。下图是《愚公移山》的板书。

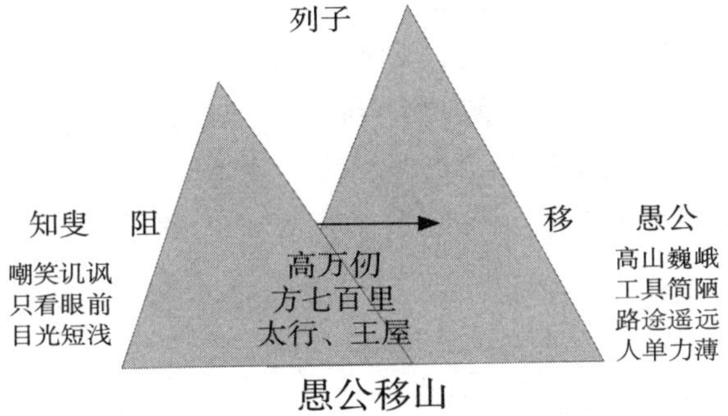


**（六）说创新**

有的教师说课之所以平淡无奇，就是教学缺乏创新。一位语文老师说：“同一篇文章讲了无数遍，真的感觉很乏味，但几十年就这么过来了，实在无奈得很。”这就是教师缺乏创新意识的体现。还有许多教师的教育理念是听校长的，教学设计是抄组长的，上课内容看教参，作业及答案全是练习册上的，自己创新的东西实在太少了，所以这样的说课既没有高潮，也没有精彩之处。教师要做到常教常新，就必须要有创新意识，可以从教法、学法、评价、资源的利用与开发等各个方面，择其一个或几个方面说明创新做法。

**（七）说得失**

说得失一般是在上完课以后的说课中，这是一种教学反思。它包括以下几个方面。

1. 成功之处：能够引导学生自主学习一些基础知识，并能够通过问题引发学生思考、讨论，并最终得出结论，有意识地培养学生的探究能力和思维方式。

2. 不足：拓展延伸的少；课堂评语单一。

3. 解决办法：尽可能多地补充相关知识，扩展学生的知识面；学会捕捉学生在课堂中的闪光点，并加以鼓励。

## 四、说课的方法

教师要说好课，不仅要了解说课的内容，还要掌握说课的方法。关于说课的方法，教师应该着重了解并掌握下面几个方面的内容。

### （一）说课流程

教师说课从准备到说课然后评析，可分为下面几个步骤：接受任务—课题选择—备课钻研—撰写讲稿—登台说课—说后评议。

教师备课，通常每节课都需要进行教学设计，但是不一定每一节课都要说课，这就有一个如何选择的问题。说课的选择要注意两点：一是注意课的代表性、针对性、典型性，即选择那些既有研究价值，又能驾驭的课；二是选课也要注意突出重点，避免面面俱到，四面出击。可以选择说一个章节的整体教学，也可以着重说某一课时的教学，甚至还可以说某一重点、难点的教学。一言以蔽之，说课要尽可能突破一点，才会有所收获，面面俱到反而会收效甚微。

### （二）说课要求

因为每次说课的目的、范围、规模不同，其要求也不同。一般在校内、教研组内的说课要求比较低一些，规模也小一些，而省、市、区的各种说课比赛活动一般要求都比较高。而掌握说课的方法，首先要了解说课的一些要求和常规。举例如下：

北京市朝阳区《首届“朝阳杯”教学基本功全员培训展示活动项目操作指南》中关于“说课项目”的要求：

【流程】

1. 教师提前一周上报说课内容的类型，可自主选择单篇教学说课或是单元教学说课。

2. 教师提前 3 天抽签，抽签时获得篇目或单元（章节），然后独立备课。

3. 提交说课文稿。

4. 现场 15 分钟说课展示。

【要求】

说课应突出教学实践特征，充分展现真实教学情境下的教学素材、教学策略和学习活动，可采取叙事的方式，也可采用表格的方式。下面表格仅供参考，可根据实际情况进行调整。

| 教学基本信息 | | | | | |
|---|---|---|---|---|---|
| 课题 | | | | | |
| 学科 | | 学段 | | 年级 | |
| 相关领域 | | | | | |
| 教材 | 书名： | | 出版社： | | |
| 姓名 | | | 学校 | | |

| 指导思想与理论依据 | | | | | |
|---|---|---|---|---|---|
| | | | | | |
| 教学背景分析 | | | | | |
| 教学内容：<br>学生情况：<br>教学方式：<br>教学手段：<br>技术准备： | | | | | |
| 教学目标（内容框架） | | | | | |
| | | | | | |
| 问题框架（可选项） | | | | | |
| | | | | | |
| 教学流程示意（可选项） | | | | | |
| | | | | | |
| 教学过程（文字描述，供选） | | | | | |
| | | | | | |
| 教学过程（表格描述，供选） | | | | | |
| 教学阶段 | 教师活动 | 学生活动 | 设置意图 | 技术应用 | 时间安排 |
| | | | | | |
| | | | | | |
| 教学板书 | | | | | |
| | | | | | |
| 教学特色 | | | | | |
| | | | | | |

### （三）说课展示

说课展示的精彩不仅需要说课稿写得好，PPT 课件做得好，还要看教师现场展示的表达。说课稿写得好，PPT 课件做得好，但是展示时表达得不好，也会影响说课效果。所以教师要把课说好，还要做表达方面的历练。

以下是说课时的常见问题与改进建议。

1. 变说课为讲课。这是非常普遍的问题。一些教师把该给学生讲的内容对评委说了出来，显得很生硬，不协调。说课不是备课，不能按照教学设计来说课。要把评说课老师当成平时集体备课时的同事，以聊天和交流的口吻说，语气上也就不要太过拘谨和严肃。如“我认为这节课应该先给学生们讲讲……的问题，这样学生接受起来能更轻松一些。”

2. 变说课为念课。有一次说课活动中，在 19 位说课老师中，至少有 4 位基本上是念讲稿的，给评说课老师感觉是在作报告。在只有 45 分钟的备课时间里，写出一篇够念 10 分钟的讲稿，确实不易，但说课重在说，而不是“念”。建议不要写讲稿，可以列体系，或写要点，照着要点说，也不必追求面面俱到，最关键的得分因素还是说课者留给评委老师的整体印象，所以还需要教师多在语言表达流畅、精练生动，仪表大方等方面下功夫。

3. 变说课为背课。这是一些教师常出现的问题，不敢看讲稿，而是凭自己的记忆背诵，不但很不流利，而且中途因为紧张几次卡壳。说课不是“背课”。一节成功的说课，一定是说课者按自己的教学设计思路，有重点、有层次、有理有据、口齿清楚地表达完成的。说课者要尽量脱稿，草稿充其量只能是个“演说”提纲，要增加肢体语言，声情并茂地说课，尽量争取把听者的注意力和思维引入到自己的预设中去，使听者受到感染，引起共鸣。

4. 平淡缺少亮点。在许多教师的说课中，几乎找不出亮点，也没有高潮，大家都在同一个水平上，很难拉开距离。教学是一门艺术，说课当然更是一门艺术。艺术的价值在于创新，没有创新，就没有生命力。教师要注意发挥自身的教学个性和创新精神，防止生搬硬套书本上的内容，突破程式化局限。说课的内容大致包括了前述几个方面，但又不是固定不变的。从结构到语句，不应僵化，避免形成程式化的框框。行文在准确的基础上，可以生动活泼一些，要连贯自然。

5. 语言生硬不规范。有的教师说课照本宣科、语言生硬，缺乏亲切感；有的教师说课语言夹杂口头语，如在不足 10 分钟的时间里，有一位教师说了七八十个“那么”，另一位教师则不断说“然后”。教师应该在平日教学中狠抓语言的基本功训练，说课时要普通话准确，语言规范、生动流畅、富于情感，说课是说不是读，不要照本宣科，要口语化，但不要有过多的口头语。声音要自然，语言要平和、亲切，语速要适度，语调要抑扬顿挫有变化，感觉要兴奋，手势要大气。

6. 说课不要超时。说课的时间一般在15分钟之内，不宜太长，也不宜太短。

7. 说课时要注意仪表。说课时要做到衣着整洁、形象动人、举止端庄、仪态自然。

8. 说课演讲要自信，富有激情和个性。说的过程中拿出最好的状态，最好神采飞扬、激情澎湃感染听众。同时要针对自身扬长避短，体现个性。

**（四）PPT 课件**

一次有质量的说课一定是使用了PPT演示的说课，效果明显比没有使用PPT的教师讲得更加形象具体，使说课的内容能够一目了然地展现在听众的面前。但是也有个别教师在使用PPT后未能达到预期的效果，反而使内容变得烦琐冗长，这就需要提高PPT的设计制作水平了。

质量高的PPT应该有下面几个特征：

1. 言简意赅——处理好繁与精的关系；
2. 突出中心——处理好详与略的关系；
3. 层次分明——处理好主与从的关系；
4. 图文并茂——处理好图与文的关系。

说课能力的提高离不开教师平时长期的锻炼，不是一朝一夕就能有明显进步的。在经过锻炼之后，教师都会慢慢地提高自己的水平，相信在不久的将来就能从容应对各种考验！

附表：

**湖南省永州市中学历史教师说课竞赛评价量表**

选手编号：____________　　参赛课题：____________

| 指标权重 | 评价要点 | 赋分 | 评分 |
|---|---|---|---|
| 说教材（10%） | 明确课标要求，教材分析准确，理解教学内容在学科知识体系中的地位和作用，明白前后知识点间的逻辑关系。 | 10 | |
| 说学情（10%） | 学情分析符合学生实际，掌握学生学习能力、知识经验、心理特征和认知规律。 | 10 | |

续表

| 指标权重 | 评价要点 | 赋分 | 评分 |
|---|---|---|---|
| 说目标（10%） | 教学目标设置符合课标要求，教学目标明确、具体；注重学科核心素养的培养；对教材的组织和处理合理，重点难点分析恰当。 | 10 | |
| 说教法（15%） | 教学方法适当，问题设计有层次性和启发性，有助于学生思考；学法指导适切，体现学科能力要求；教学手段和信息技术的选用有效。 | 15 | |
| 说流程（30%） | 教学环节清晰，层次分明，时间分配合理，符合学生认知规律；根据教学内容合理设置学习活动，利于学生参与，多边互动适切有效；教学资源运用适度、有效。 | 30 | |
| 教师素质（25%） | 教学理念先进，信息技术素养好，与教学实际有机结合，教学设计有创新性；教学语言准确、流畅、清晰、简练；举止得体，教态自然，有亲切感和感染力；板书布局合理、线索清晰、简约美观、突出重点；教学反思有深度、有高度。 | 25 | |
| 总评 | | 总分 | |

附案例：

## 《我的叔叔于勒》说课稿

北京八十中雄安校区　薛艳玲

尊敬的各位专家、各位老师，大家好：

今天我说课的题目是部编版九年级上册第四单元第二篇课文《我的叔叔于勒》，我将从七个方面进行说课：说教材、说学情、说目标、说流程、说板书、说创新、说得失。

**一、说教材**

（一）教材简介

《我的叔叔于勒》是法国作家莫泊桑的短篇小说代表作之一。小说通过菲利普夫妇对其亲兄弟于勒前后态度的变化，尖锐地指出了资本主义社会中金钱左右着人与人之间的关系，即使是亲兄弟也不例外。作品主题深刻，发人深省。

（二）该课所处的地位和作用

《我的叔叔于勒》是初中语文的传统篇目，在部编版教材中是九年级上册第四单元的第二篇课文。

这个单元的主要教学任务有：

1. 分析小说要素，把握小说主题。

在《故乡》当中，我主要侧重于分析人物形象，把握主要情节，以及探究作品主题。在《我的叔叔于勒》中，我认为，除继续巩固小说要素外，应把教学重点放在多元理解作品主题、尊重学生个性化阅读和揣摩对比写法上，也为下一课《孤独之旅》的学习打下基础。

2. 理解作品和作者的写作意图，并能提出自己的见解。

莫泊桑的这篇小说，情节波澜起伏，张弛有节；人物寥寥，却个性鲜明；立意深刻，语言简洁明快而富于个性化。这得益于作品生动逼真而又幽默风趣的细节描写，轻浅素淡之中有辛辣讽刺的语言特色，以及寓新颖于平淡自然之中的表现手法。

3. 揣摩小说的写法。

小说描写若瑟夫一家朝思暮想他们在国外发了财的叔叔回到家里来，可是当他们意外地发现于勒叔叔不过是一个贫穷落魄的小贩时，竟然拒绝和他相认。作者通过对人物性格细腻的刻画，对人物内心活动深刻的揭示，鞭挞了资本主义社会人性的假丑恶，彰显了社会主义社会人性的真善美。这样的作品能给人以启发，耐人寻味，也能引发学生对自然、社会、人生的思考。

（三）课标要求

新课程标准主张中学语文教学应致力于使全体学生获得基本的语文素养，丰富语言积累，学会运用多种表达方式，初步理解、鉴赏文学作品。初中小说的教学，要以培养兴趣为主，让学生对作品有自己的情感体验。初步领悟作品的内涵，从中获得对自然、社会、人生的有益启示。重视提高学生的品德修养和审美，使他们逐步形成良好的个性和健全的人格，促进学生多种素养的和谐发展。

**二、说学情**

学生是学习的主体。本课应指导学生利用已有知识结构和认知水平，学习、感悟新知识。

知识储备：经过前两年的学习，学生对小说这种文学体裁有了初步的认识，对小说的概念、小说的分类以及小说的三要素（人物、情节、环境）等相关知识都有了初步的认知。

心理特点：初中学生对学习小说大都有较浓厚的兴趣，他们很关注小说情节的发展、人物的命运，这有利于调动学生阅读的积极性、主动性。

能力水平：九年级学生具备初步鉴赏小说的能力，而对于所刻画人物的语言的解读能力相对薄弱，对于小说主题的理解较困难，特别是我所授课的班级学生素质参差不齐，一部分学生底子薄、基础差，需要重点引导。

三、说目标

新课程标准主张中学语文教学应全面提高学生语文素养，丰富语言积累，学会运用多种阅读方法，初步理解、鉴赏文学作品。本篇课文作为小说是通过人物描写来传递作者的思想以及写作意图的。因此，我认为在教学过程中，应以人物为中心，在情节发展的动态中分析人物，由点及面，先分析人物性格，再通过解题来揭示小说主题。据此结合本单元的要求以及本文的特点，我确定教学目标及重难点如下：

知识目标：（1）厘清文章故事情节，学习本文巧妙的构思及情节的一波三折。（2）多角度分析人物描写，揣摩人物性格，把握文章主题。

能力目标：学习通过人物语言、动作、神态揭示人物心理活动，刻画人物性格的写作方法。

情感目标：思考人与人之间的关系，树立正确的金钱观。

教学重难点：

教学重点：学习多角度刻画人物形象，展现人物内心世界的方法。

教学难点：把握文章的主题，启发与鼓励学生发表独特的见解。

核心素养：

1. 语言的建构与运用：默读课文，整体感知文章内容，积累丰富的描写人物的语言，让学生学以致用。

2. 思维的发展与提升：学习从多角度刻画人物形象，以展现人物内心世界的方法；把握文章的主题，启发与鼓励学生发表独特的见解。

3. 审美鉴赏与创造：欣赏文学作品，能够理解文学形象，能有自己的情感体验，思考人与人之间的关系，树立正确的金钱观。

四、说流程

为了让教法和学法充分运用起来，实现教学目标，突出重点，突破难点，本节课教学拟用两课时完成。第一课时：了解作者，积累词汇，扫清阅读障碍；跳读课文，感知内容及故事情节。第二课时：通过人物的行动、语言、心理描写，掌握刻画人物形象的写作手法；抓住关键，领悟主题。

**第一课时**

（一）情境导入，明确目标（3分钟左右）

对于金钱，世界上的很多名人都发表过自己的观点。

罗兰：凡事若在金钱利益上着眼，就难免在人情道义上有几分刻薄。

三毛：世上的喜剧不需要金钱就能产生，世上的悲剧大半和金钱脱不了关系。

其他：贫居闹市无人问，富在深山有远亲。

那么，如果把金钱和亲情放在一架天平上，到底孰轻孰重呢？今天，我们继续走进法国作家莫泊桑的作品《我的叔叔于勒》，去体会金钱影响下的人情冷暖。由此导入新课，并出示本课的教学目标。

【设计意图】我采用名人对金钱的看法以及天平的直观形象，使学生从理性和感性上首先对金钱和亲情的衡量有一种认识，激发学生的好奇心、求知欲，让学生的内心产生关于道德的矛盾，有利于学生酝酿感情，进入小说的情境中去。

（二）检查预习，轻松热身（8分钟左右）

首先检查学生对生字词的掌握情况，学生虽然到了初中，但对生字词的理解仍然是最基础的，接着复习和小说相关的文学常识，最后让学生复述课文，并在复述中加深对课文的整体感知，培养学生的口语表达能力。

（三）初读课文，厘清情节（34分钟左右）

苏霍姆林斯基说过："在人的心灵深处，都有一种根深蒂固的需要，这就是希望感到自己是一个发现者、研究者。而在儿童的精神世界中，这种需要则特别强烈。"

在这一环节，我有意识地设计了两个具有探究性的问题，让学生带着问题去读课文，在发现、研究、探索的过程中既完成了对课文内容的整体感知，又满足了自己心理的需求。

1. 请同学们用自己喜欢的方式朗读课文。可默读，也可表演读，还可小组分角色朗读小说高潮即"遇于勒"的情节。说说菲利普夫妇对于勒是怎么称呼的？为什么前后不同？

2. 菲利普夫妇对于勒的态度又是怎样变化的？请按时间顺序说。教师指导学生通过朗读、合作、交流完成。

【设计意图】我这样设计是想以此为切入口。由于菲利普一家对于勒发迹和落魄的不同反应是作品的主要内容和情节，也最能显示人物的思想性格。因此，抓住这一点引导学生阅读、分析和讨论，不仅有利于学生正确把握主题，而且有助于学生对人物形象、情节结构乃至语言文字的全方位理解，并进行整体感悟和整体把握，避免了肢解作品的弊端，这也是小说教学的基本步骤之一：理情节。

作业：读课文，勾画文中人物描写的句子，试分析人物形象。

**第二课时**

（四）分析形象，学习写法（25 分钟左右）

人物形象分析是小说学习的一个重点。在这一环节中，我没有眉毛胡子一把抓，而是带领学生从三个层面，通过三个问题在自主合作的基础上完成了对重点人物的形象分析。

1. 出示思考题：

读了本文后，你喜欢谁？讨厌谁？引导学生对小说人物进行分析。（这是小说教学的另一个主要程序：理形象）

学生的回答是喜欢若瑟夫，讨厌菲利普夫妇。

2. 分析若瑟夫的形象，说说你为什么会对他有好感？

通过学生的讨论，大家认为若瑟夫具有同情心（能资助落难中的叔叔，给他小费，用富有同情心的眼光来看待于勒）、正义感（通过他内心对于勒的称呼，“这是我的叔叔，父亲的弟弟，我的亲叔叔”表达他对父母狠心不认于勒的不解与不满情绪）。

3. 分析菲利普夫妇的形象，说说他们为什么会引起大家的反感？

学生根据菲利普夫妇在于勒不同经济状况下对待于勒的言行，认为他们具有爱慕虚荣、冷酷自私、贪婪、唯利是图的特点，令人不能接受。

【设计意图】以上教学都通过学生自主讨论、合作探究、质疑问难的方式在文本中找到具体的言行来证明完成，从而引导学生明确神情、语言、动作描写是小说塑造人物的主要方法。

（五）抓住关键，领悟主题（15 分钟左右）

1. 通过以上环节，大家都表明了对菲利普夫妇的态度，认为他们应该遭到批判，我也同意。可是我想，假如你是菲利普夫妇，是不是会甘心承受大家对他们的指责呢？

2. 小组自由讨论，认真研读文本，站在菲利普夫妇的立场，替他们作出申诉。

【设计意图】这两步主要是为了引导学生联系文化背景作出自己的评价，培养学生的创造性，引导他们进行多角度的、有创意的阅读。

3. 小组交流发言，替菲利普夫妇作出申诉。

学生通过查找文本，可能从以下三个方面为菲利普夫妇作出辩护：

其一，人品原因。因为于勒这个人不思悔改，在法国挥霍了大量的资产，在美洲发财后又游手好闲“出去旅游了几年”，因此才会被人认为会再拖累别人——江山易改，本性难移。

其二，家庭经济原因。“并不是有钱的人家，也就刚刚够生活罢了”，“我母亲对我们的拮据生活非常痛苦，那时家里样样都要节省，有人请吃饭是从来不敢答应的……买日用品也是常常买减价的，买拍卖的底货；姐姐的长袍是自己做的，买十五个铜子一米的花边，常常要在价钱上计较半天”——家穷，泥菩萨过河，自身难保。

其三，社会使然。整个社会充斥着金钱至上的风气。佐证之一是二女婿下定决心求婚是因为看了于勒给菲利普的信——社会风气，要金钱不要爱情。佐证之二是船长对落魄后的于勒的评价：“法国老流氓”——社会风气，没金钱就没地位。

综上原因，所以学生认为菲利普夫妇不认于勒，也情有可原。

4. 教师引导，启发明确，引向主旨。

新课标指出对于学生语文学习的日常表现，应以表扬、鼓励等积极的评价为主，采用激励性的评语，从正面加以引导。因此，对于学生的回答，我不是一味地否定，而是恰当地运用评价手段，激励学生的学习热情，使学生始终保持积极的精神状态。在此基础上，引导学生认识到，对菲利普夫妇的评价，光是一味地批判应该说是不公平的，造成他们这种爱慕虚荣、冷酷自私、贪婪、唯利是图的性格的深层次原因，实际上是社会的原因，从而揭示了“资本主义社会人与人之间是赤裸裸的金钱关系”。这样学生就进一步理解、把握了本文的主题，完成了小说教学的第三个步骤：明主题。

【设计意图】有条理的辩论中，学生对文本理解得更透彻了，对主题的把握更全面了，本课教学的难点得以突破。同时，学生的口头表达能力得到锻炼，教学中也尊重了学生对作品的个性化阅读。

（六）联系实际，在文本体验中获得启发（5 分钟左右）

问题设计：在上面的辩论中，我们对菲利普夫妇的认识更全面了。他们都生活在资本主义社会，导致了他们这样的性格。那么，现实生活中有菲利普夫妇这样的人吗？你家有于勒这样生活困顿的亲戚吗？你的身边有需要帮助的人吗？你是怎么对待他们的？（多媒体出示问题）

【设计意图】这一组问题很能激发学生的兴趣，设计的目的在于教学生学会思考，敢于发表自己的见解；引导学生树立正确的金钱观，不要被现实的金钱关系所同化，不要失去对人真诚的爱心和同情。这样，对学生的德育目的就达到了。

（七）作业布置：改写文本，深化迁移（1 分钟左右）

假如菲利普夫妇在游轮上巧遇的是发了大财的于勒，他们的言行会是怎样的？请设想一下，写成200字左右的短文。

【设计意图】学生在完成对情节把握、人物分析、主题理解之后，再进一步就是把握小说的语言，抓住小说写人的手法，利用改写，既可以迁移训练写作能力，又能进一步加深对小说主题的理解，在情感体验中潜移默化地进行道德熏陶。这样，对学生的德育目的就达到了。

**五、说板书**

本着简洁明了、重点突出的原则，我设计的本课的板书如下：板书的中间是一枚铜钱，写出了菲利普夫妇对于勒的态度变化，直观形象地概括他们金钱至上、从钱眼里看人的特点；两边是一副对联，横批“金钱至上”，简洁地概括本文主题。

这个板书设计的特点是结构清晰，语言简洁，内涵丰富，对课堂上所学内容起到了提纲挈领、画龙点睛的作用，使学生获得鲜明的印象和有关的知识，更好地把握重难点。

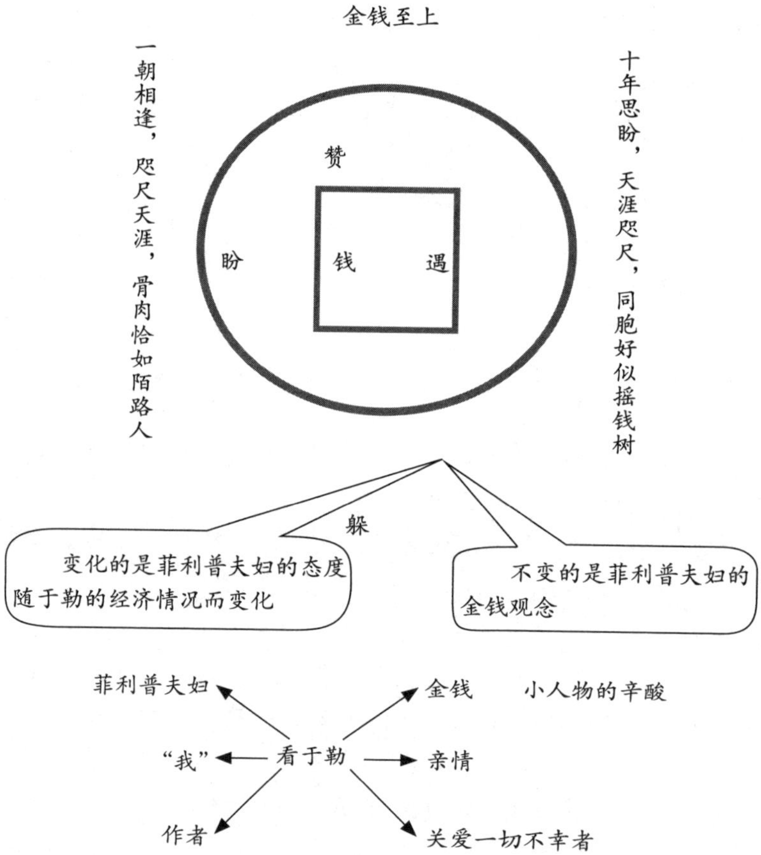

六、说创新

教学设想：这篇小说的教学应以人物为中心，在曲折的情节发展中把握人物形象，进而领会作品的丰富内涵。力求充分发挥学生的主动性，并能联系实际对作品的主题进行多元化的评价，让学生在评价认识中提高道德水平。

（一）教法

新课程标准要求全面提高学生语文素养，注重“知识与能力、过程与方法、情感态度与价值观”的三维目标。新课标对阅读教学的要求是具有独立阅读的能力，注重情感体验，学会运用多种阅读方法，能初步理解、鉴赏文学作品，发展个性。初中小说的教学，应注重学生个性化的体验及良好个性和健全人格的形成。阅读教学的过程是学生倾心阅读，获得个性体验和独特感受的过程，是教师引导学生不断实现自我构建，学会阅读，促进表达的过程。

为此，我在教学过程中突出了以下几点：体验感受、对话交流、探究思考、读写结合。主要采用了以下教法：

1. 主问题引探法。读了本文，你觉得能给你好感的人是谁？令你反感的人是谁？为什么？（此环节通过讨论的方式让学生在文本中找到具体的言行来证明完成，从而引导学生明确小说塑造人物的主要方法）

2. 朗读探究法。本文是一篇短篇小说，了解小说的三要素，厘清故事情节是学习课文的基础。因此，在课堂上留出时间让学生自主阅读，重点段落分角色朗读，加深学生对人物的印象，教会学生阅读小说的方法，多方面结合教学，提高学生的整体素质。（早读预习）

在研究新课标时，我体会到“教学过程应突出学生的实践活动，指导学生主动地获取知识，科学地训练技能，全面提高语文能力”。学生是课堂的主体，因此我遵循“教师为主导，学生为主体，质疑为主线”的教学思路进行学法的指导，尤其是探讨人物形象和小说主人公的环节，采用了小组讨论的方法。在指导过程中，先调动学生参与课堂学习的积极性，然后紧扣教学的问题，让学生自主地发现、思考、分析、讨论，从而解决问题，尊重学生的个性，使他们在教师的指导下围绕中心议题发表各自的意见。

3. 抓住重点词句品读感悟法。同时将创设情境法、指导自学法、多媒体教学法等作为辅助教法。

（二）学法

新课标指出，学生是学习和发展的主体，教学中必须充分激发学生的主动意识和进取精神，倡导自主、合作、探究的学习方式，培养学生独立阅读的能力。初中学生对学习小说大都有较浓厚的兴趣，他们很关注小说情节的发展、人物的命运，这有利于调动他们阅读的积极性、主动性。但他们对刻画人物的语言的解读能力相对薄弱，特别是我所授课的班级学生，语文素养参差不齐，一部分学生底子薄、基础差。因此，在阅读过程中，我不仅让学生充分感知语言教材，而且主要运用了以下学法，让学生自己读课文，自己去品味、感悟，达到教是为了不教的目的。

1. 朗读法。这篇小说人物形象鲜明生动，语言幽默。因此，适宜指导学生在整体把握的基础上分角色朗读，也可以让学生边读边想象人物表情，体会人物语言、动作等是如何揭示其心理活动和性格的。

2. 比较法。于勒经济状况的三次变化，菲利普夫妇对于勒前后迥异的态度变化，以及文中叙事主体“我”与家人对于勒不同态度的对比，都值得玩味。学生在对比分析中可深入理解人物及主题，并感受文学艺术的美。

3. 辩论法。引导学生对人物形象进行多角度的分析与把握，围绕文本内容进行辩论，在辩论中探究作品主题，锻炼口头表达能力。

4. 自主讨论法。引导学生主动质疑，合作探究解疑。指导学生联系实际，说出自己对作品的个性化体验及对自然、社会、人生的思考。

（三）评价

本课具体的评价：

1. 采用积分制评价方式。

2. 教师对学生的回答及时鼓励、点评和补充。

（四）资源开发与利用

文字资源：教材、导学案。

人力资源：教师、学生。

实践活动资源：学生的学习活动。

信息化资源：多媒体课件。

**七、说得失**

思效：授课结束，反思这堂课的效率是很高的，完成了既定的教学目标，课堂气氛活跃，调动了学生学习小说的兴趣。听课教师反映此课教学“接地气”，有语文味，一直紧扣文本，教出了小说的特点。

思得：本节课学生自由讨论，充分发挥自身的潜能，打造了一个超出预设的良好课堂。课堂上学生们精彩的发言出乎我的意料，让我惊喜不已，我看到了学生潜能的如花绽放，看到了学生思维的激情点燃。我不由得在课后对我周围的老师说：“这些学生让我崇拜！”作为一名教师，我想这就是最大的幸福。

因此，作为一名语文教师，在备课时，首先，应该充分研究教材，挖掘教材，对于教学参考资料应当有自己的观点，对所谓的“定论”也不要人云亦云。如果我们停留在前人的见解上裹足不前，不敢怀疑，不想超越，学习还有什么意义？其次，语文课堂上，一定要尊重学生的个性化阅读，珍惜学生独特的感受、体验和理解。教师要更多地问学生“你是怎么理解的”“说说你的理由”“谈谈你的看法”等，在这样的情境中，也就自然地引领、发展了学生的质疑能力，培养了他们敢于表达自己不同见解的勇气，从而使学生的生活体验、独特感受在教学中受到充分的尊重，有了“合理合法”的地位。正是因为本节课充分地尊重了学生的阅读体验，激发了学生敢于说“不”的勇气，才让学生的思维火花绚丽开放。

思失：“课堂教学是一门遗憾的艺术”，再完美的教学设计也无法杜绝“意外”的出现。教师对教学时间估计错误，学生小组讨论和自由发言的时间过长，拖延了下课时间，使得教学结尾部分草草收场，造成了遗憾。

思改：教师要“无限相信学生的潜能”。在教学中，教师不能把学生当作“知识的容器”，而应把学生看作具有独立人格、具备一定的学习能力、能够自主发展的学习主体。教师的教学只能通过学生的主动学习才能取得实效。新课程改革倡导教师角色由传统的知识传授者转变为学习活动的参与者；由传统的教学支配者、控制者转变为学习活动的组织者、促进者、指导者；由传统的静态知识占有者转变为知识的动态研究者。教师应当创设让学生可以得到充分施展才华、放飞自由心灵的空间。美国心理学家罗杰斯强调要让学生处在一种无拘无束、自由畅达的空间，尽情地“自由表达”和“自由参与”，叶澜老师倡导的“让课堂焕发生命的活力”，说的也是这种境界。

那么，如何才能让课堂焕发生命的活力，如何才能点燃学生思维的火花，学生思维的“火”与“光”来自何处？我想，应该从疑问处来。教师要善于引导学生去发现学习中的疑问，不放过一切可疑之处，敢于质疑。朱熹说：“读书无疑者，须教有疑。”宁鸿彬老师要求学生的“三不迷信”（不迷信古人，不迷信名家，不迷信老师）和对学生的“三欢迎”（欢迎上课随时质疑，欢迎发表与教材不同的意见，欢迎提出与老师不同的观点），正是培养学生的求疑精神。学生通过对疑问的讨论研究，最终获得提高和发展，“有疑者，却要无疑，到这里方是长进”。

# 第 8 章

# 深度备课要重阅读

在一次新教师培训中，我问新教师："大家现在正在读什么书？从工作到现在读了多少书？"教师们反馈的情况让我十分惊讶！甚至有的年轻老师说，从初、高中到大学读书已经读够了，读累了，现在参加了工作，也该歇歇了，还需要读什么书呢？青年教师的这种心态令我忧心！

教育最可怕的是一群不读书的教师在拼命教书，一群不读书的父母在拼命育儿。读书是教师最好的备课，更是教育最亮丽的一道风景。

哲学家冯友兰说："一个教师讲一本教科书，最好的教师对这门课的知识，定须比教科书多许多倍，才能讲得头头是道，津津有味，信手拈来，皆成妙趣。如果他的知识，只和教科书一样多，讲来就难免结结巴巴，看起来好像是不能畅所欲言，实际上他是没有什么可以言。如果他的知识还少于教科书，他就只好照本宣科，在学生面前唱催眠曲了。"

可见教师深度备课一定要重阅读，如果备课仅局限于一本教材、一本教参是备不好课的。只读教材和教参，所上的课也就只能依葫芦画瓢，照本宣科，简单地灌输生硬的知识，肯定谈不上方法、技巧与课堂智慧！正如特级教师薛法根说："做老师的，不能把书本上、教参上，或者从别人那里听来的话，简单地搬到你的课堂里，煞有介事地说给学生们听。要知道，在信息化时代，我们的学生或许比你更早看到、听到过这些有道理的话，甚至比你知道的还要多。唯有你自己独到而深刻的思考和见解，才会让学生有一种新鲜感，才会唤醒那些倾听的耳朵。"

## 一、读书是教师快速成长的法宝

如果说课堂是教师的根，那么，教学理念则是教师的魂。教学理念怎样形成？一靠实践；二靠阅读；三靠思考。教师成长的路千万条，但阅读是教师专业成长最直接、最简便、最经济、最有效的方法之一。为什么要特别强调青年教师需要多读书？

### （一）工作特点的需要

阅读对于教师的特殊性，是由这个职业的特点决定的。在教育领域，很早就有“一碗水与一桶水”的说法。到了现在的信息化社会，流行这样一种说法——“知识折旧率”：一年不学习自己知道，两年不学习同事知道，三年不学习学生知道。没有厚积就没有薄发，没有深入就没有浅出。火山爆发之所以壮丽强劲，是因为它聚集了巨大的能量。名师之所以能在教学、科研方面取得成绩，是缘于他们不间断的读书学习和知识积累。

实践证明，读书少是造成教师专业成长不快的一个重要原因。有的教师手中除了一本教材、一本参考书以外，什么都没有。在一些学校，绝大多数教师整日被“正统”的作业或需要上交的各种材料所包围。他们很少去看课外书，甚至现在一些教师培训注重的也是听报告或讨论，而忽视了教师个人的读书学习，这种文化现状势必造成教师上课的“贫血”。

### （二）专业成长的需要

优秀教师是读出来的，阅读是教师成长的阶梯。如果一个教师不读书，他就不能在教育教学这条路上走得很远。换句话说，优秀教师首先应该是个读书人。名师闫学说：“回顾自己的成长历程，我想用四句话来概括，那就是我的成长史就是完善知识结构的阅读史，我的成长史就是笔耕不辍的写作史，我的成长史就是课堂实践的磨炼史，我的成长史就是持续反思的研究史。在这四个维度所构成的框架中，就我自己而言，大量高品位的阅读应该是我成长的一个最关键的、最根本的要素。因为持续不断地阅读可以使知识结构不断趋于完善，可以使教育写作走向开阔与丰富，可以使课堂实践不断循环上升，可以使教育反思不断走向纵深。”

几乎所有的名师，都在持之以恒地做一件非常普通但又非常重要的事情，那就是读书，大量的、范围广泛的阅读。这是教师成长为名师的“秘诀”，也是公开的秘密。在“河南最具成长力教师”的调查问卷中，80% 以上的“最具成长力教师”都提到了专业阅读，并且把它放在了促进自身成长的首要位置。

### （三）精神发育的需要

朱永新说：“一个人的精神发育史就是他的阅读史。”一个民族的精神境界取决于这个民族的阅读水平。要把读书当作第一精神需要，当作饥饿者的食物。要有读书的兴趣，要喜欢博览群书，要能在书本面前坐下来，深入地思考。

这是一位教师的读书感悟：

### 第一次读完这本书我失眠了

申凤琳

感谢市教育局这次举办的教师精读一本书活动，同时也很庆幸读到这样一本书——徐世贵和于美老师的《名师启迪与骨干教师成长》。它的出现就如黑夜中的一把火炬，不仅给我带来了信心和温暖，同时为迷茫失落的我指明了方向。说起来惭愧，走向三尺讲台整整三年，这却是我第一次如此认真地阅读一本教育教学专著，第一次受到如此大的震撼与感动，第一次熬夜拜读，并认真地做起读书笔记。如果你和我一样，是一名工作不久的“85后”教师，和我一样，在工作中面临着很多的困惑又无处解答，那么这本书绝对能给你带来正能量、新力量。

记得第一次读完这本书的感受：我失眠了。整晚都在思考自己这三年的工作经历，并与书中提到的名师比对。我既觉得有些安慰又觉得后悔。安慰的是，每一名骨干教师的成长都是一步一个脚印走出来的，他们也都年轻过，也都和我一样，有过彷徨有过迷茫有过挫折有过等待，只是他们选择了勇敢地面对和坚持，不给自己留时间去抱怨去逃避；后悔的是，我错过了教师成长中最关键的三年。

我想，接下来我一定会整装待发，勇敢前行，早日实现自己的目标。最后引用一句经典鼓励自己：“没有播种，何来收获；没有辛苦，何来成功；没有磨难，何来荣耀；没有挫折，何来辉煌。”希望在未来的骨干教师队伍中有我也有你。

当你把书读到一定程度的时候，你对很多事物的理解就会融会贯通。站得高才能够看得远，不要害怕深度阅读，那是你通往未知世界的路。如果你害怕深度阅读，你就给自己关上了一扇通往未知世界的门。读一些有挑战性的书，它会让你的阅读更有质量。

**（四）提高教学成绩的需要**

提高教学成绩是每个青年教师的迫切需求，如何提高呢？读书！特级教师于永正说：“很多人问我为什么我的课内容很丰富，其实是我平时注意积累，注意从读书中获得更多知识，从读书中找到迅速提取信息的方法。”我曾收到一封来自贵州的信。

徐校长：

您好！我以前工作很努力，成绩却很一般，属于那种“费力不讨好”的可怜人，特别是我校有位老教师说我是物理教学的“异类”，还有一位教师在一次学校会议上曾拍桌子说，他改行教物理，成绩一定超过我。他们说的这些话深深地伤透了我的自尊心，一些同事也经常在茶余饭后，把我当成笑料，我就是那种努力没成效的典型人物。

别人是为了名利而工作，而我受了很多讽刺和嘲笑后，是为了自尊在拼命工作。2013 年 1 月，天助我也，我在淘宝网上购买到了您的《有效教学难点突破与教学对策》一书，这本书我一研读就是一个寒假，这是我参加工作以来读到的对我最有用的一本书。通过研读这本书，我才知道自己为什么努力却得不到回报。2013 年第二学期，通过一个学期的努力，我的教学成绩与别人持平，并略胜于别人。然后又经过一个暑假的反复研读这本书和深度反思自己的教学策略，后来又在您的指点帮助下，我在 2013—2014 学年度第一学期的工作成绩远远超过同级同类教师。有一个班均分名列全县第一，超过曾经嘲笑我的那位教师所带班级 18.5 分。这个学期那位教师被调离岗位，他的课全部由我来上。我现在每周的课时是国家核定课时的 2.5 倍，但我精心运用您在书中提出的有效教学策略，教学成绩更好了。上周，我被学校聘为物理学科课改组长。

我说了这么多，主要是为了感谢您。在我人生低谷时，是您救了我，我所表达的是一种真诚的感谢之情！我现在课务太重，工作效果离您的书中所说的那种名师的标准还差得很远。您的思想就像一盏灯，为我指明了前进的方向。再一次深深地感谢您的书救了我，使我找到了做人的尊严！

（粟恒德）

这位教师是读书的直接受益者。从这封信可以看到，读书能够直接提高教学能力，把课上好，提高学生成绩自然就是必然的。

## 二、青年教师读什么书

学海浩瀚，书山茫茫，人生有限。读书学习，积累资料不能四面出击，应该根据自己的专业特点、学习优势、兴趣爱好，有选择地读，有选择地积累。职初，教师可以读一些案例、方法类的书籍，帮助自己很快上路；骨干教师可以读一些讲基础经典理论的书籍，让理论与教学实践相结合，提升自己；卓越教师要沉下心来，多读文史哲类的书籍，增添生命底色。

不会进行专业阅读是教师读书的另一个突出问题。从读书类型和读书方式的调查结果中可以看出，绝大部分教师不会进行专业阅读，阅读的书籍仅限于教学参考书、教育教学杂志等，而对教育类专业书籍阅读很少，阅读的深度、广度很有局限性，对自身的阅读缺乏整体性的谋划，破碎而充满错误。这样不科学的阅读，严重影响了教师的专业发展。那么教师应该怎样读书，尤其应该怎样进行专业阅读呢？关于专业阅读下面提出六条建议，供教师参考。

**（一）读学科专业书——拓宽加深专业基础**

读学科专业书是教师安身立教之本，无论在什么时候、什么条件下都应读好。名师都十分重视读自己的专业书。为什么吴正宪老师能从一名中专生成长为全国知名特级教师，为什么她从教多年教学成绩很突出？原因固然是多方面的，但是她高度重视对专业书的阅读是其中一个重要原因，她这样说："那个暑假，我从研读教材入手，找来 1 至 12 册教材，用了整整一个假期，把全套教材所有的例题、思考题及有代表性的练习题全部做了一遍。我不断地查阅大量的参考资料，并根据数学知识的内在联系整理出知识网络图，写下了几十万字的学习笔记。至今，20 多本写满密密麻麻学习体会的笔记本和教学随笔，还珍藏在我的书柜中，两次乔迁新居，我忍痛割爱淘汰了不少书籍，但那些发黄的笔记本一直与我紧紧相随……"吴正宪老师的专业阅读经历很值得青年教师学习借鉴，一定要特别重视对专业书的研读。

**（二）读教育报刊——了解同行在想什么**

发表在教育期刊报纸上的一些文章，多数属于一线教师和教科研专家的教学经验精华或先进的教育思想。这是教师转变观念、更新知识、学习方法的源头活水。在一所边远山区的小学，有一位从师范学校毕业不到两年的青年教师，在他工作后的这段时间里，没有参加过一次区、县级的教研活动，然而他的课上得很有教改特色。后来组织派他到各区上了一轮巡回示范教学课，反响很好。他还获得了县、市级的优秀教学经验（或论文）奖。为什么一个刚分配到山区的青年教师，在既无人帮助、指导，又缺少教学资料、教学仪器的情况下，能上出教改优质课呢？他的经验就在于学习别人的经验，并在"破"字上下功夫。他订了《湖南教育》和《小学教学参考》等杂志，杂志上别人介绍的方法和经验，他先是认真学，后是反复实践，在实践中体会，寻找适合自己的教学方法。

**（三）读教育经典——以史为鉴**

真正的教育理论永远不会过时，总是那样永恒而平易。孔子主张“因材施教”；蔡元培强调发展个性，崇尚自然，提出“思想自由、学术自由、兼容并包”的教育思想；陶行知认为“生活即教育，社会即学校”；叶圣陶主张“教是为了不需要教”。此外，一些反映当代教育家成长的系列丛书，如《邱学华与尝试教育人生》《吴正宪与小学数学》《钱梦龙与导读艺术》《窦桂梅与主题教学》等，都应很好地读一读。著名语文特级教师李镇西老师说过：“阅读欲就是我的生存欲。”他在广泛阅读各类文学书籍和教育书籍的同时，潜心研读了苏联教育家苏霍姆林斯基的著作，并以苏霍姆林斯基为榜样，把自己整个心灵献给了学生们。

**（四）读中小学生的“书”——走进学生心灵**

学生的作文、日记、文艺作品、作业，无论是发表的还是没发表的，教师都要认真读，细心品味，这样才能很好地了解学生的内心世界。下面是学生的一篇日记：

数学课上，王老师又训斥了我一顿。

错了，我今天真的错了，我不应该在数学课上写物理作业，不应该对老师不尊重。可老师您想过吗，我们为什么在上课时间不好好听您讲课呢？您想过我们这些差等学生的苦衷吗？在这里，让我敞开心扉向您谈谈吧。

先说排座位吧。我们差学生都坐在最后几排，这多么像“金字塔”式的等级制度啊！成绩好的高高在上，成绩差的被压在塔底，悲观、忧愁，外加讥笑笼罩着我们，这怎能激发我们的学习积极性呢？不过，我们的确努力了，就像登山者一样吃力地沿着这座“金字塔”向上爬，它是那样的陡，那样的险，爬呀爬，我们爬得好累呀！多么需要帮助，哪怕有一根拐杖也好啊！

课堂上，提问的对象几乎没有我们的份儿，那是“塔尖顶”上人的“专利”。老师，当您听着他们流利的回答而微笑时，您是否注意到后面的那几十张哭丧的脸。

的确是这样，我们当中的某一个同学偶尔来点“兴趣”，用期盼的目光望着您，想要问您一个问题时，您只是用目光一扫而过，似乎没有看见，于是这个同学刚刚燃起的一丝求知的火花，便被您旁若无人的目光给浇灭了。

老师，我们这些差学生，虽然成绩差，可是我们每个人都有理想、信念和追求，我们也都想学好，这一点和那些成绩好的同学一样，这需要我们的努力，更需要老师您的理解与尊重，最重要的是我们每一个人都有很强的自尊心。老师，您就不能换个角度重新认识我们吗？

老师，我不仅向您敞开心扉谈了心里话，而且我还要代表差生们，向您发出呼吁，把师爱平均分给每一个同学吧！

如果教师经常能看看这样的日记，一定会更加了解学生。

**（五）读人文书籍——开阔视野**

读书既读专业性的学科著作，也读综合类的“科外闲书”；既读短小的“豆腐块”，也读高深的“大部头”。如一位教师说，他读书既读教育专著《语文科课程论基础》《给教师的一百条建议》，也读“闲书”，如童话《一千零一夜》《乌丢丢的奇遇》，还读自费订阅的《读者》《江苏教育》《小学青年教师》等杂志，而且一边读一边认真地做摘抄和反思笔记……他说，细读精记开阔了他的视野，启迪了他的思想，厚实了他的底蕴。

我们说的读人文书籍包括读历史类书籍和马克思主义哲学著作，还可以阅读文学名著、名人传记，平时生活中常看些小说、散文，鉴赏品评并抄录诗、词、曲、联中的精品和格言警句，经常翻阅并熟记常用成语典故，等等。日积月累，这样就会不断扩大和丰富自己的知识领域，提高自己的文采。

**（六）读现代有影响力的教学理论**

1. 认知主义学习理论。认知主义学习理论认为，学习的基础是学习者内部心理结构的形成或改组，学习的实质是学习内容的内在结构与学习者原有的知识结构相互作用的过程。它提倡学习者不应该对所接收的知识进行机械的记忆和被动的接受，而要对所学的知识进行归纳、理解和概括。

2. 建构主义理论。建构主义理论也译作结构主义理论（两者既有联系也有区别），是认知心理学派中的一个分支。建构主义理论的一个重要概念是图式，图式是指个体对世界的知觉理解和思考的方式，也可以把它看作个体的心理活动的框架或组织结构。图式是认知结构的起点和核心，或者说是人类认识事物的基础。因此，图式的形成和变化是个体认知发展的实质，认知发展受三个过程的影响：同化、顺化和平衡。

3. 多元智能理论。传统的智能理论认为人类的认知是一元的、个体的智能是单一的、可量化的，而美国的教育家、心理学家霍华德·加德纳在《智能的结构》一书中提出“智力是在某种社会或文化环境的价值标准下，个体用以解决自己遇到的真正难题或生产及创造出有效产品所需要的能力”。每个人都至少具备语言智力、逻辑数学智力、音乐智力、空间智力、身体运动智力、人际关系智力和内省智力。后来，加德纳又添加了自然智力。这一理论被称为多元智能理论。这种理论认为，不存在单纯的某种智力和达到目标的唯一方法，每个人都会用自己的方式来发掘各自的大脑资源，这种为达到目标所发挥的各种个人才智才是真正的智力，造就了人与人之间的不同。

海纳百川，有容乃大。教师只有通过博览群书，广泛积累，才能建立自己的知识体系，从而在教育教学中立于不败之地。

## 三、青年教师的读书方法

读书，谁都想用最短的时间获取最佳的效果，谁都想用有限的精力获取更多的知识。然而，尽管读书者不断地探索，但最终的成功者却寥寥无几。究其原因，不得法也。读书有道，一凭勤奋和毅力，二靠规律和方法。凭勤奋和毅力可以水滴而石穿，靠规律和方法能够事半功倍。具体来说，我们应该讲究读书的方法，学会智慧阅读。

教师读书最忌“盲读”“躁读”“浅读”。“盲读”即不是从自身实际需求出发去读，而是漫无边际、没有目标地阅读。“躁读”即静不下心来阅读，心浮气躁，为读而读，表面上看是在读书，实际上却没有收获。“浅读”即读书时浮光掠影、浅尝辄止、蜻蜓点水，雨过地皮湿，不求细读、精读。

怎样有效阅读？下面结合个人的读书体会，谈谈我的做法。有人曾问我：“你为什么在那么忙的情况下能做到教学科研两不误，不但书教得好，还发表那么多论文，出版专著，获得了那么多科研成果？”我说：“我受益于多读、多思、多做、多写。读是积累，思是加工，做是实践，写是总结。”读书、思考、写作之间是相互强化、积极互动的良性循环的关系。我把学习、工作、研究结合起来，把读、思、做、写统一起来，这是一个人快速成长的最佳途径。

怎样破解读书与实践两张皮的问题？许多教师感叹：很喜欢读学术方面的书，但就是总觉得读后用不上，因此才会出现读书与实践两张皮现象。怎样破解这个问题？我的做法是读书要做到“五个结合”，实现知识、能力的自我建构。

### （一）读与研的结合

因专业、工作特点、兴趣爱好、生活习惯等不同，每个人的读书内容、时间、方法也各有不同。在这里，我结合自己的实际谈几点读书体会。从目的上看，读书大体可分两种：一种是休闲性读书；一种是实用性读书。我的实用性读书大多数是以研究的角度开始的，我称它为研究性学习，即带着问题去读书，搞清一个问题，解决一个难题，同时也就拓展了一部分知识，开辟了一个领域，创造出了新的成果。

读书不一定非要一本一本地系统去读，因为有些教育理论的书既抽象又枯燥，在没有讲解的情况下读起来很费力气。况且有时书的内容和实际工作内容关系并不大，这就很容易使人产生厌烦的心理。如果结合实际问题（也就是要解决的问题）有针对性地读书，则会事半功倍，取得良好的效果。

我在读书时，一般采取两种方式：一种是如果有时间、有兴趣，就开始较为深刻和系统地去研读某一本书；另一种是把书作为资料储备，研究问题时，需要哪本书的内容就去读哪本书。当然，这时也不一定要全读，涉及什么内容就看什么内容。

读研结合的学习方法是一种高效学习法，我在多年的实际工作中尝到了甜头。打个比喻，这种学习类似农民小开荒，种小份地，农民开垦出来的大片土地总是由一小块一小块地合并而成的。研究性学习的每一个研究专题就如同农民开垦的一小块地。

**（二）读与思的结合**

没有思考的读书，不可能提升自己的思想境界。教师读书最忌“剜筐就是菜”（东北方言，形容不挑不拣）的盲目吸收，读书一定要思考。一边阅读，一边思索，用自己的见解去理解作者的思想和见解，用自己的理论观点去消化别人的言论，以形成完全属于自己的认识。正如哲学家叔本华所说：“一种纯粹靠读书学来的真理，与我们的关系，就像假肢、假牙、蜡鼻子甚或人工植皮。通过独立思考获得的真理就如我们天生的四肢：只有它们才属于我们。”

在读书上不但强调鲸吞，还强调牛嚼。对于经典，必须像牛反刍一样反复研读，这样才能很好地消化吸收。读教育书籍应像读言情小说那样津津有味，才能找到感觉；读到新的观点，有了新的收获，要像哥伦布发现新大陆一样，才能找到欣喜。作家贾平凹曾经说过：“你若喜欢上一本书了，不妨多读：第一遍可囫囵吞枣读，这叫享受；第二遍就静心坐下来读，这叫吟味；第三遍便要一句一句想着读，这叫深究。三遍读过，放上几天，再去读读，常又会有再新再悟的地方。”大作家说的是文学创作和读书借鉴的问题，但与我们说的教学突破是同一个道理。任何一个教师，哪怕一个名师，只有在阅读别人的思想的时候才能明白他们走到了什么地方，留下了什么脚印，才能知晓怎样去继承、发展、改革和创新。

我体会，读与思的结合还应突出“三个一”。

1. 精读一本经典。读书也不是越多越好，要处理好略读与精读的关系，略就是有一定的面，精就是读好经典。建议教师选一本最值得研读的经典书，反复细读，真正理解和掌握其精神实质所在，乃至熟烂于心，脱口而出，进而能够举一反三、一通百通。简单地说，也就是要有一本看家的书。当年我在沈阳的辽宁教育学院进修学习时，手不释卷的一本书是苏联教育家巴班斯基撰写的《教学过程最优化——一般教学论方面》，几乎每天都放在兜里，一有空就读。后来这本书被我读破了，就粘一粘继续读。这样一本介于理论与实践之间的书，既能读得懂，又能联系实际。后来我讲课、搞课题研究和写东西，都从这本书中吸取了很多有用的东西，而且在我从事课堂教学研究时，这本书对我的帮助也很大。还有一本书是《儿童心理与教育漫谈》，说不上是一本经典，但我还是爱不释手，这本书后来对我的帮助也很大。

2. 专攻一个小课题。读书与研究结合，读书的效益最大。这方面我的体会是最深的，读书时可以选自己正在研究的其中的一个主题，进行专题研究，深挖“一口井”。在任何一个领域里，只要持续不断地花几个月的时间进行阅读、学习和研究，就可以使一个人具备高于这一领域平均水平的知识。要做到短期速成，就必须目标专一，而且由一个主题拓展到多个主题，这样就会触类旁通，快速地将“一口井”变成“一个湖”。

我家的藏书有几千册，无论是图书还是期刊，90% 以上的都是教育专业方面的。从 20 世纪 70 年代到现在几十年来，我购书和读书的经历恰恰是我从事研究的经历，我每个时期读书的主题也总是与这个时期我的研究专题有关。如今，拿出我曾经发表的论文或专著，总能相应地找出一部分书来。这些书不仅记载了我读书的经历，也记载了我研究的经历。

3. 深研一位名家。要知河水深浅，需问过河之人。当教师在专业成长中找不到奋斗目标，不知向何处走的时候；当教师在专业成长中遇到困难，遭受挫折，急需力量支持的时候；当教师在专业成长中学习、研究缺少方法，不知怎样做的时候……名师作为一个过来人，能为教师的专业成长指点迷津，师法名师可让一些教师从山重水复疑无路，走进柳暗花明又一村。所以青年教师读书时可根据自己的兴趣爱好、工作需要、任教学科、性格特点等来确定一位重点学习对象，收集有关重点学习对象的所有资料，长期研究，掌握其最基本的教育教学思想，并在实践中应用。这样一来，你就站在了成功者的肩膀上，会看得更远，走得更快。

在教育行业内我有很多榜样，最早迷恋的是魏书生。20 世纪 80 年代，只要是魏书生的图书和声像资料我都反复看，反复研究。我没有系统学习过初高中课程，做一线中小学教师时间短，为使自己的短板不短，在做教研时，我读特级教师窦桂梅、吴正宪、钱梦龙、宁鸿彬、张思明的书比较多。有针对性的研究使我收获很大，成为我在专业成长中少走弯路的一个重要原因。

**（三）读与积的结合**

求知如采金，积学似储宝。在学习中，积累资料是十分重要的。我的家里、办公室里的藏书以及收集的各种资料有很多。可以说，没有这些资料的积累，也就没有我今天的专业发展。

我的做法归纳起来大致有以下几种：

◆买书和订刊物。一是常跑书店，发现一本好书就买一本。二是留心报刊上的书讯，以便邮购。无论是书籍还是杂志，不一定要一次读完，拿到任何一本书后先大致浏览一下，然后分类存放，作为今后的备查资料。当然，如果在阅读时能够圈点批注，留下一点笔记，对今后查阅资料将更有帮助。

◆摘录。平时应准备几个本子，按不同资料的内容分类。阅读以后，凡是认为重要和有用的东西，分别抄在不同本子上，“对号入座”。

◆剪辑。有些杂志和报纸内容繁杂，阅读起来费时费力。可将有关内容从书籍、报纸或杂志上裁剪下来，进行重新编辑，并分门别类地粘贴在各个本子上。

◆复印。把有用的资料复印下来，分门别类地订在一起。

◆记载，平时准备一个本子，记载日常工作、学习及生活中产生的零思碎想，包括一线教师在教育教学中提出的问题或教师的难题等。这些记载后来都成为我日后的研究课题。

**（四）读与用的结合**

毛主席说：“读书是学习，使用也是学习，而且是更重要的学习。”干什么想什么，想什么学什么，学什么做什么，这是一个重要的学习方法和策略。我一般是在工作中学习，在学习中研究，在研究中工作，即把学习和研究的理论、经验、方法及时应用到实际工作中去。在教育教学的实际工作中如遇到问题，再去读书查阅相关资料进行理论的再学习，让学习、研究和工作形成良性循环，这是用教育理论指导实践的最好方法。

一般来说，有几种情况。一是直接用在备课、上课上。现在，我既有很多读书积累下来的文本资料，也有一些从互联网上下载的电子文本资料。无论是写文本教案，还是在电脑上做课件，这些备用资料都是我的重要信息来源。二是用在课题研究上。如当自己需要攻克某个课题而缺乏相关知识时，即定向选读相关的书籍、资料来进行学习。三是在研究课题的过程中，随时随地向书本和互联网请教。四是在写作中充分地利用图书和网络资源。

**（五）读与写的结合**

我的专业成长是一个读书的过程，也是一个写作的过程。至今，我已发表论文 100 余篇，出版教育专著 60 多部。可以说，是读书成就了我，更是写作成就了我。

读书→思考→实践→写作，就是我学习的四部曲。书到用时方恨少。因为你要写，你才可能去读书收集资料；因为你要写，你才会发现自己知识的欠缺。所以，从这个意义上说，写作是一种中介，是一个平台。因为写，才能把读书与思考、读书与实践、读书与写作结合起来，使它们相得益彰。写又是记录读书和研究成果的最好方式。正如我们有些骨干教师常挂在嘴边的一句顺口溜：把看到的记下来，把想到的做出来，把做到的说出来，把说出来的写出来。名师成长的经验告诉我们，他们无一不重视写作。

在我的成长经历中，我总是把读书与写作结合起来。在我看来，读书与写书为我的专业发展插上了腾飞的双翼。就我有限的阅读经验而言，要让我们在阅读中产生的思想不至于稍纵即逝，也为了让我们的大脑不至于成为他人思想的跑马场，我们必须学会整理、学会记录、学会提升，甚至学会推翻，这就必然要借助于写作。如果读书引发思考，那么写作本身就是思考。写作帮助我们梳理思想，不断地返回自身、认同自身、否定自身、完善自身、升华自身。这些年，凡是遇到值得精读的好书，我总是首先做大量的读书摘记，然后把自己在阅读中的思考转化成文字，写成一篇篇文章，发表在各类报纸杂志上，最后写成了书。

有趣→兴趣→志趣。我体会到，当读书成为一个人的爱好和习惯时，就是人生最大的幸运。如今，读书已经成为我生命中不可缺少的重要组成部分。过去，我读专业书颇多，而现在也喜欢读一些诗歌、散文、杂文、戏曲、小说等文学作品。我不仅读纸质书，也上网查阅资料，博采众长，海纳百川。我每天都在浩瀚的知识海洋里遨游，将教育研究与文学创作嫁接，能使科研撞击出灵感和火花；将教育艺术与文学艺术联姻，会使教育专著的撰写增加文采。读书让我找到自我，读书让我找到快乐，读书让我所有的梦想都能实现。

## 四、读书需克服浮躁心情，持之以恒

对于“影响读书的原因”，我们来看这样一个问卷调查：31% 的教师认为平时工作忙，用在读书上的时间和精力偏少；22% 的教师认为，心情浮躁不安，静不下心来读书；21% 的教师认为业余生活丰富，影响了读书；26% 的教师认为自己不知道该读什么书。问卷中暴露出来很多问题：一是思想认识不到位。如在“影响读书的原因”中，超过半数的教师认为影响自己读书的原因是“工作忙，心情浮躁，静不下心来读书”，这一方面反映了目前中小学教师忙于教育教学工作，学习时间较少的事实，另一方面也暴露出教师们对自己要求不高，对读书的重要意义缺乏正确的认识，对终身学习的认识不深，终身读书的观念淡薄。

人都有天然的惰性，而心情浮躁是教师读书的大敌。面对物欲横流的世界，面对出现在自己面前的一个个腰缠万贯的大款，有的教师静不下心来。没有那种“板凳要坐十年冷”的耐心是读不好书的，所以教师读书要想真正有成效就必须克服惰性心理和浮躁心情，坐得住，钻得进，并持之以恒。

书籍是人类进步的阶梯，书籍是教师专业成长的台阶。希望每个青年教师都能踏着书的台阶拾级而上，最终加入名师的行列。

附资料积累流程图：

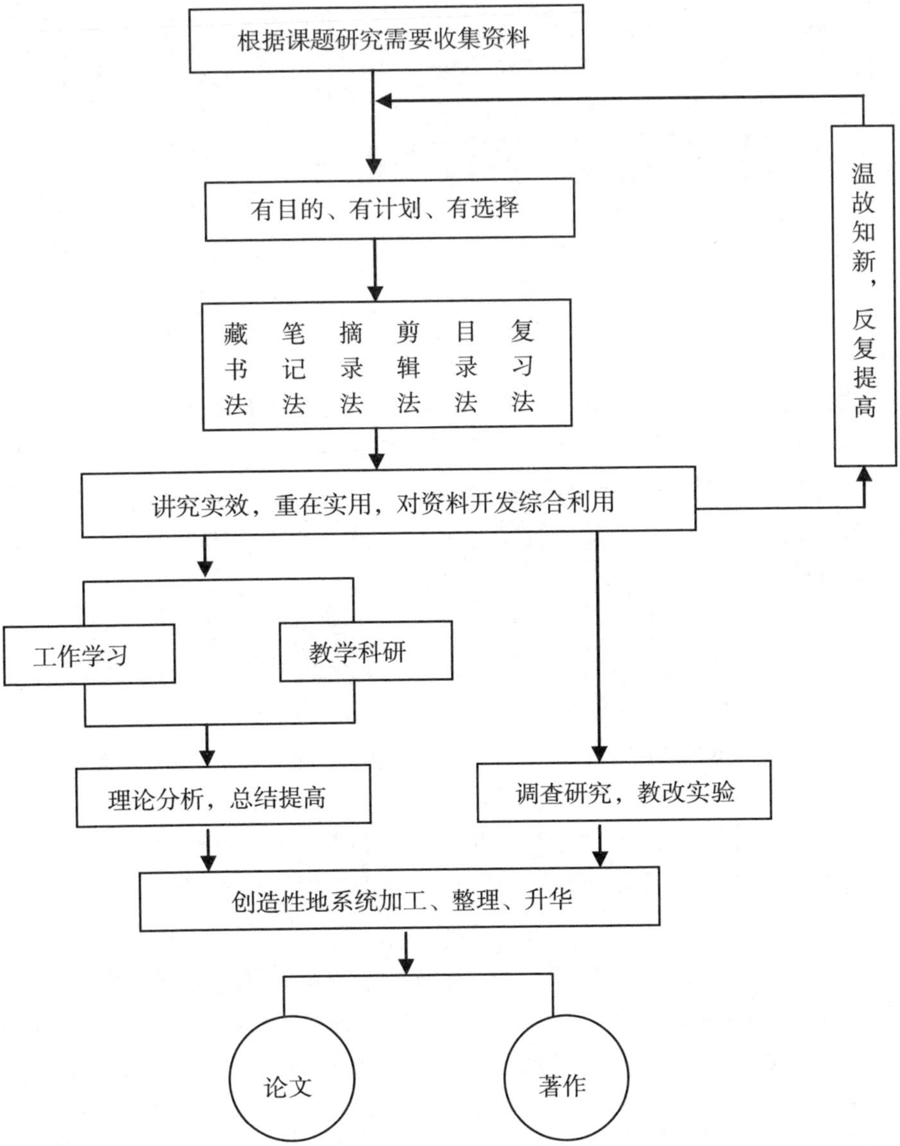


资料积累流程图

# 第 9 章

# 备课要备教学评价

教师组织课堂教学是离不开教学评价的。行为科学证明：一个人如果受到正确而充分的激励，能力就可以发挥到 80%~90%，甚至更多。所以教师在课堂上要学会赏识、激励和评价学生，这是调动学生课堂积极性和提高课堂学习效率的有效方法。为此，教师在平时的教学和备课中，还要注意积累课堂教学评价的经验。

什么是课堂教学评价？评价是指对事物估定价值。课堂教学评价是指教师对学生学习行为或结果的价值做出评议和判断的过程。课堂教学评价是一种判断、一种界定、一种激励、一种导引。

同时，课堂教学评价也是一把双刃剑：同一种学习行为，这样评价，学生就得到鼓励，从此扬起奋进的风帆，朝着既定的目标不懈努力；反之，学生就遭受伤害和打击，从此萎靡不振，分内的事都没了积极去做的动力。这就是课堂教学评价的神奇魔力。所以平时备课和教学时，教师都要重视对自己课堂评价的历练。

评价的含义很广泛，大而言之，是对一个教师的整体评价，对一节课效果的评价。小而言之，是课堂上教师对学生回答问题的评价。从形式上看，可以是口头评价，也可以是书面评价（如作业批改、操作评定、量化考核、成绩测试等）。有时教师的表情、动作对学生来说也是一种评价。如课堂上教师一个温和的眼神、一个赞赏的微笑、一个肯定的点头，都会给学生带来巨大的精神力量，令他们精神兴奋，思维活跃。

我们说，好的教师课堂评价体现的是方法与艺术的结合。青年教师要重视优化自己的课堂教学评价。那么，怎样优化呢？以下建议可供教师参考。

## 一、心灵碰撞——体现真诚性

感人心者，莫先乎情。情先行，理必通。教师在课堂上的评价能不能发生作用，能起多大作用，首先看教师的评价是不是真诚的，是不是发自内心的。学生是敏感的，如果他感觉到教师的评价是真诚的，是发自内心的，是由衷的，内心就容易接受，并产生震撼，受到感染。如有位教师说："每当学生提出有价值的问题，我总要走上前去，握住他的小手，注视着他的双眼，赞美道：'你有一双慧眼哟，能发现别人发现不了的问题，多了不起呀！'"这样，学生就真切地感受到了成功的愉悦。因此，教师的评价应该重视情感的投入，即用简短、恰当的语言，热情地给予学生褒奖，而且，评价语言要富有变化。如某位学生在品评教师范读时，讲得有理有据，不仅说出教师读得好，还说出好在哪里，教师动情地对他说："你说得太好啦，真是我的知音啊！"学生听了这样的评价语言，内心肯定比吃了蜜还要甜。

尊重、信任学生不等于不说真话。有些真话，尽管听的人觉着不舒服，但你还是要说，这是一种做人的责任和勇气。有一次听贾志敏老师上语文课，有几个学生朗读时带着读书腔。贾老师评价说："读得不自然，很一般！"或者说："读得不错，不错就是马马虎虎。"有时干脆说："不好！"乍一听，觉着有些刺耳，但仔细想想，才明白这样真实的评价，才能让学生真正认识自己，意识到自己的不足。作为教师，我们不能在爱的名义下，放过学生的缺点和错误，以致让他们迷失自己。

## 二、行为导向——体现针对性

课堂上，学生发言之后，教师如果评价：他的声音真响亮！你的声音真好听！不知教师是否想过：这样评价的指向是什么？教师关注的是学生言说的内容，还是言说时的音量与音质？显然这里评价的不是内容。笼统、泛泛地评价学生的课堂学习活动，往往造成指向性模糊，评价内容也含混宽泛，如语文课堂上，评价学生"你很棒""你表现得很好"，不仅给学生造成模糊不清、似是而非的认识，而且对学生的行为发展帮助不大。所以教师的课堂评价应适时，具有明确性、针对性，不要笼统、宽泛、含混不清。

此时，青年教师也许会疑惑：怎么做课堂评价才算有针对性呢？可以考虑这样几个问题：

1. 针对学习内容的评价。如教师在教学《早操》一课时，引导学生读儿歌，给予了这样的评价："你读得好极了，声音特别动听。""你的声音真响亮，小露珠听了多开心啊！”

2. 针对学习习惯的评价。举例如下：“你看这位同学的眼睛一直看着老师，他听讲多认真啊！”“这位同学读书的姿势真好看，谁能像他一样？”

3. 针对学习方法的评价。举例如下：“你真是个有心人，在生活中认识了这么多生字，小朋友们都佩服你。”“你通过想象，一下子就记住了‘飞’这个字，这个办法真好。”“你用换偏旁的方法记住了这个字，这真是一个记字的好方法。”

4. 针对情感态度的评价。如教学拼音时，教师设计了借助拼音介绍好朋友的环节，学生纷纷夸奖自己的好伙伴，教师抓住时机，引导学生要团结；小组合作造句时，教师就“妈妈关心我”和“我关心妈妈”两句话，培养学生爱父母、爱家庭的情感；当学生克服了学习上的困难，教师及时评价“你勇于向困难挑战，是个勇敢的孩子”。

5. 针对合作学习的评价。举例如下：“你们小组可真棒，想的办法最多。”“这个小组，有的读，有的摆，有的贴，分工合作，很快完成了任务。”“你看这些同学都在欣赏他们共同完成的作品，他们多快乐呀！”

另外，教师的评价要想更有针对性，就需要多关注事实，多关注学生的努力程度，多关注发生现象背后的原因。比如，有个学生总不做作业，教师就会把他叫过来当头棒喝：“你最近怎么老是不写作业？懒病又犯了吗？”这样直接给学生定了性，反而不利于学生改正错误。我们可以试着这样去说：“最近交到我这里的作业，你总是完成不了，发生什么事情了？有什么原因吗？”这样的评价更能帮助我们找到问题的根本，也更容易走进学生的内心深处。

## 三、评价内容——体现丰富性

教师在课堂上，需要评价的内容其实是很丰富的，所以要尽可能多角度地来评价。如下面这个例子就直观地体现出一节课的多样评价方式。

《装满昆虫的衣袋》是苏教版五年级上册的一篇文章。本文是一篇记叙文，主要叙述了著名昆虫学家法布尔从小就对昆虫非常入迷的故事。课文通俗易懂，富有童趣。李老师执教的这堂课无论是落实新课标理念，还是教学目标的达成，无疑都是成功的范例。这不仅仅在于课堂流程的科学操作和课堂呈现方式的合理、适时，更重要的是教师课堂语言评价的到位、有效。

执教第一课时的课堂评价统计如下：

| 课堂流程 | 评价统计 | 赏识性评价 | 启发性评价 | 激励性评价 |
|---|---|---|---|---|
| 激发兴趣导入新课 | 2 | 1 | 1 | / |
| 初读课文整体感知 | 8 | 3 | 2 | 3 |
| 精读课文学习方法 | 15 | 4 | 7 | 4 |
| 写字练习 | 1 | / | 1 | / |
| 合计 | 26 | 8 | 11 | 7 |

从上表中不难看出，李老师的课堂语言评价达26次，每个环节都有呈现，而且评价方式多样——赏识性评价、启发性评价、激励性评价。其中，赏识性评价8次，启发性评价11次，激励性评价7次。可见，李老师不仅懂得语言评价的重要性，而且能在执教中落实到位，效果显著。

（节选自仇立运《教师课堂语言评价方式的观课报告》一文）

## 四、用语艺术——体现激励性

俗话说："良言一句三冬暖，恶语伤人六月寒。"语言是一种艺术。同一个意思，换一种说法，效果就有所不同。如一位教师教《海上日出》时，一位学生说："'夺目'的意思是把'眼睛'夺出来了。"惹得全班哄堂大笑，她也满脸通红，低下了头。教师走到她跟前，慈爱地说："你已经把意思说对了，能换一下说法吗？"当她说出"就是光很强，很耀眼"时，教师亲切地鼓励她"说得好，理解得很到位"。她高兴地坐下了。正是教师的耐心与慈爱给了学生自信与尊严。

尽量挖掘学生身上的优点。无论在哪些方面，教师都要尽量去挖掘学生身上的优点，鼓励他们树立信心，并给以肯定。在《优点单》这篇文章中，教师通过"优点单"来记录每一位学生的优点，使每一位学生都能看到自己的老师与身边同学的评价，恍然大悟，原来自己还有这么多本事没有使出来，自己一定能行。

教师与学生之间，或者学生与学生之间，有时会出现无意的伤害。这种情况最常见，教师并不是有心去讽刺、挖苦学生，但是由于语言不当、观念有误等，无意中伤害了学生。如下面这些教师的行为：

△一位教师教学“直线、射线和线段”后让学生质疑。一位学生问：“老师，射线为什么只有一个端点，而没有两个端点呢？”教师以为学生是在故意捣乱，随口甩出一句：“你为什么有两只眼睛而不是有一只眼睛呢？”引得其他学生哄堂大笑，这位发问的学生羞愧不已，以后再也不敢发问。（不解童真）

△“比一比，看谁比 ××× 读得更好！”（褒了一个，同时贬了另一个）

△“你背诵得实在是太好了，早知道这样，我应该第一个叫你起来回答。”（鼓励了后者，但打击了前者）

△“你和某位同学一样，都是一天上八节课，但论成绩相差十万八千里。”（一棍子打死）

△教“年、月、日”一课时，我精心备好课，上课时我先提问：“小红今年 12 岁，奶奶今年 60 岁。小红和奶奶今年过生日，小红已经过了 12 个生日，可奶奶只过了 15 个生日，这是为什么？”我刚说完，聪明的学生甲立马站起来说：“因为奶奶的生日是闰年的 2 月 29 日，每四年才过一次生日。”这样就把我精心设计好的教学情境搅乱了。我压住气，对学生甲面无表情地说：“坐下。”然后继续讲课，按照自己备好的课一步步上下去，结果课上得平平淡淡，连平时积极的学生甲也不再举手发言。（打击了学生的积极性）

教师的某一句话可能对学生产生一生的影响，所以必须讲究语言艺术。教师的课堂评价语言，句句都应体现激励性。比如，“你的声音像百灵鸟一样，读得真动听，再读一遍好吗？”“你真会动脑筋！”“×× 真会听讲，我们都向你学习！”“你知道得真多，一定很喜欢看书。”“你回答得太棒了！”……这些鼓励性的语言拉满了学生前进的风帆，使他们获得了满足，产生了学习的兴趣和动力。

怎样运用好课堂评价语言的艺术呢？下面介绍谢文香老师对新旧课堂评价用语的研究，相信会对一些教师有所启发。

［旧语 1］说得还不错。

［新语 1］你解释得真精练，比老师说的更有道理。

［旧语 2］哪位同学比他读得好一点？（读得差的学生没有再读的机会了）

［新语 2］这一遍比前一遍好多了，再读一遍会更棒！

［旧语 3］上课不要三心二意，心思都用在哪儿了？好好听课！

［新语 3］老师再说一遍，请你仔细听后再回答。

［旧语 4］自己独立思考，不许交头接耳。

［新语 4］请大家以小组为单位讨论吧。

把旧语和新语进行对比，不难看出旧语是以教师为中心，以机械的整齐划一为目标，评价往往是轻率而发，在不知不觉中打击了学生的主动性和创造性。长此以往，学生只会越来越自卑，越来越被动，品尝不到学习的乐趣。结果是，差者越来越差，优者也没有了前进的动力。学习了新课程标准后，在新的教育观念的指导下，我们的教学用语不断向人性化、平等化、科学化发展，学生的积极性、主动性和创造性被激发出来，课堂上焕发出了无限的生机和活力。

循循善诱是教育者的至高境界。在每个学生心中最隐秘的一角，都有一根独特的琴弦，拨动它就会发出特有的旋律，要使学生的心同我们讲的话发生共鸣，我们自身就需要同学生的心弦对准音调。

不过于注重学生的分数。求知是人世间最大的欢乐，只要给予合适的环境，运用正确的方法，每一个学生都能快乐地读书。对一个学生来说，最关键的是快乐的生活，而不是分数和名次。对一个教师来说，更重要的是能否让学生得到这种快乐生活的能力，而这种能力并不以考试的分数来衡量。

但也要注意，教学评价尊重学生，强化激励性是必要的。但凡事过犹不及，做什么都要有个度，如果只是一味鼓励赞扬，而忽略了引导，丢掉了否定性评价，也是不妥的。

## 五、巧妙灵活——体现多样性

### （一）学会转化

所谓学会转化，就是指教师要学会转换评价角色。评价的角色变了，形式新颖，更容易吸引学生的眼球，也能大大提高评价的作用。如于永正老师在教学《草》一课时，就巧妙地转换了评价角色。

师：小朋友，回到家里，谁愿意把新学的《草》背给妈妈听？（生纷纷举手，师找一学生到前边）好，现在我当你的妈妈，你背给我听听好吗？想想到家该怎么说。

生：妈妈，我今天学了一首古诗，我背给你听听好吗？（生背）

师：啊，我的女儿真行，老师刚教完就会背了。（众笑）

师：谁愿意回家背给哥哥听听？（师指一学生到前面来）现在，我当你哥哥，你该怎么说？

生：哥哥，我背首古诗给你听听好吗？

师：哪一首？

生：《草》。

师：哦，这首诗我也学过。这是唐朝大诗人李白写的。

生：哥哥，你记错了！是白居易写的！

师：白居易？都有个“白”字，我搞错了，还是弟弟记性好。（众笑）

…………

显然，在这里，于老师将教师角色转换为社会性角色（如妈妈、哥哥等）来评价学生，这样做有情节、有冲突、有情趣，容易被学生接受，评价的作用也体现得淋漓尽致。

**（二）调动体态语言**

体态语言是指教师在课堂上通过手势、姿态、表情等来传达教学信息的一种特殊的语言表达方式。

心理学研究表明：信息的总效果 =7% 的文字 +38% 的声音 +55% 的面部表情。在课堂上，教师正确运用表情，包括手势等其他体态语言，传递表达的信息，能增强教师对学生的激励，加深双方之间的信任。

要善于调动体态语言参与评价，丰富评价的内涵。教师亲热温暖的举动能给学生的身心带来愉悦，教师灿烂的笑容是开在学生心中永不凋谢的鲜花。所以教师的课堂评价，也应注意体现在每一个细小的动作情态之中：摸摸孩子的头、拍拍孩子的肩、拉起孩子的小手等等。教师要将带有善意的课堂评价体现在一个眼神、一个动作、一句鼓励之中。

**（三）运用观察统计**

有的课堂评价也可以借助观察统计的方法。如下面这个关于学生自然学习兴趣的评价表，就是教师采取观察记录的办法，将学生的表现记录下来的（见下表）。

**自然学习兴趣评价表**

| | 评价项目 | 特别表现 | 自评 | 互评 | 教师评 |
|---|---|---|---|---|---|
| 你的学习兴趣 | 课前准备 | | | | |
| | 好奇心和求知欲 | | | | |
| | 大胆想象 | | | | |
| | 尊重事实、认真 | | | | |
| | 乐于探究，能坚持 | | | | |
| | 善于合作 | | | | |
| | 完成作业情况 | | | | |
| | ………… | | | | |

（量化标准用“★”表示，可以是一颗星到三颗星）

### （四）互评

有些教师的课堂，既是教的垄断，也是评价的垄断。如课堂上，教师的评价用语，满天飞的是“错了”“请坐”“不对”“谁再来”。甚至还有些教师，不注意自己的教学用语，对学生的指责较多，讽刺挖苦，让学生羞愧难当。因此，改变教师评价的垄断势在必行。

引导学生自评，教会学生互评，这会大大加强课堂评价的力量。如在语言教学中，可引导学生通过互评互议，知道哪些地方读得好，哪些地方读得不好，并进行自我矫正和自我完善。教师应教会学生评议的方法，提出评议的具体要求，即引导学生从语气、语调、停顿、重音等方面进行评议，并在读、评、议的过程中，专心聆听、认真思考、独立判断、顺畅表达，逐步提高朗读能力和鉴赏能力。

应该尽可能避免的评价误区主要有以下几种：

1. 教师独霸评价权。教师掌控大部分评价的机会，很少甚至不让学生做评价。正确做法是多数情况下先学生评，教师最后确认。评价时要防止四种心理定式：（1）以教师或自我为中心；（2）以优等学生为中心；（3）以整齐划一的答案为中心；（4）以单一的教学目标为中心。

2. 没有正确对待有错误的学生。比如，学生没答好，或冷淡地让学生坐下，或把学生撂在那儿不管，或找优秀生回答后再责备没答好的同学。正确做法是：或教师点拨一下，或让优秀学生补充，再让没答好的学生复述，总之一定要找个台阶让没答好的学生体面地坐下。

3. 廉价的鼓励表扬，夸张至极。“你真是我们班最聪明的孩子！”“再没有人比你更出色了！”“你的眼睛真比孙悟空的火眼金睛还厉害。”“真是棒极了！”“对极了！”

4. 评价不恰当。一位教师让学生用“一边……一边……”造句。一位学生说：“我一边吃瓜子，一边写作业。”教师表扬道：“你真聪明，能够把生活中的事联系到造句上来。”显然，被表扬的学生会误认为自己一边吃瓜子一边写作业的行为还得到了老师的表扬呢！

评价方法如果单一、机械死板，既容易降低评价的作用，又容易导致学生的厌烦。根据学生求新、求奇、求趣的心理，评价方法应富有变化、运用巧妙、灵活多样。如教学过程中，有些问题教师本可以“一语点破”，但教师偏偏不点，而是通过鼓励性、建议性的评价，引导学生去“经历”，去“感悟”。这恰恰留给了学生思与悟的时间。我们都说学习要“悟”，在实际教学中，通过课堂教学评价，我们真的激励到学生了吗？我们真的让学生悟了吗？

## 六、学会等待——体现时机性

教学中，教师时常求“快”，以为自己讲得越多，学生就掌握得越好。其实不然，学生学习知识不仅需要过程，还需要有咀嚼、品味、消化的时间。等待是一种课堂教学策略，更是一种课堂教学智慧和艺术。等待就是教师给学生一个空间，为学生自主思考创设一个平台，更是成人对儿童的尊重和理解，是教师对学生的尊重和理解，是教育的耐心与宽容，同时也是对育人规律的遵循。

教师在教学过程中要学会等待，要有足够的耐心去唤醒、点燃学生的智慧火花，等待后自然会瓜熟蒂落、水到渠成。另外，虽然当前课堂改革提出课堂要动起来，活起来，但也不要走极端，因为一味喧嚣，学生的思维常浮在表面，只有沉静下来思考，才可能进入思维深处。所以，课堂也需要一定的安静和沉默。在提倡素养教育的今天，教师应该更理性一点，多给学生一些思考的时间，等一等学生，让课堂节奏慢下来，要知道深刻理解一点知识比肤浅地了解多少知识都重要。

这需要教师抓住课堂的最佳评价时机。所谓时机就是在时间上有利的条件和机会。农民种地抓“农时”，工人打铁有“火候”，一位优秀教师总会抓住时机，对学生的课堂表现做出及时、有效的评价。当学生的回答很有创意时，教师应当马上充分地肯定；当学生回答问题露出解决的端倪时，教师应当立即给以引导性评价“你回答得很好，已接近答案了，再想想”；而当学生回答问题很不全面，乃至出错时，教师不应当急于否定，而要延迟评价，耐心等待，善于引导，这才是聪明之举。

我曾经听过这样一堂课。当时讲的是鲁迅的文章《风筝》，教师先让全班学生默读、泛读，在此基础上再让几位学生分段朗读。这时，一位学生站起来，读得磕磕巴巴、极不流畅，教师却一直在专心致志地听。本来这位学生读完一段后，该轮到下一位学生接着读，但教师并没有说“停”，而是让她多读了一段，那份耐心和等待让我肃然起敬。

一位有教学智慧的教师，在学生回答问题时要有等待的耐心，而不是急着“塞给”学生“标准答案”。一位教育家说过，教育就如同播种，要等待一定的季节、一定的阳光（温度）、一定的水分和一定的土壤，等条件都具备了，才能发芽、开花、结果。教师的耐心等待是一种教学策略，是一种教学艺术，也是一种教学理念，我们要学会耐心地等待。

那么，教师等待的时间到底在什么时候才最为恰当呢？有三种等待时间需要青年教师了解。

第一种等待时间：学生正在阅读和思考材料时。教师给学生布置了学习任务，接下来就要给足学生阅读和思考的时间。学生越是读不好，越需要教师的等待，越需要更多的时间。如果教师让学生急急忙忙地做，而后学生做得不好，这时教师便急不可耐地捧出自己的讲解，这样的学习就会流于表面，不能使学生真正地深入进去。所以教师要学会等待。另外，课堂上，学生说完，教师能否忍住暂不“接话”，先让学生想想，是否需要修正、完善？让学生“接着说”成为一种习惯。

第二种等待时间：教师提出问题后。常见的毛病是，教师的问题像连珠炮一样，一个接一个地“轰”向学生，学生只有招架之功，哪里有喘息时间去思考。更有甚者，学生稍一卡壳，教师就把答案“砸”过去了。教师心太急，缺少耐心；学生很无奈，疲于应付，导致所有的思考都浮于表面。再就是教师思路比较狭窄，把自己预设的答案当成唯一的标准答案，不愿意或者没有耐心听取学生的不同解读。提出某一问题后，如果学生答的不符合教师的预设，教师就会不断地追问下去，使得学生解答问题的过程就像是猜谜，最后教师或无奈，或烦恼地公布答案。

第三种等待时间：学生回答问题时。绝大多数教师在上大规模的公开课、示范课时，都希望教学按预设的节奏顺利进行，偶尔碰到学生回答不畅、思维卡壳或者朗读磕巴等情况，都会巧妙地、不露声色地让学生“闭嘴”，把更多的表现机会留给那些表达流畅、思维敏捷、回答问题正确率高的学生。其实这些做法都是不妥当的。

总之，教师在课堂上要善于等待。它表达的是对学生的无限信任，等来的是学生面对问题的豁然开朗。

## 七、评价精准——体现导向性

教师的评价要有激励性，要激励学生大胆发言，尊重学生的独特见解（体验），更要及时把握、正确引导学生的思维方向，要注意评价的客观性和导向性。如下面这段课堂纪实，教师的评价只强调了学生的独立见解（体验），却忽视了对文本的基本尊重。

师：你们觉得司马光砸缸救人的做法如何？

生：大家都慌了，有的忙找大人，有的哭起来，只有司马光的办法又快又好。

生：我觉得司马光的办法不好，砸坏了花园的缸，还可能把缸里的小朋友砸死。

师：你们觉得第二位同学说得有道理吗？

生：小石头都会砸伤人，这么大的石头真的会把缸里的小朋友砸死。

生：缸的碎片飞出来，还会把外面的小朋友砸伤，这办法很危险！

师：这几位小朋友真会动脑筋。

其实，该文主要是赞扬司马光在危急时刻能不慌不忙、急中生智、挺身救人的品质，而大智大勇的司马光却在教师的引导下被同学们群起而攻之，批了个体无完肤，使大部分学生对人物的理解严重偏离了课文原意。

另外，从下面学生的“怪味”回答中，也充分说明教师教学中必须要把握好评价的导向性。

《狐狸和乌鸦》——“狐狸很聪明！你看它为了得到肉，很会动脑筋。”

《秦兵马俑》——“我觉得应该感谢秦始皇，如果秦始皇不为自己造陵墓，就不会留下举世无双的兵马俑了。”

《虎门销烟》——“林则徐没有环保意识，二百多万斤烟渣冲入大海会造成多严重的污染，对大海、对植物的危害更大。”

上面这些回答脱离了文章主旨，这种游离于文本之外的独特体验，是对文本的误解，它不仅严重偏离、曲解了文章主旨和科学本质，而且出现了价值观的偏离，从根本上扭曲了教学的方向和实质。所以教师的教学评价不仅要注重鼓励学生的独特体验，还必须注意针对这种独特体验的教学评价是否精准，能否对学生的思想和价值观进行正确引导，切不可扭曲了教学的方向和实质。

此外，还要意识到，教师对学生的评价激励不应是偶尔一时的，应该坚持不懈，体现连续性，这样发挥的作用会更大。赏识和激励的效果的体现是一个长时间的完整过程，有其连续性。

通过这章的讨论，我们认识到：教师的一言一行对学生来说有多么重要！教师不经意的一句话，可能会影响学生的一生。其实，每个学生的心中都有一颗渴望成功的种子，教师的鼓励与引导就是那适时的阳光、雨露，让希望的种子在学生心中生根发芽，而教师悉心的指导与关怀会一路呵护着这些幼苗茁壮成长，直到成功、成材。

**附教师课堂忌语20条。**

1. 挖苦式：你呀，脸皮有一丈厚，拖拉机的犁铧也耕不透，真不害臊！

2. 弹压式：你不服气？我罚你扫一周地，告诉你，今天做不下一百道题休想回家吃饭，让你啃啃硬骨头。

3. 挑战式：是老师大，还是你大？若治不住你我就不当老师了。

4. 告状式：好，咱先到主任、校长那里走一走，然后去见你爹妈！

5. 预言式：你是豆芽子，长一丈高也是菜，天生的笨蛋！

6. 比较式：你和某某同学一样，都是一天上八节课，但论成绩相差十万八千里！

7. 记账式：我现在不理你，早晚和你算账，跑得了初一，总躲不过十五嘛！

8. 挑拨式：这堂课可真让他搅得上不成了，大家看咋办？

9. 驱逐式：如果不愿听我的课，请马上出去！

不愿听，就滚出去！

10. 罢课式：好，我教不了你们，不教了。

11. 嫌弃式：看见你，我就烦，摊上你这样的学生我真倒了八辈子霉了！

12. 伤害式：你真笨！你真傻！我要是你那样早不活了！

你听不懂人话呀？

13. 判决式：我看你这辈子算是完了，回家让你妈带你查查，是不是弱智！

14. 命令式：明天让家长写一份保证书，再犯错误，干脆别上学啦！

听着！让你爸和你妈明天来学校找我！

15. 比喻式：你简直是木头桩子多俩耳朵，你能变好？除非太阳从西边出来！

16. 悲观式：现在的学生没治了，一拨不如一拨！

17. 主观式：老师就是老师，老师说什么都是对的，你不听就不成！不听你可以不来。

18. 提醒式：你别忘了，你是咱班倒数第 × 名！

你是最差的一个！

你长眼睛干什么用的呀？

不说话怕把你当哑巴了！

19. 埋怨式：不知道干吗举手，总是耽误大家的时间！

一颗老鼠屎坏了一锅汤。

20. 放弃式：我教了 ×× 年书，没见过你这样的学生，你别在我们班里混，哪儿凉快哪儿待着去。

# 第 10 章

# 备课要重作业设计

教师备课，不仅要备课标教材和学生，还要备作业，重视作业的设计。

## 一、为什么备课要重视作业设计

在网上有这样两份广为流传的材料。

◆这是网上一位学生的微博："君子坦荡荡，小人写作业。商女不知亡国恨，一天到晚写作业。举头望明月，低头写作业。洛阳亲友如相问，就说我在写作业。少壮不努力，老大写作业。生当作人杰，死亦写作业；人生自古谁无死，来生继续写作业。众里寻他千百度，蓦然回首，那人正在灯下写作业。"

◆有人做过一项调查：全年级 197 名学生中，只有 15 名学生愿意接受教师布置的语文作业，只占总数的 8%。为什么教师布置的作业会引起 92% 的学生的反感呢？翻开小学生的语文作业，我们不难发现，要么是机械的抄写充斥了作业本，要么是各种训练手册填满了书包。这些作业重知识轻能力，重分数轻过程，重分量轻质量，搞得学生苦不堪言，使学生觉得学语文难，学语文烦，从而渐渐失去了对语文的学习兴趣。

从这两份材料可以看出：当下教师留给学生的作业水平低下，内容重复、无序，不仅会造成教学低效，也是导致学生负担重而大面积厌学的一个重要原因。

目前，不少学科的教师陷入了一种高耗低效疲惫的状态，欲罢不能，形成了一种恶性循环，作业布置的动机变成了抢占学生的时间，学科之间、教师之间的作业布置演化成了争夺学习时间的竞争。有些学校的教师把作业还转嫁到了学生家长的身上，让家长监督、检查学生作业完成的情况，"快点写作业！”“你的作业完成了吗？”成为目前中国家长最常用的语言。

无效的作业给学生增加了负担，让学生疲于应付，养成“抄袭”作业的恶习，甚至使学生丧失学习的兴趣。以上令人担忧的学生作业问题应该引起学校领导和教师们的高度重视。

所以，聪明的教师备课，不仅备课标教材和学生，还要备作业，重视作业的设计。

当然，目前作业的问题并非只是教师的问题，与应试教育体制也有密切的关系。但是无论是什么原因造成的，面对问题，我们不能回避，在学生低效的作业中确实存在许多我们没有做好的事情。比如，有些教师留作业时一本练习册留到底，不分难易不分层次；有些教师在留学生作业前并不研究作业内容，想当然地布置；有些教师在留作业时不考虑时间，导致学生在作业上面花费了大量的时间，对学习的帮助却不大；有的教师布置的作业种类庞杂，仅仅一天的作业时间，要学生查找资料，又要学生熟记背诵，还要学生拓展实践，弄得学生手忙脚乱；还有的教师布置的作业存在多而不精、重复抄写、无法启迪思想等现象。可以说，这类作业让学生每天陷于“应付完成”的状态之中，简直成了做题的工具，削弱了解决实际问题的能力。

造成学生作业低效的原因是多方面的。

首先，是学校普遍不重视抓学生作业问题。在学校的各项教学常规工作中，比较受重视的是备课、上课、考试、辅导等，作业往往没有受到重视，甚至无人问津，任凭教师随意安排。比如，我们可以经常看到在学校开展集体备课研究、听课评课教研科研活动，但是很少看到开展关于作业的研究活动。学校虽然有一些关于教师作业布置和批改等的常规要求，但是只是写在纸上，贴在墙上，没有人去监督落实。其实学生作业从设计到批改，从讲评到管理是很重要的，也是有自身的规律的。正因为学生作业现在没能受到重视，所以也造成了一部分学校办学质量受到影响。

其次，教师设计作业的能力在降低。深入现今的中小学校，你会发现，目前教师设计作业的本领正在被边缘化。由于教辅和各种练习册的大面积泛滥，以及网络的发展，教师不再设计作业，这项工作完全被“教辅”替代，自己的东西太少了，所以学生作业质量的下降也就不奇怪了。

有位校长说，当初，自己在搞管理时，曾颁布一条“禁令”，小学各个科目，除六年级英语外一律停止“试卷化”作业。这样的规定是基于“两个退化”制定的，一是学生审题能力的退化，长期不抄题，甚至不读题，抓起笔就答题，心浮气躁，最后漏洞百出；二是教师设计作业能力的退化。有一点我们感同身受，现在找人命一套像样的试卷已经很难了，拼凑得太厉害，缺少原创性，缺少地域性。

我曾经在《读者》和《无锡日报》上选择了两篇文章，请我们的语文老师按无锡中考要求设计题干，遗憾的是，没有几份合格的设计。题目陈旧、重复，不具有系统性和文体性，难易不成梯度，与新课标结合不紧，与“考纲”精神有悖。这固然与我们的教研有关，恐怕更与平时离不开“教辅”这根拐杖有关系。

作业设计能力应该是教师的一项重要基本功，如今这项能力不仅没有提升，反而在退化。任何一项能力都符合用进废退的规律，现在有相当一部分教师在设计编制作业题方面能力很欠缺，也是导致今天学生作业低效的一个重要因素。

总而言之，作业应由教师精心选编、精心批改、精心讲评、精心辅导，教师要把“减负”的重点从学生作业数量上的“减少”、形式上的“有限”，转变到质量上的“保证”、效率上的“提高”上来。

## 二、作业研究首先要精心设计

一份优质的作业设计，只有出自教师自己之手才能更切合学生实际、教学实际。有些教师习惯依靠教辅材料，但教辅材料可能无法“预计”学生的实际情况，也不符合教材和实际教学过程，因此它所发挥的作用就十分有限。我们在实际使用中都有这样的体验，教师在批改作业时会发现教辅上面的题目不是太难，就是过易，还有错题、超纲题，即便后来发现，也已经使学生浪费了时日，更有不负责任的教师根本发现不了，还会继续浪费下去。既然课后作业是教师课堂教学的重要反馈手段，这种“反馈”就要讲究有效、准确，能为后期的教学提供科学、客观的依据。注重反馈设计的作业显然比“照搬教辅”先进了许多，但由于师生对单个题目缺乏更深入的了解，还不算是最佳的作业设计办法。

我们提倡“我的作业我做主”，教师应该尽可能自己去为学生设计作业，从自己的教学状况、学生的实际情况、所处的地域特色和自己的优势之处，去设计相应的作业，要做到“三个结合”：结合重点、结合难点、结合学生。其中的重、难点更需要教师缜密考虑，一方面要依据所学习的知识本身，另一方面要考虑不同生源的质量和单节课的实际效果。

教师在设计和进一步优化作业时，应该注意以下几项原则和策略：

### （一）练有所得，有针对性

有一天，动物园里的袋鼠从笼舍里跑出来了。动物园领导指示员工加高围栏，从10米加高到15米。第二天，袋鼠又跑出来了。动物园领导大发雷霆，要求员工将围栏从15米加高到30米。这时，旁边笼舍里的长颈鹿哈哈大笑，对伙伴们说："我敢打赌，如果这帮蠢人不关好笼门，围栏加高到100米也没有用。"

这个故事告诉我们，解决问题时如果不搞清事情的原因，只是盲目去做，没有针对性，只会劳而无功。这家动物园发现袋鼠从笼舍里跑出来以后，如果能先搞清楚袋鼠是从哪里跑出来的，那么他们只要把笼门修好就可以了，就没有必要加高围栏，白白做了许多无用功，还要遭人耻笑。

同样道理，学生的作业练习也是这样，一个单元、一个课时后，重点、难点是什么，学生学会了什么，没学会的是什么，似懂非懂的又是什么，教师设计作业时，都应该考虑，让作业在这方面有针对性，即根据教学目标、学情、教学内容灵活设计作业，不搞无效劳动，真正让学生练到重点，练到要害处。一言以蔽之，练有针对性，才能练有所得。

### （二）新颖生动，有趣味性

"兴趣是最好的老师。"这话好像很陈旧，但这是经典之语。教师需要用心设计学生感兴趣的作业，因为兴趣能调节学生的心情。在学生的眼里，那些新颖、生动、灵活多变的事物往往更容易引起他们的兴趣，促使他们的思维始终处于积极状态，产生强烈的求知欲，使其进入最佳学习状态。根据这一规律，教师在设计作业时，就应该多设计一些具有童趣性和亲近性的作业，以激发学生的学习兴趣，使学生成为一个乐学者。例如，让学生把一个熟鸡蛋当作地球，在上面画出"全球气压带与风带"。这样不仅提高了学生的兴趣，还能强化记忆，同时还锻炼了学生动手实践的能力。

我们现行的作业训练形式，还存在"多统一，少选择；多静态，少活动；多书面，少实践；多室内，少室外"的"四多四少"现象。这些都严重束缚了学生的个性发展，压抑了学生的创新精神，淡化了学生的主体色彩。

### （三）丰富多彩，有多样性

传统的作业布置，往往是教师课后统一布置，题量大且形式单一，对于"做什么""怎么做"，学生是没有选择权的，只有接受并按要求完成。因此，学生个体的情感、态度、价值观、创造力、实践力等因素往往被忽视，致使学生对作业感到乏味、厌倦，敷衍应付，一遇到分析题、综合题、探究题就想翻各类教辅书寻找答案，希望教师能直接提供标准答案，对完成作业缺乏主动性，对教师、各类教辅书具有极强的依赖性。这样的作业，其有效性可想而知。因此，教师要以新课标为依据，以学生的发展为本，设计出新颖多样、面向全体、重视学以致用的作业，实现有效作业与有效教学的结合。

有效的作业应是丰富多彩的，形式应是多种多样的，能极大地调动学生的学习兴趣，引导学生关注生活，使学生在生活中应用知识，形成综合能力，为终身发展奠定坚实的基础。教师布置作业时也要考虑作业的形式，不要单一，可适当灵活布置，如预习作业、复习作业、思考作业、口头作业、书面作业、实践作业等。尤其是其中的实践作业，贴近生活，寓于生活，用于生活。只有让作业的形式多样起来，才能让学生做起来不感到单调乏味，既巩固了知识，又发展了智力。

**（四）体现差异，有层次性**

学习上的成就这个概念本身就是一个相对的东西。苏霍姆林斯基曾经说过："对一个学生来说，'五分'是成就的标志，而对另一个学生来说，'三分'就是了不起的成就。教师要善于确定：每一个学生在此刻能够做到什么程度，如何使他的智力才能得到进一步的发展。"

客观审视实际情况，由于受天赋、家庭、教育等各方面的影响，学生之间的知识和能力的差异是客观存在的，是不容我们回避的。如果让有差异的学生做无差异的作业，必然会造成一些学生"吃不饱"，一些学生"吃不了"的现象。因此，在作业的设计上，我们不能搞"一刀切"，应从学生的实际情况出发，针对学生的个体差异设计不同的作业，使我们的教学面向全体学生，让不同的学生在学习上都能得到不同的发展。

作业一般应分三个层次，即基础作业、提高作业和拔尖作业。对于学困生，要求基础作业必做，提高作业可选做；对于中等生，要求基础作业和提高作业必做，可选做拔尖作业；而对于学优生，则可提高标准——三类作业都要做。我们在承认个体差异的前提下，在布置作业时充分考虑到这一点，就可使学优生"吃得饱"，中等生"跳一跳，够得着"，学困生"低起点，小坡度"，消化得了。

**（五）有适度性**

火箭专家研究得知，火箭的有效射程不是看箭体内燃料的多少，而是看箭体的自重和燃料的燃烧质量。换句话，燃料多不见得火箭射得远，有的火箭少装了燃料，反而射得远，只有适当的燃料和箭体相配合，才能获得最大的射程。类比有效的作业设计，只有针对具体的学生，才能发挥最佳训练效果。因此，有效的作业设计是“减负增效”的关键。

有适度性的作业设计应该是内容精当、适度、适量。教育部颁发的《关于全日制六年制小学教学计划的安排意见》做了规定：一年级一般不留家庭书面作业，二、三年级每天的课外作业量一般不超过30分钟，四年级的不超过45分钟，五、六年级的不超过1小时，这是从时间上强调并规范了作业的“适量”。同时，我们还应注重作业的“适度”，即难度适宜，过简则起不到巩固练习的作用，过难则易使学生丧失自信，打击学生学习的积极性。

## 三、有效作业要精心批改

要实现作业的有效性，对作业的检查与信息反馈就务必要引起教师们的高度重视。有些教师在作业问题上“重留轻查”，或“以讲代批”，或“重答案轻改错”，这都是不可取的。只有正确认识作业批改的有效性，精心批改、细心改错、耐心指导，才能真正发挥作业的有效性。

批改作业的方式一般有全批全改、重点批改、轮流批改、当面批改、学生相互批改、师生共同批改等。全批全改，教师可以了解学生作业质量的全面情况，学生可以普遍受益，但教师花费的时间和精力较大，而有些学生不大关心批改的内容及其批语，学生的积极性不易充分调动起来。当面批改，教师可以确切了解学生作业的思路及其错误形成的原因，当面帮助学生认识错误、解决错误，便于使学生掌握作业形成的因果联系，指导也比较具体，但是教师的工作常常受到时间和空间的限制，不能花费时间太多。学生互相批改和师生共同讨论批改，能较好地调动学生的积极性，并能提高学生自我分析、自我教育的能力，有利于提高学生的学习能力，但是由于水平所限，学生相互批改中难免有不够科学准确之处。所以，综上所述，有效的作业批改应该是将教师批改、学生相互批改、师生共同批改有机结合起来。

目前的作业批改还存在许多弊端，教师应该大胆创新，革除弊端。下面介绍一个案例。

### 智慧评改习作的几点尝试

辽宁省本溪县高官九年义务教育学校　包蕊

回顾自己的作文教学，我发现有一定比例的学生并不关注教师的评改。无论教师眉批、总批、圈画、润色得多么认真，下次作文中学生仍会“旧病重犯”，教师的辛苦成了徒劳，重复昨天错误的作文一篇又一篇。问题就这样在我的脑海里越来越明确：如果能找到一种彰显智慧的评改作文的方式，能够让学生拿到作文本后自然地对自己的作文进行审视、找错纠错，甚至发现教师没有发现的问题，该有多好！为此我做了一点尝试。

（一）反思作文“评”的目标，增设“个性创意评分栏”

习作评改该从哪些方面进行呢？又从哪儿开始呢？我是个做事认真的人，那段时间急着做又不知从哪儿入手，那种感觉很痛苦。一天，网上一篇相关的文章启发了我，在语文新课标的总目标中特别指出“在发展语言能力的同时，发展思维能力”“激发想象力和创造潜能”。除了用我们惯用的评价原则之外，何不再多把衡量的标尺呢？经过反复琢磨，我决定尝试为一篇作文打两个成绩或三个成绩，具体做法是让学生在每篇作文结尾处设计出包括两个栏目的小表格，一栏是“语言表达分”，一栏是“个性创意分”。有的学生语言表达能力不强，但他的作文独特而有个性，或是充满真情实感，我就把他的个性创意分评为“优”；有的学生语言表达能力较强，但作文缺乏新意，“个性创意分”的评价就会降级，让他明白自己的努力方向，意识到创新思维能力的重要性。增设个性创意评分栏以后，一部分学生的习作变得有特色、有新意、耐人寻味了。这个小小的举措没想到给我带来了意外惊喜和收获，也带来了灵感，小课题研究从此展开了。

（二）改革作文“评”的内容，增设“写作过程评分栏”

可能许多语文老师会和我有同样的感慨：当我们坚持多年执着地给每一篇习作精心点评之后，有的时候会出现一种不知如何给一篇习作下评语的感觉，纵使拥有满腹诗书也会无从下笔。因为每一次都是同样模式的评价语，再就是不同等级的评分，老师批评语批倦了，学生看评语看倦了，导致学生在作文发下来时看都不看，以至下次的作文依然重复昨天的故事，老调重弹，毫无起色。

直到有一天，我发现在题为《读〈爱莲说〉想到的》练笔中，一个学生写道：“陶渊明爱菊有诗为据，‘采菊东篱下，悠然见南山’‘种豆南山下’不正印证了菊的隐士形象吗？”另一个学生写道：“牡丹看上去十分浓艳，所谓‘天下无双艳，人间第一香’‘品原夸富贵，职本重王侯’，因此，作者就用‘富贵者’来比喻牡丹多么的恰当啊！”如果不是这两位学生习作前有丰富的积累，怎会运用如此贴切的引用来透彻地理解作者的寓意？我的思路也顿时豁然开朗，原来我平时的评价只关注了结果，却忽视了写作过程，我们成人都知道写一篇论文要到处收集资料，参考借鉴，为什么不把这个方法宣传到学生中去，使学生的习作过程变得丰富多彩，让习作效果事半功倍呢？

想到了，就不等不靠。于是在每次习作之前我都会动员学生收集资料。我们的学生都生活在信息闭塞的农村，而且有一半的学生住在学校，因此收集信息非常困难。我组织学生走进学校图书室，带领学生走进计算机室，鼓励他们向各学科老师请教访问，学生在收集整理信息的过程中激发了写作兴趣，写作技能有所提高。此时，小课题研究的思路在我头脑中也越来越清晰，于是我又在学生习作的评分栏中增设了第三栏，即“写作过程得分栏”，小小的得分栏里评价的是学生在习作过程中的观察、调查、阅读、思考与发现，它成了学生们喜闻乐见的展示才能的平台，整个班级在习作上出现了你追我赶的新局面。这时我的研究热情也极为高涨了，整个人简直处于亢奋状态。

（三）反复推敲“评”的语言，增强眉批的实效性

回想自己以往对习作可谓是精批细改，可结合现代的教学理念反思一下，我简直对自己所谓的“认真”有些怀疑，因为我忽然觉得自己的“认真”在一定程度上代替了学生的思维，纵容了学生的惰性。而当今在作文评改中提倡人文性、多元化的评价方式，可以说教师评改的风格异彩纷呈，说不定哪句评语就会点亮学生的心灯，乃至影响学生的一生。于是我就在眉批方面进行改进和尝试。

1. 变“师批”为“生改”。对于文字功底差些的，在各段文字旁作这样的眉批：“本段有两个错别字，一个运用不恰当的词，一个不通顺的句子，请订正。”对于文字功底好些的，只在文末批一句：“本文有两个错别字，一个病句，请找出来并纠正。”这样学生在作文发下来后马上就会对自己出现的问题进行修改，增强了学生的主动性。

2. 变“笼统评”为“具体评”。对行文中优点的肯定一改往日“开头吸引人，过渡自然，结尾扣题”等笼统的眉批语言，而是换成了“你的开头很诱人，俗话说，良好的开端等于成功的一半，祝贺你迈出了成功的一步！”“这一过渡既为文章架设了桥梁，又增添了不少色彩。”“你的结尾意味深长，令人遐想无穷。”这样清晰、具体的评语使学生对自己习作的水平有了清楚的认识。

3. 对学生个性的表现给予充分的肯定和鼓励。在眉批的过程中，我时常带着“学生到底需要什么”这样的问题来给学生写出不同的评语，或委婉，或商榷，或启发，或纠正。也基于此，学生的习作在一次次进步，我也经常会在学生的作文总批处写道：“你的改变让我格外欣喜，有你这样的学生是我最大的幸福，相信你的写作水平会更上一层楼！”

## 四、有效作业要精心指导

善教必须与善学相结合，只有学生会学、善学，教学才能事半功倍。教师关心和了解学生做作业的实际过程，并给以具体的指导，能使学生学会如何完成作业并提高作业的质量，从而培养独立学习的能力。学生做作业的过程中教师应注意指导的问题如下：

1. 准备指导。做作业不是孤立地学习活动，而是课堂学习的延续，每道作业题都与课堂学习的内容有内在联系。学生只有先弄懂课上学习的教材内容，才能运用知识去理解、分析、计算和解决教师所布置的作业题。因此，要使学生养成先复习功课，弄通所学的基本原理、法则、规律，然后再做作业的良好习惯。

2. 审题指导。学生对作业题看不准、弄不懂，就会枉费功夫或者“文不对题”，一定要教会学生注意审题。审题就是了解题意，搞清题目所给的条件与提出的问题，明确问题的要求。审题是应用所学知识并使学过的知识具体化的首要环节。只有明确了问题的条件和要求，在头脑中建立起问题的映像后，才能进行问题类化，然后通过回忆、联想所学的知识找到解决问题的途径和方法，联系起过去解题时用过的思路和方法，把不熟悉的题目变成熟悉的，做到轻车熟路、得心应手地答题。

3. 做题指导。做题是审题后把解题的思路和所用知识表达出来的过程，做题要争取做得准而快。准，是指思维、表达和运算具有科学性和准确性；快，是指做题要效率高，即在科学准确的前提下，减缩推理过程和运算过程，有意识地训练快速解题的本领。

4. 检查指导。检查是完成作业后保证作业质量不可缺少的一步。其任务是使学生自己想办法判断作业做的对不对，如果有错，错在哪里。这是培养学生学会自我分析、自我检查、自我改正的重要方法，也是培养学生独立思考能力和独立解决问题能力的重要途径。根据条件，可以从审题开始一步一步地检查，也可以通过再做一遍来检查。

5. 提高指导。作业检查一遍，可以说完成了任务，也可以说尚未完成。这主要看是以什么标准要求，如果是高标准严要求，就应进一步提高学习要求。如可以进行以下这样的学习活动：

（1）一题多解和一题多想。即每做完一道题就要再想想，还有没有别的思路和方法，能否从另一个角度进行解答，另辟蹊径，开阔思路，锻炼创新能力。

（2）比较归类，抓住根本，“以少胜多”。有些题目是万变不离其宗，都是从一两个基本原理、基本规律中发展变化而来的，经过分析归类，精确地掌握基本问题，就可以举一反三，以一知万。

（3）围绕中心主动做课外习题，要以课本中的基本内容为中心，主动找有关书籍和有关资料，提出一些新问题并解决，增加知识的深度和广度。

## 五、有效作业要精心讲评

要充分发挥作业的有效性，教师还要注重作业的讲评。教师通过批改作业，做了大量的调查研究，掌握了作业的错误情况与典型事例，到了一定阶段，要在班上进行讲评，总结一个阶段的作业情况，指出作业中存在的优点和问题，表扬优秀的作业和进步显著的学生，使学生明确今后的努力方向。教师的总结，要力求从作业的具体实际出发，抓住典型做具体分析，切中要害，不要泛泛空讲道理，总结要善于调动学生的积极性，师生共同活动、共同总结，使学生逐步形成自我总结和提高的能力。

目前讲评课存在的问题：

1. 时间紧带来的作业批改不细致。每天学生上交作业后，教师上课可能就要讲，所以来不及详批，只能匆匆忙忙看一下，导致对学生作业完成情况不甚了解。

2. 讲评课不认真备课导致效率不高。上讲评课时，作业讲评不系统，体现不出重点、难点，更没有对知识的拓展，使得讲评课变成了教师给答案，学生记答案的课。甚至出现教师在上面甲乙丙丁、ABCD，学生在下面昏昏欲睡的情况。

3. 就题论题，面面俱到。个别教师从作业的第一题开始讲，一讲到底，题题不放过，教学形式枯燥单一。

教师怎样上好讲评课？

1. 高度重视。上讲评课比上新课更难，因此要精心准备。教师要做到：作业不批不评讲，作业不订正不评讲，不备讲评课教案不评讲。

2. 明确讲评目标。在详批作业的基础上，梳理出问题所在，确定本节课的教学目标，从作业中选好题目，尤其要找典型错误题，同时备好拓展题，以便学生进行课堂练习。另外，也可以根据作业的具体情况采取多种讲评方法，如讲评解题规律、一题多变、一题多解、异题同法（解）等。

3. 把握讲评时机。由于教学任务重，时间紧，早上先批完作业，再备教案，然后上课，很多时候完成不了。有位教师的做法是选择错时讲评，即今天布置的作业，明天上午上交，白天详细批改，放学前再发给学生，要求学生回家订正，第三天再上交检查，然后上讲评课。这个办法在复习阶段特别适用。

4. 生动有趣地讲评。学生一般对讲评课兴趣不高，教师就要设法把讲评课上得生动有趣。有位教师的做法就很有特色：一是打乱讲评顺序，结合课本知识要点，分块讲评，这样更具条理性。二是典型问题要拓展，选择一些学生感兴趣或有挑战性的题目进行练习和讲评，让学生收获成功。三是教师语言很重要，把枯燥的题意生动、风趣地表达出来，会让学生更容易接受，也活跃了课堂气氛。

5. 给学生思考的时间。讲评课题目也不宜太多，在教师提问时，应该给学生一定的思考时间，一节讲评课能解决一两个学生问题就可以了，不要期望太高，不要认为都讲过了，学生就能全部掌握。

6. 课尾给学生留点讨论的时间。经过讨论，学生理解得才能更深刻。

## 六、有效作业要精心管理

提高学生作业的有效性，教师的严格要求和管理很重要。学生做了作业，教师应该按时收作业，及时批作业并发还作业。这样教师可以及时了解学生的学习情况，及时解决学生学习中存在的问题，更重要的是能起到督促检查的作用。下面给大家介绍一个案例。

### “常态”化作业管理助飞学业成长

辽宁省本溪市满族自治县田师府镇中心小学　郭子壮

当翻开眼前三摞摆放整齐、字迹工整的作业时，我不由回想起一年前自己的尴尬——本应厚厚的一摞作业本，上交只有不到一半，办公室里站满没写作业的学生。英语家庭作业咋就这么难？我对 30 名经常不完成作业的学生及家长进行了调查，其中有 25 名学生回答“忘了”，3 名学生回答“家里有事”，2 名学生回答“我打针去了”。家长的答案竟然惊人的一致：“不知道孩子有英语家庭作业！”

如何让学生按时完成作业呢？与语文、数学作业比较，英语作业存在以下问题：（1）英语作业每周 1—3 次，时间不固定，班主任无法配合，家长无法管理，任课教师单打独斗，学生轻松蒙混过关；（2）英语作业每次都是 3—5 篇课文的单词、句型、课文抄写，毫无新意；作业时间偏长，完成一次作业需要15—25分钟，相对来说时间较长，故而常常被延后，作业上交率维持在62%以下。即便是完成作业的学生也仅限于完成差事，成为“无效作业”。

经过反复测算，规定了每周学生英语作业的总篇数为4—6篇，总用时为60分钟。根据这种情况，我将作业总量平均分配到每一天，即每天一篇，同时限定每个单词的数量，这样把每天的英语作业用时压缩到10分钟以内。把作业按类型分为书面作业和记忆性作业，在固定的时间检查相应的作业内容。为使家长、学生进一步明确作业内容及作业量，在学期初下发教学进度计划，将远期学习目标变成近期学习目标。以上办法可以使学生写作业有的放矢，合理分配作业时间。例如，在2011—2012学年的上学期，我向学生及家长公布了作业安排：（1）每天写一篇课文及翻译，翻译写在英文作业本四线格中间的空白处（作业总量：一篇；作业用时：10分钟）。（2）每周4—6篇的作业量做完后，剩下的时间写本周的背诵段落，或找到本册书中已学课文中不熟练的单词进行练习。通过以上办法，作业的布置有了章法，学生写作业、家长检查作业都更加有的放矢了。在班主任及家长的大力配合下，过了一段时间，学生的家庭作业上交率有了大幅度的提高。

作业布置了，也交了，这时教师的检查与考核就尤为重要。为了提升学生对完成作业的积极性，我努力做到两个“一”：第一时间批改，第一时间反馈。经过骨干甄别、课代表核对、教师审核后，根据各组上交作业的质量，我会适当调整当天各组的作业内容。同时，为提高骨干的积极性，我赋予骨干一定量的作业杠杆，同时严格控制个别学生的作业量（时间上总量不超过17分钟），杜绝“无效”作业。

为了调动学生的积极性，我加强了对作业内容的考核力度，规定考核范围就是作业内容，写过的就考，没写的不考。对考核的组织形式也进行了优化，对学生进行分层次逐一考核，使学生们渐渐养成“学校学什么，作业练什么；作业练什么，老师肯定考什么”的学习意识，也就相应地更加信服老师，自觉地养成了认真作业、主动复习的好习惯，不仅使作业有了质的飞跃，还使学生的学习态度有了极大幅度的提升。

通过常态化作业管理，学生家长明确了每天的英语作业量，能够有效参与到英语学习的过程中来，避免了学生英语作业出现“跑、冒、漏”现象。现在家长见到我经常说的一句话就是“老师，我每天都看着他写完英语作业，都习惯了”。五年级（1）班的张同学以往的作业无外乎两种情况：要不就不写，要不就写得龙飞凤舞。在组长王溪的带领下，全组同学对他进行了积极、细致、耐心的工作，经过短短一个星期的训练，他的作业主动上交率达到100%，作业的工整度也大大提升。令人可喜的是，他的学业成绩也大幅度提升，三年来首次突破及格分数线。与此同时，全年级同学的学习成绩都有了显著提升。

我通过试验获得了许多成功的经验，但也存在着诸如形式单一、思维能力差等低水平问题。为此，我在今后的工作中，要努力做到"三个到位"：

1. 知识到位。在加强传统备课的基础上，强化备家庭作业。将现在的单一平面的作业向多维综合作业转变，使布置的作业达到既有典型性，又能知识到位。

2. 能力到位。增加作业的多样性和趣味性，调动学生高效完成作业的热情，增加学生的认知深度，提高学生收集材料的能力，培养学生的综合实践能力，做到能力到位。

3. 管理到位。改进作业评改的奖励机制，使之制度化。关注学习小组的组织与管理，加强对学习骨干的管理方法、工作责任心等方面的指导，进一步增强学生的自我管理能力，强化学生的团队意识，进而使英语由单一学科向综合学科转变，培养学生的主动学习意识，为学生的终身发展打下坚实的基础。

# 第 11 章

# 备课要备学习指导

以下是来自一线师生的困惑：

教师："我都讲一百遍了，你怎么还不会？"

学生："老师，你一讲，我就明白，但自己做，就不会。"

这种情况一方面说明学生的学习是一个复杂的过程，另一方面也需要我们思考：教师到底应该怎样"教"，学生到底应该怎样"学"。我们现在已经意识到，"学习是需要学习的"，学生"懂了"和"会了"是不一样的。接下来，我们的教学就是要在"会"上下功夫。

课堂教学改革走过 20 多年，尽管大家研究的方向、内容、方法不同，走过的路不同，甚至在许多问题上众说纷纭，但在一点上却是惊人的相似：教学一定要从重"教"向重"学"转变，要去关注和发现学生，研究和指导学生，而不是包办和代替学生。这意味着要重新认识学生，建构新的学生观和教学观，意味着教学要从学生出发，学生的发展是教育教学的出发点和归宿。教师要注重教心态、教思维和教方法，注重启迪和唤醒学生，这些永远比教知识更重要。这一理念体现在备课上，则要求广大教师做好学习指导。

## 一、学习（方法）是需要学习的

知识需要学习，学习的方法需要学习吗？显然不仅需要，而且是更重要的学习。中国有一个经典古训：授之以鱼，只供一饭之需；授之以渔，则终身受用无穷。研究表明，无论是小学生还是中学生，内心都是渴望学习指导的。辽宁省本溪市满族自治县实验小学李敏老师讲了自己经历的这样一件事：

我曾教过一个姓胡的学生。据说她小时候说起话来一板一眼，背起诗来一套一套的，谁见了，都说她是个天性聪慧的孩子。可是她上学以后，这种天生的智慧非但没有表现出来，学习成绩反而越落越远了。家长着急，老师补课，全无效。

此后，我天天都在琢磨怎么帮助她。一天，我讲完课，让学生做练习。我一边在桌间巡视一边下意识地重复讲过的加法交换律，偶然一回头，发现她正目不转睛地盯着我，我立刻感到有些诧异。

“你在干什么？”我问她。

“我在听你讲加法交换律呢。”

“怎么不做练习呢？”

“刚才你讲的我没记住。”

我马上意识到她的学习方法有问题。

第二节课正好是数学练习课，我边讲课边观察。哦，我发现了她的眼睛总是盯着我。我叙述黑板上写的话，她也不看黑板。我初步认定她是不会听课，不会学习。

下课了，我把她叫到一边，和她进行了一番有趣的对话：

“讲课时你为什么总不看黑板呢？”

“我想把你讲的话都记住，不盯住你怕落下。”

“当你背书上的法则时你是想方框里的黑字怎样写的还是想老师在课堂上怎样讲怎样算的呢？”

“我想方框里的黑字是怎样写的，哪个字挨着哪个字。”

得了，不必再问，我完全证实了自己的判断。

从此以后，我开始对她进行个别指导，这种指导不是指导怎样做题，而是指导她怎样听课，怎样看书，怎样做作业，怎样预习……她渐渐地会学习了，成绩上来了。

这件事对我触动很大，我的教学观从此从重“教”开始向重“学”转变。我认为教师在教学中，不但应注重让学生会学，同时也应注意训练学生善学。任何知识都有规律可循，学生掌握知识的过程，在一定意义上说也是一个寻找规律的过程，找到规律就能会学，会找规律就能善学。沿着找规律的轨迹发展，学生的学习技巧就会得到培养。

这个案例能给我们什么启示呢？我们每天都研究怎样“教”，但是我们想过学生每天是怎样“学”的吗？学生的学习动力、学习情趣如何？学生是怎样计划学习时间和任务的？学生都在运用哪些方法学习？学生在学习中都遇到了哪些问题和困惑？他们在学习中迫切需要教师给以哪些方面的指导？目前课程改革的总趋势是从重“教”向重“学”转变，这个转变要求我们怎么做？有一项重要内容就是落实学为主体，关注学生的“学”，教会学生学习。

我对 100 名中学生进行调查，对学习和成长有不利影响因素的 11 项选择中，有 85 名同学选择了“学习方法不当，缺乏自主学习能力”。

| 排序 | 对你学习产生影响的因素 | 选项人数 / 人 | 选前 3 项人数 / 人 |
|---|---|---|---|
| 1 | 课程增加，内容变难了 | 93 | 62 |
| 2 | 学习方法不当，缺乏自主学习能力 | 85 | 47 |
| 3 | 缺乏自信心，学习没有毅力 | 72 | 22 |
| 4 | 老师讲课听不懂 | 57 | 29 |
| 5 | 生疏的环境变化，有些恐惧害怕 | 54 | 31 |
| 6 | 老师上课方法单一枯燥，没有兴趣 | 53 | 13 |
| 7 | 经常和不爱学习的同学在一起，有影响 | 52 | 18 |
| 8 | 痴迷上网，电子游戏 | 33 | 5 |
| 9 | 交异性朋友 | 27 | 1 |
| 10 | 老师对我不好 | 18 | 5 |
| 11 | 我爸（妈）有本事，将来找工作不愁，现在不用受那些累 | 9 | |

有位专家做过一项“关于学生对教师的意见”的调查，发现排在第四位的是“希望各学科的老师教我们一种切合实际的见效的学习方法”（学生意见取前十位）。还有一项调查表明：51%的小学教师和 55%的初中教师认为，部分学生不适应初中的学习方式，主要原因是学习方法不正确。调查发现，接近半数的学生认为迫切需要在学习方法上获得支持，同时 32%的小学五、六年级学生需要提供学习资料，33%的初中一年级学生需要宽松的学习环境。

这些调查都充分说明，学生在学习中渴望教师给以学习方法的指导是很客观的需求。他们在学习中不仅希望获得知识，更希望获取学习的方法。

另外，无论是课堂减负增效也好，还是培养创新人才也好，都需要学习指导，教是为了达到不需要教。教会学生学习，使他们能够不断地获取新知识，使他们离开了教师、离开了课堂还能自主学习、成长，满足自身的发展需要，所以说教学生方法比教授现成的答案更重要。会学习，不仅要让学生“学会”，还要让他们“会学”；不仅要让学生学习知识，更要让学生学习做人，学会创造。

课程改革研究的核心是重学生的“学”，遗憾的是，我们今天对学生

"学"的研究还远远不够，还很肤浅。随着课程改革的深入，我们必须下大气力来研究学生如何学习这门科学，或者说教学改革正在呼唤"教会学生学习"。

从学习效率看，在班级里常常会有这样的情况：学习同样用那么多时间，有的同学收效大，有的同学收效就小。有的同学学习所用的时间并不比别人多多少，该玩还玩，轻松愉快，学习成绩却很好；反之，有的同学起早贪黑、忙忙碌碌，不玩、不看电视，学习成绩却并不理想。这是为什么呢？这就有一个学习是不是得法、讲不讲效率的问题了，学习不仅要看用多少时间，还要看是不是有效率。效率低不仅学习负担重，而且成效小。所以在教学中，教师有责任和义务来指导和帮助学生提高学习效率。

什么样的学习是低效率的呢？我做过调查，下面是这些同学的归纳。

吴 ×：我认为无效学习或者低效学习的表现就是不注重理解，只顾盲目地死记硬背。比如，背课文应是先读熟理解后再背诵，才会又快又好。如果只顾一字一句地死背，既浪费时间，又慢，过后还容易忘记。数学中的概念也要理解，灵活运用，而不能生搬硬套。在不理解的基础上背诵，只是表面记住了定义，没有用。

杨 ×：我认为既浪费时间学习收获又低的做法就是，在老师没有布置学习任务的情况下，不知道干什么，不会利用时间，不能独立地学习，也就是不能"活"学。

孙 × 元：我认为学习是有窍门的，无论是预习、上课、复习、背诵都有窍门。学习不找窍门只顾蛮干就会浪费时间。

陈 × 宇：我认为"轻课内、重课外"学习效率最不高。也就是说，上课不注意听讲，回到家里才"用功"，书看到半夜，这是由于他上课时没有听明白老师讲的内容，自己看时只能看表面，而不能理解内容。这样当晚睡不好觉又影响了第二天上课，反反复复、恶性循环是学不好的。这就是老师说的"用功没用到正地方"。

魏 × 楠：只顾做笔记，不注重理解，耽误听课。有的同学为记笔记而记笔记，笔记记的内容是什么也不清楚。即使记了笔记，过后也不看。这样学习既浪费时间，收获又小。

毕 × 芸：我认为无效学习的表现之一是过多地做笔记。因为就小学高年级来讲，主要是培养口头表达和分析问题的能力。如果过多做笔记，第一不能锻炼这两种能力，第二不便记忆，第三浪费时间，所以不宜过多做笔记。

路 ×：读书不专心，一边学习一边玩。如写作业时，一边看电视或听录音机一边学习，这样学没学好、玩没玩好，虽然学习时间很长，但效果不好。

王×威：已经掌握的内容反复做，搞不必要的重复性劳动，如非常简单的题，还做很多遍。写两遍就能记住的生字非要写10遍，这样特别浪费时间。

张×顺：学习不会抓重点，平均用力，结果把时间过多地浪费在非重点的内容上，而重点内容没有得到重点学习和巩固。

杨×：忽视课外学习，只看语文书、数学书，死抠书本，知识面狭窄。不听广播，不看电视，不看课外书，不唱歌，不上体育课，埋头书本，成绩也不会好。

王×：学习、休息、娱乐安排不好。天天死抱书本，拿本书走路看、坐车看、回家吃饭也看。只顾死记硬背，不注重灵活运用，有时只是装模作样，表面看是在学习，实际是在浪费时间。学习应提高效率，不能拼体力。要学就踏踏实实地学，要玩就痛痛快快地玩。

除了同学们总结的这些外，低效学习还有一些表现：

（1）每次学习前犹豫时间很长。如晚上要学习了，先要看看这儿、摸摸那儿，一磨蹭二三十分钟就过去了。

（2）舍本求末。教材还没弄懂，就忙着解数学竞赛题，去抠偏、怪的题。

（3）学习拖拉，磨磨蹭蹭，一件事不能一次性完成。如一篇作文两周还没结尾。

（4）情绪不好，心烦意乱。有的同学因为与同学间的摩擦，与老师间的冲突，以及受家长的训斥等，内心出现冲突和矛盾；还有的同学因情绪不好，如焦虑、忧郁、忌妒、愤恨、骄傲等背上思想包袱，一学习就坐不住，钻不进。在这种状况下，学习效率最低。

（5）贪玩成癖。贪恋游戏机、台球、小说、电视，学习时老走神，闲话、闲事多，学习效率低。

（6）学习生活无秩序无计划，课前准备不足。书包里的书本摆放没有顺序，上课了才打开书包，费了半天时间，书找到了没有笔，笔找到了又没有钢笔水，宝贵的课堂学习时间就这样白白浪费了。

## 二、了解学习指导这门学科

教师要做好学习指导，首先要对学习指导这门学科有所了解。

### （一）什么是学习指导

学习指导，全称学习方法指导，又称为学法指导。它是指教师通过一定的途径对学生进行学习方法的传授、指导，使学生掌握科学的学习方法并灵活运用于学习之中，从而逐步形成较强的自学能力。

学习方法与学习能力。掌握方法有助于形成能力，但是方法不等于能力。它本身不是能力，学习指导绝不是我告诉你一种方法，你马上就有了运用这种方法的能力。学习能力是学生在学习实践中形成和提高的。这就需要我们在指导过程中，不仅要让学生懂方法，更要引导他们用方法，并在学习过程中培养良好的学习习惯进而形成学习能力。

### （二）学习方法的指导体系

由于学生学习活动的复杂性，又由于学生学习方法存在个体差异，所以教师的学习指导也是多方面的。如有的学生需要给以学习动力的指导，有的学生需要给以制订学习计划的指导，有的学生需要有效分配时间的指导，有的学生需要给以开发智力的指导，有的学生需要给以上课的指导，有的学生需要给以作业方面的指导，等等。总之，每个学生的需求都不同，有些方法在全班同学中具有共性，而有些只存在于个别学生身上。这就需要教师对学习指导有全方位的了解。

通常学生学习方法的指导体系包括以下几个方面：

1. 培养非智力因素的方法（培养动机、兴趣、信心、意志、习惯等）。

2. 培养智力因素的方法（培养观察力、记忆力、想象力、思维力等）。

3. 制订学习计划的方法（确定学习目标，分配学习时间和方法）。

4. “五环节”的基本学习方法（预习方法、听课方法、复习方法、作业方法、小结方法）。

5. 考试的方法（考前复习方法、临场心理调适方法、答题方法等）。

6. 课外学习的方法（课外阅读、课外活动、课外休息等）。

7. 学科学习方法（结合各学科教材特点的学习方法，如学习语文的方法、学习数学的方法、学习外语的方法等等）。

### （三）学习指导要教、学、管结合

对学生的学习指导，仅提供方法是不够的，教师应坚持改进教法，指导学法，加强管法。改进教法是把对学生的方法指导纳入到具体学习活动中去，而不是脱离学习过程孤立讲方法。学法指导是在学生学习困惑之时，在教学的潜移默化之中给予学生方法指导。加强管法是指对学生非智力因素的培养，以及学习技巧的训练。从知到行是一个实践过程，由于学生自身自制力等原因，需要一个训练过程，那么就需要一个督促强化的过程。这是一个把方法技巧变成习惯和能力的过程，也是把智力因素和非智力因素形成信念，变成习惯和能力的过程。

要让学生养成良好的学习习惯，必须从学习常规培养起，它是整个学法指导的基础。对于教学的主要环节，如学习、听课、笔记、作业、复习等，要制订明确的学习常规并严格检查落实。学习常规要便于学生实施，有可操作性。

## 三、教师怎样做学习指导

通过上面的介绍，可见教师需要做的学习指导内容很广泛，限于篇幅，这里不能全面介绍，只谈几个重点问题，供教师参考。

### （一）学习活动的动力系统和操作系统

通常学生的学习活动要靠动力系统和操作系统来完成，如下图所示：

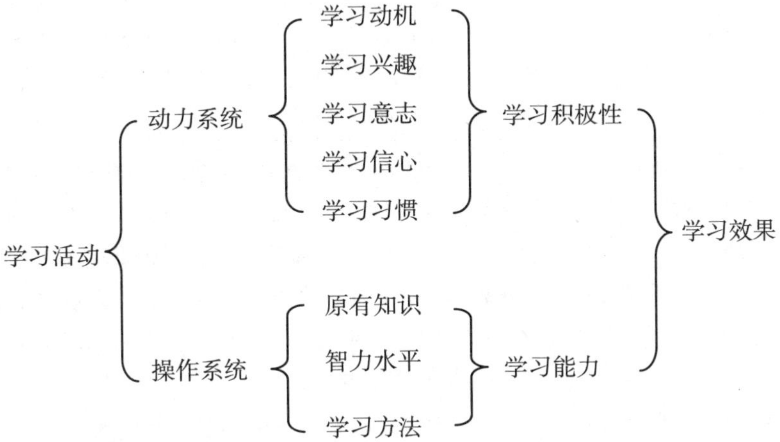


大量的教育实践证明，一切成功的教学都离不开调动学生学习的积极性。学习指导也是这样：想让学生会学，先要让学生爱学。所以学习指导一定要研究学生的学习动力指导问题。

从上图中可以看到在学生的学习活动中，动力系统和操作系统的作用不同。动力系统对学生的学习活动起着定向、强化、促进、保证作用，是解决学生“想学”“爱学”的问题。操作系统是学习的技巧、策略、手段、途径，是解决学生“会学”“学会”的问题。二者如同鸟之两翼、车之两轮，缺一不可。因此，教师在学习指导中，要分析每个学生的具体情况。比如，有的学生学不好不是方法技能的问题，而是缺乏学习兴趣、意志、信心，乃至没有养成良好学习习惯的问题。这是学习的动力系统有问题。反之，有的学生学习积极性很高，但是缺乏学习方法和技巧，虽然用功，但是劲用不到点子上，这就是学习的操作系统有问题。对于这两种不同学习类型的学生，教师应该分类指导。我认为，对于学习的指导，体现在教学设计中，也应该是立足于以上两个方面。

怎样激发学生的学习动力呢？这需要教师从学生的学习动机（目标）、学习兴趣、学习信心、学习意志、学习习惯等多方面来做工作。特级教师董大方在这方面有两种做法很有借鉴意义。

初一下学期开学，我们班转来一个富商的儿子，学习不好，态度也很散漫。观察他一段时间后，我发现他是一个很聪明的学生，就是学习不努力，学习习惯也不好。

期中考试后，我找他谈话，帮助他分析成绩，问他有什么计划。他说："我太笨，学习不行。学习好的人都是特别聪明的。"我点了三个成绩略高于他的学生的名字问他："这几个学生学习怎样？"回答："不好。"我问："你追上他们有困难吗？"他笑着说："太容易了，他们不比我强多少，每科只是高出几分。"我告诉他："你的目标就是追上他们，他们怎样学你就怎样学。"他很自信地答应了。

期末考试他真的追上了他们。成绩出来后他对我说："老师，我说话算数吧？"以后每隔一段时间我都给他指出几个他追赶的目标，这几个学生与他的成绩很接近或只是略强他一点点。我告诉他："要追上他们就要了解他们，了解他们是如何学习的，了解他们是如何思考的，了解他们是如何战胜困难的。"他每次都爽快地答应了。为了追赶别人，他常常主动与追赶的对象研究问题，升入初三时他已经是班级的优秀学生了。

董大方老师的这种做法，之所以有成效，是她利用目标激励了学生，根据后进生的特点把目标分解，采取了"低起点，小步走，多活动，快反馈"的激励方法。课堂教学也是同样的道理，从最容易解决的问题入手，步步铺设台阶，迅速反馈评价，往往能激发学生的学习动力。

一天，我们班一个学习很好的学生愁眉苦脸地问我："老师，我对历史课不感兴趣怎么办？我的历史成绩总是那么低，怎么办呢？"我说："你是一个优秀的学生，我不给你解答，这个问题我只帮助学习差的学生解答。我不但不给你解答这个问题，过一段时间我还要让你回答我几个问题。"她问："哪几个问题？"我说："第一，你是如何对历史课感兴趣的？第二，学习历史有哪些好的方法？"她眨眨眼睛看着我笑了，调皮地说了一句："您真不讲理，没有回答我的问题反倒给我出了两个问题。"

一个月后，她告诉我："老师，我对历史感兴趣了，这次历史考试我得了高分。”我问：“你是如何使自己对历史感兴趣的？”她神秘地告诉我：“方法很多。第一，问历史学得好的同学，他们是如何对历史感兴趣的？他们是如何学习历史的？第二，问自己其他学科是如何学习的，是如何感兴趣的？第三，我把您教我们的数学学习方法迁移到历史课中了。”

她的第三个方法让我特别感兴趣，我问她：“如何把数学学习的方法迁移到历史学习中呢？”她自豪地说：“迁移的方法很多，如数学学习中的建立联系的方法对我就很有启发，我学习历史时也把学习的新知识与前面所学的知识建立联系，找出联系点、相同点、不同点。又如整理知识结构的方法，我也把所学的历史知识整理成一个知识树或列成知识结构表。还有猜想法，学习历史时在老师讲课之前我先猜想一下会发生怎样的事情，根据每一个历史人物的性格特点猜想他会怎样处理问题。还有讲解法，我像学习数学一样把自己学习的历史知识像老师一样讲给同桌听。还有一个方法就是每学习一课我自己出一些问题考考自己。”

她的回答让我目瞪口呆，我只说了一句话：“你真聪明！”

这个案例告诉我们，给学生思考的空间，让他们自己去思考、去探索，在学生能教育自己的时候要给他们机会。努力让学生做到“九段”：会听课＋勤发言＋常温习＋勤交流＋做总结＋举一反三＋细选择＋找差距＋做计划。

**（二）怎样培养学习意志力**

无数事实都证明，成才与自学有关，自学与毅力有关，毅力与自控有关。一个人没有顽强的自控力和坚强的毅力，也就是说，没有坚强的意志力，要想获得优异的成绩是不可能的。那么，怎样才能培养坚强的学习意志力呢？以下内容来自我对优秀生（已考入全国名牌大学）所做的调查：

1. 树立学习理想

栾×：要培养毅力，首先应该树立理想和学习目标，为了事业，为了明天，每节课都不能马虎。

包×芳：培养毅力就是要让自己有韧劲，吃苦耐劳，坚持不懈。只要下决心干的事就一往无前，不达目的不罢休，比如，遇到难题不能轻易放过，先要独立思考，实在想不出再请教别人。

王×：培养毅力自己先要有社会责任感。要像周总理年轻时那样“为中华之崛起而读书”，经常想到自己的责任，学习遇到挫折时才能不灰心，下决心学下去，取得成绩时不能骄傲自满，应继续努力。

2. 制订学习计划

胡×：按照自己的实际情况，制订出长短不同的学习计划，然后根据学习计划学习，天长日久，毅力就能得到培养。

吴 ×：应该有长远的学习计划，并确定学习目标，严格要求自己，做到当天的事当天做，不拖拉，坚持长久就能培养自己的学习毅力。

孟 ×：当你制订了学习计划但不能完成时，可先让别人督促你完成，逐步养成习惯就好了。

3. 培养恒心

杨 × 丹：学习不能没有恒心，学习对每个人都是公平的，关键是持之以恒，不能三天打鱼两天晒网。使劲学了两天，又放松了十几天，学习是搞不好的，毅力也培养不起来。

杨 ×：培养毅力与长跑相似，在跑道上，前几圈跑得太快，后几圈就跑不动了，前几圈跑得太慢，后几圈就跟不上了，只有速度快慢相宜，才能成为冠军。学习也一样，要有始有终，始终如一，不能高兴了就学，不高兴了就不学。

卫 × 蕊：要想有毅力，自信心也很重要，不能遇到困难就退缩。要相信自己能克服困难。“意志是愿望的脊柱骨。困难是意志的试金石。”

于 ×：人生最大的困难是战胜自己的懒惰。人要有毅力就要和轻闲懒惰斗争，不睡懒觉。写完作业再玩。不原谅自己，不放纵自己。

孙 ×：每天坚持写一篇日记，总结、检查、监督自己。

李 ×：把学习当成乐趣，而不能当成负担的苦役，努力培养学习兴趣，也能培养毅力。

4. 怎样“强迫”自己学习

安 ×：培养毅力就是要有克制力。课堂上心总静不下来，就不能全身心投入课堂中去；课堂上想说话，搞小动作，应该控制住；晚上复习和看电视发生冲突时，应该克制看电视的欲望。一定要切记：克制、克制，再克制。

王 × 娜：每次学习前确定好学习目标——完成哪些学习任务，然后下定决心，不完成任务绝不干其他的事。

王 ×：应该抑制自己不去想玩的事。

佟 × 铭：我一贯的方法就是想一想学习，再想一想玩。要学就学个踏实，安下心；要玩就玩个痛快，不惦记学习。

卫 × 蕊：如果想玩的时候，就在草纸上写下“静心”二字。

以上学生培养意志力的方法，给了教师有益的提醒。

**（三）指导制订学习计划和管理时间**

制订学习计划会使学习、生活、休息、娱乐有规律。先干什么，后干什么，什么时间干什么事，一件事做完再做另一件。学就学，玩就玩，既节省时间，又有劳有逸。

因为有了计划，定了时间，定了任务，定了方法，平时学习就不会松松垮垮、漫不经心的，长此以往就能形成良好的学习习惯。

这是初一学生姜 × 制订的学习计划（该生已经上大学）：

在人的成长过程中，目标是奋斗的动力，计划是目标得以实现的保证。

**我的学习计划**

△一天的学习生活安排

早自习：背诵一些（语文、英语）内容。

上午：上课。

中午：阅读一些感兴趣的课外书。

下午：上课。

晚上：写作业、复习、预习。

△节假日学习生活安排

1. 练书法。
2. 增大阅读量。
3. 坚持每天记日记。
4. 做阅读练习题。

△一学期学习生活安排

1. 熟记 100 个成语，20 首古诗。
2. 读 5 本课外书。
3. 提高计算速度。

学习计划实施应注意下面几个问题。

1. 目标具体，有所遵循

学习计划不能仅仅是几个条条，制订的内容和时间必须具体，真正做到定内容、定要求、定时间、定方法。

2. 切合实际，便于操作

计划应该从每个同学的实际出发，不要定得太高也不要太低。优等生可定得高一点，而基础差的同学就不能急于系统自学课外读物，应该把主要精力放在自学缺漏知识和弄懂课本知识上。有的同学订了计划而没有执行下去，就是因为目标定得太高。

3. 计划留有余地

为了保证计划的实施，计划不要定得太满、太死、太紧，要留有余地。“想，壮志凌云；干，脚踏实地。”做计划要敢想，但计划做出来之后，还要留出调整的余地，一份允许调整的计划才符合实际的学习情况，才有指导意义。同时，还要记住，执行计划的关键是贯彻执行。这就需要毅力和决心，持之以恒才能有成效。

**（四）指导学生预习**

预习→听课→复习→作业四环节是学生的学习常规和基本方法，而课前预习是四环节的第一步，它对整个学习活动起着十分重要的作用。

课前预习能使学生提前了解学习内容。学生对新知识有了初步感知和概括了解，对所学知识做到了心中有数，课堂学习就可以灵活一些，就更容易抓住重点和难点。

究竟采取什么样的方法和策略预习是有效的呢？以下同学谈了自己的体会。

王 × ：我的预习方法是根据各科的特点来预习。比如，常识课，熟读课文明白其中的意思；语文课，根据课后问题在文中找出重点词语、句子；数学课，理解概念，看熟公式；地理课，了解新课内容，查一查新课中有关地名在地图上的位置。

刘 × ：我预习语文是这样进行的，通读全文→分段分层→抓重点词句→想目的。

王 × 娜：我的预习方法是，数学课可以背背概念，然后分析应用题；语文课可以分析课文，划分段落，写预习笔记；历史课先阅读课文，记住朝代，哪年哪月和历史人物；品德课可以先阅读课文，回答书后问答题；自然课可以先阅读课文，然后再背概念。

孟 × ：我对数学课的预习方法，（1）看例题讲的什么；（2）看例题的解题方法；（3）看例题的提示，做题要注意什么；（4）理解重点词句。

陈 × 宇：我经常预习的是语文、数学、英语，我预习数学的方法是先把例题弄明白，然后对照书中的法则、定义、公式，把书上的试题做一做。英语预习方法是随着录音一起去记。

王 × ：我的体会是，无论预习哪一个学科，都应做好笔记，特别是疑难问题要记下来，以便课堂上特别注意听。

预习可以采取灵活多样的方法，有时可以在书上画线；有时可以在书的空白处写批注，写提要、心得；简单练习也可以在书的空白处做；自己不懂的打上问号。预习完成时合上书围绕上述几个任务想一想：下节课老师要讲什么，哪些自己懂了，哪些还不理解，哪些内容要记住，哪些方法要掌握，等等。这样通过回忆就可以检查预习效果。

另外，还应该注意这样几个问题。

1. 预习要独立思考，注意实效

预习时要读进去，独立思考。有的同学预习，只是简单翻翻，草草读读，这样显然不会取得良好的预习效果。预习时读进去，就是要深入教材中去，不“走过场”，要对重点内容细读、深思；对读不懂、思不通的地方，要提出问题；遇到新的公式、定理、定义，要认真仔细琢磨。

2. 从实际出发，方式多样

不同阶段、不同学科、不同教材、不同学生，对预习的要求也不同。不能“一刀切”，不然就会加重负担。从预习的科目看，大多数同学应重点预习语文、数学、英语。其他学科应根据个人的具体情况来定。就是以上三科，也要根据教材的重点或深浅程度区别对待，不能平均使用力量。

3. 要安排好时间

预习的时间，要根据个人学习计划和可以提供多少时间来安排。不要因为过多地抓了预习就打乱学习计划。如果时间很紧，可以先大概看一遍下节课要讲的内容，建立初步概念。一般来说，教师讲一节课的内容，自己在课前花 15 分钟左右时间预习一遍就可以了。如果学习已经比较主动，能抽出较多时间预习，可以多一点，钻得也可以深一点。预习不一定强求要把所有问题都弄懂才罢休，留些问题等到课堂上听教师讲解也是正常的。

4. 要形成习惯

滴水，经久不息可以穿透顽石；微雨，稀疏不断可以滋润幼苗。预习不能靠一时的心血来潮，应经常如此，长期如此，形成习惯，才能卓有成效。

### （五）指导学生上好课

1. 为什么要重视上课

在学生的各个学习环节中，上课是最重要的。因为大量的新知识，只有通过上课才能搞明白。课上学习好了，就成功了一半。课上认真听 40 分钟比课下预习两小时还理解得深。认真上好课是最好的学习方法，课上学习是收获最大的学习。如果上课不认真听，无论你多聪明，也很难学好。

2. 怎样指导学生高效率地上好一节课

能不能上好一节课，会不会上好一节课，这里既包括心理因素也包括方法策略问题，下面是一部分同学的体会。

李 ×：要高效率地听好每一节课，应该掌握下面的方法和要领。

（1）上课前先回顾一下上节课的内容，以便和新课联系起来。

（2）带着预习中不懂的问题听课，注意老师的讲解。

（3）注意力集中，老师讲到哪儿，自己思想就跟到哪儿，同时积极思考老师提出的问题。

（4）多问几个“为什么”，对每一节课、每一道题，要能讲出道理，做到当堂“消化”不留“尾巴”。

（5）做好课堂笔记，把老师的分析步骤及重要内容记下来，便于帮助自己记忆和复习。

于 ×：要上好课最关键在于注意力集中，全身心地投入。心静，不想其他事，课堂上不交头接耳，不搞小动作。

路 ×：要想有效地听好每一节课，就要时刻紧跟老师讲课的思路，老师讲到哪儿就想到哪儿，紧盯住老师，眼到、口到、心到，要眼睛看着黑板，耳朵听老师说的话，脑子想老师提出的问题，对老师提出的问题迅速做出反应。

吉 × 娜：我认为上课要有趣味，快快乐乐地上课，就像做游戏，或看一场精彩的电影，而不是把它作为一种负担，这样学习效果才会好。

孟 ×：上课脑子不能懒，积极动脑筋，不要等老师“喂”，主动配合老师讲课，对有些问题可以联系过去学过的知识来理解。尤其对预习时没搞清楚的问题应格外注意。

李 × 月：上课不能死板，在快乐中求得知识，方法应该是边听边看，边听边想，边听边记。

张 × 欣：上课应该积极发言。特别对不懂的问题不能放过，也不能不懂装懂，要举手问老师，直到弄明白为止。

王 × 青：听好一节课不能眉毛胡子一起抓，要抓住重点和难点。什么是重点呢？可能有几种情况：一是预习时发现的（如自己标注出来的问题或书后习题）；二是老师在讲课时提出和强调的重点问题，如课上提示“注意”“重点记住”“主要掌握”“一定理解”等的问题；三是老师在课前提出的授课目的和重点，或提问考查学生，并提请学生注意的问题；四是课堂要结束时概括的小节内容；等等。

付 ×：我觉得上课还要学习老师分析问题的思路、方法，把自己的思路和老师的思路相比较，找差距。

总之，概括起来，学生们要想上好课，就得心要静、脑要想、手要勤，最后达到专心学、当堂懂、思路清的目的。

3. 指导学生做课堂笔记

如何做好课堂笔记，每个人的方法都不相同。以下是几位同学的看法。

李 × 君：做课堂笔记要处理好听和记的关系。上课应该以听为主，不要为记笔记而记笔记，在听好的基础上来记笔记。听时要专心，记时要挑重要的概括地记。我记笔记有两种形式：一是摘老师讲的主要内容；二是由主要内容扩展出去的知识。

王 × ：在课堂上做笔记，首先听记能力要很强，并且记笔记时应该有选择，不能漫无边际地什么都记。着重记重要的地方或自己不懂的地方。不懂的地方下课要向老师请教。另外，要处理好听和记的关系。不能听时顾不上记，记时顾不上听，应边听边记，听时认真，记时要快。

鲍 × ：做课堂笔记要详略得当。我记笔记的方法有两种，一种是直接在书上记，就是把老师讲的重点问题画在书上，或记在书的空白处。另一种是在笔记本上记，这种就要详细一点。

李 × ：课堂上，老师讲的内容应先用脑子记，记不住的做下笔记，课后再详记。

从 × 莎：记笔记应该抓住时机，老师讲时要认真听，在老师讲课有空闲时，见缝插针做笔记。

李 × ：我并不是在课堂上作笔记，而是在课后整理笔记。我的笔记有提纲式和小标题式两种。

除了课堂上记笔记外，其实课堂下的整理笔记也非常重要。整理笔记应该抓住这样几个问题。

（1）忆。课后抓紧时间，对照书本、笔记，及时回忆有关的知识，这可以同复习结合起来。

（2）补。课堂上记的笔记常会出现缺漏、跳跃、省略、简录，甚至用符号代替文字等情况，课后应及时作修补。

（3）改。对笔记中的错字、错句及其他不够确切的地方进行修改。

（4）编。用统一的序号对笔记内容进行提纲式的、有逻辑性的排列，注意编码，使笔记有条理性。

（5）以文字、符号、代号等为标准划分笔记内容的类别，为分类摘抄作准备，使笔记有系统性。

（6）舍。把无关紧要的笔记内容舍去。

（7）集。将同类的知识抄在同一个本子上，或同一个本子的同一部分里，也可以用卡片分类抄写，使笔记有资料性。

4. 指导学生保持课堂注意力

学生想要保持课堂注意力，就要注意维持注意力的稳定性，尽量保证一堂课从始至终都能保持专注。那么，如何在一节课上一直保持专注呢？以下是部分学生的体会。

孟 ×：学习应全身心地投入，心中一直想着自己的理想和奋斗目标，把每一节课的学习和奋斗目标、理想前途联系起来，把学习当作第一任务，而不去想如何穿戴享乐，这样有了责任感就会约束自己，一心一意学习。

李 ×：应该对学习产生浓厚的兴趣，把上课作为一种乐趣，满足求知欲，这样就能保持专注。当然，兴趣在于培养。要培养兴趣，先要认真仔细地学习，有成功的喜悦就会产生兴趣。

吴 ×：我认为要保持课堂注意力就要进入课文中去，进入情境，钻进去了，跟着老师思路走，被学习内容吸引住了，就不会想其他事了。

于 ×：应该努力克制自己不去想别的事，排除杂念，用纪律来要求自己，尽可能不搞小动作，不与前后桌同学说话，头脑里只有“学习”，把自己完全置于学习之中。

叶 ×：为了防止上课时思想溜号，上课之前应把不必要的东西收好，特别是不要把容易分散自己注意力的东西带到学校去。上课时老师不让拿笔翻书就不要有太多多余的动作，学进去了，自然也就保持注意力了。

张 × 举：上课应一边听一边记笔记，用记笔记来牵制自己，两头儿一忙，就能让自己兴奋，这也是保持注意力的一种方法。还有就是课堂上积极发言，参与讨论，通过老师提问来牵制自己，心里想着学习，就忘了其他的事。

李 × 莲：为了防止头脑里一些杂念的干扰，回家应少看武打片或很热闹离奇的小说。心情舒畅，下课不要做太剧烈的活动，晚上还要休息好、睡足觉。

杨 × 丹：为了防止注意力分散，还有一个办法就是眼睛总瞅着老师和黑板。或者和同学约定好，出现溜号或犯困时，提醒自己一下。也可以经常用伟人、名人和班级优秀生的模范行为提醒、要求自己。比如，毛泽东、鲁迅少年学习的情况，或用一些“端坐静思、多思善问”的名言格句来提醒自己。另外，在班级里每当自己思想溜号时，就看一看那些优秀生课上是怎么表现的，向他们学习，也有助于保持自己的注意力。

### （六）指导学生做好复习

打个比方，如果预习是深翻地，为播种知识的种子做准备的话，听课就是播种，并使之发芽、开花、结果的过程。而复习呢？则是把知识的果实收起来，装进仓库。如果没有复习的过程，很多知识的果实就可能连续丢失。这样说起来，只管耕耘，不管收获的人不是个大傻瓜吗？另外，复习还能加深对课本重点、难点的理解，通过自学消化理解，使知识系统化，并为运用新知识、培养新技能做好准备。下面是一些同学谈论到的复习策略和方法。

1. 及时复习，趁热打铁

高 ×：我的体会是，刚学完的马上复习效果好，如果学过很长时间再复习，效果就不太好了。所以复习应该趁热打铁，做到一课一巩固，不要等忘了再进行巩固。

孟 ×：我也认为及时复习很重要。在当天老师讲的印象模糊的情况下，通过复习可以把“模糊”转为“清楚”。另外，因为重视了平时复习，记得快，又轻松，而不是到考试时再去起早贪黑地“搞突击”，这样学习效果特别好。

孙 ×：以前我复习并不是一课一复习，而是几课一复习，有些字、词、句的意思就遗忘了，就是拿起笔记也想不起来，知识学得非常不扎实。现在，我按一课一复习的方法去复习，知识学得很扎实，不容易忘记。

老师：国外有位心理学家叫艾宾浩斯，他通过实验研究发现，遗忘是有规律的，这个规律就是“先快后慢”，即学习后，刚开始遗忘得多、快，后面遗忘得少、慢。同学们也都会有这样的体会：上完一天课以后，老师讲课的声音、体态萦绕在脑海里，知识印象很深，保持着“余热”。这时无论复习看书，还是写作业，效果总是特别好，省时省力，学习负担轻。反之，考前“搞突击”效果总是不好的，而且费时费力。

所以，同学们在学习中要尽可能“今天功课今天毕，不等到明天”。因为与其借助复习去恢复遗忘，不如借助复习来防止遗忘。有的同学忽视平时复习，临时抱佛脚做考前突击，这既累效果又不好。所以同学们必须重视课后及时复习。

2. 回忆复习，过电影

安 ×：我觉得复习是有窍门的。比如，我采用的是回忆法，效果很好。自习课或课后没事时，我就努力回忆今天每堂课老师讲的内容。先不要看书，而是认真想一想（最好闭上眼睛）课上老师讲了什么，强调了什么，也就像“过电影”。哪个地方实在想不起来了，我就看看书，直到想起来为止。不懂的一定要弄懂。

回忆法的好处很多。首先是印象比较深刻，比泛泛地看书效果要高得多。经过这一次回忆，课堂上学的知识在我的记忆里就像扎下了根一样。另外，回忆还可以培养和训练自己的记忆力。

王 × 青：我复习时不是盲目地拿过书来就看，而是先想一想，老师今天讲了哪些内容，重点是什么，理理思路，归归类。比如，对所理解的应用题，就要知道它是属于哪种类型的，用什么方法去解更简便，然后打开书看一看什么地方自己记漏了，或记错了，最后再动笔复习。

王 × 娜：我复习时也是先回忆当天的学习内容。复习采取两种方法：对于记不下来的、不熟悉的内容，就下功夫弄懂背会；对于会了的内容，再想一想，“过过电影”就行了。

3. 联系旧知识进行归类，使知识系统化

李 × ：我复习时是先把老师当天讲的内容回顾一下，然后联系旧知识，对当天学的知识进行巩固。我觉得，新旧知识本来就是互相联系的，复习时，特别是单元复习和总复习，要善于归纳、整理、总结。不管学习哪一科都要厘清知识的思路和体系，有些知识要归类，梳成辫子，同一种类型的题，要能达到举一反三、触类旁通的水平。

理解是使新旧知识建立联系和系统化的关键。在复习时，我往往是反复阅读课本，独立思考，在课没听懂的地方，通过阅读思考进行解决，对于一些基本概念、基本道理和重要事件或计算公式、定理在理解基础上系统化，并加以记忆。

4. 忆、看、理、做、背相结合的要领

叶 × ：我在复习时，采取忆一忆（回忆老师讲的内容）、看一看（重读课本）、理一理（整理笔记）、做一做（做作业或写练习册或做书后复习题）、背一背（对重点章节、定义、概念进行背诵）的办法。

我觉得复习不能只抱着书本反复去看，这样既不容易记住，又容易犯困，而做题可以促进自己思考，所以我们需要带着问题去重读教材。另外，这样动脑、动手、动口容易使人集中注意力。

陈 × ：我一般复习时先把新学的内容看一遍，再把课后题做完，然后自己再提出一些问题，自己答，最后把生字解词练会。采取先做课后题，再做自己的题，最后练生字、解词的方法，这样复习的效果好。

路 × ：我是回到家里先把学过的东西认认真真看一遍，然后能做的就做，“熟能生巧”。通过做题，知识能掌握得更牢固和熟练。做法可归纳为

“记、看、写”三个字：有时复习时就要死记，所以叫“记”；有时看一遍就会了，所以叫“看”；有时记不住，也看不会，就需要“写”。

5. 抓重点复习的要领

王 ×：我在复习中特别注意抓重点。我反复阅读教材，抓住新教材的重点。对重点问题进行重点复习。我经常整理预习笔记和听课笔记，及时改正笔记中写得不准确的地方。

李 × 君：在复习时，我一般都采取先重点再次要的方法，先挑重点内容复习，然后再复习次要内容。复习重点，一般还要看时间，灵活掌握，时间充足就认真全面看，时间紧就快速复习，抓重点。这里说的重点，一是教材本身的重点；二是回忆老师讲过的、自己尚不熟悉或不懂的内容。

孟 ×：我认为复习应该抓重点，不能盲目地使劲。要在全面复习的基础上抓住重点问题。抓重点就应该特别抓住笔记来复习。因为笔记是经过老师提炼的条理性要点。

6. 复习和背诵相结合的要领

白 ×：我在复习过程中，经常一边看一边背诵和记忆。对数学的概念、定义、法则和语文的重点段、句等进行背诵。

孙 ×：我复习时一般采取多读、多想、多写，重点部分用线画出来的方法。

孟 × 薇：我是按照熟读→理解→背诵→强记的流程来复习的。熟读，就是把文章读熟，只有这样才能记住并理解，也只有把文章理解透彻了，才能对背诵有帮助，然后是强记，最后是复记，也可以分几次复习，一次一次地复习。

### （七）指导学生完成作业

根据一些优秀学生的经验，对于作业的完成应指导学生注意下面几个问题。

1. 回忆

王 × 青：我认为要使作业达到复习的目的，写作业之前，先要用几分钟时间认真回忆一下课堂上老师所讲的内容，然后再做作业，这样做起来就容易多了。做题过程中，先弄清题意，在脑子里形成正确的解题思路后再动笔写。有的同学忽略复习，做作业前，既不复习课本中的有关内容，也不看自己的课堂笔记，而是拿过题目就做。这样由于没有很好地消化课堂上所讲的内容，因而概念不清，做题乱代公式，结果既浪费时间，又容易出错。

2. 审题

安 × ：写作业时要看懂题目的要求，仔细琢磨题目，抓住关键词语来分析。要考虑好解题思路，设计好解题步骤。对于题目要看准，想明白，题目要求什么，给了什么条件，有什么限制，可以联系哪些知识，都要搞得清清楚楚。如果不认真审题，就会造成一步错、步步错的结果。

3. 做题

乔 × 缓：我写作业是一读，二想，三做，四检。这里我重点谈谈“做”。做题时应该做到：一遍对，速度快，书写清，一遍对就是做作业力争一次成功；速度快就是在解答正确的前提下，提高解题速度；书写清，就是做作业时，一定按照各学科要求的格式去做，做到书写工整，条理清楚。

老师：做题为的是提高应用知识的能力，抓住关键有助于把知识联系起来，做到灵活运用。无论做什么题，只追求结果的正确是不够的，重要的是掌握解题方法，注意开阔思路，力争用多种方法去解。

4. 检查

作业写完后不能草草了之，应该注意检查，以便更正错误和弥补被漏掉的知识。

检查可以采取下面几种方法：一是逐步检查法，这是按解题步骤，逐步检查。二是重做法，如果时间允许，干脆重做一遍，重做也可用另一种解题方法，看一看前后两次答案是否一样。三是代入法，就是将结果代入公式或式子，看是否合理。四是观察法，如做数学题要求人的个数时，求出的结果是个分数，就可判断出一定是某个解答环节出错了。当然，具体学科和具体题目不同，检查方法也不同。

还应该注意这样几个问题：

（1）把做作业作为有趣的事，不要当成负担。

（2）独立思考，不要抄袭。

（3）完成作业应及时。

在做作业时，对不懂的问题该怎么办呢？遇到困难怎么办呢？

栾 × ：在做作业的时候遇到不懂不会的问题千万不能放过。我一般是先把老师讲过的内容看一遍，如果还不明白，就去向老师或同学请教。

孟 × ：我一般先自己想，重温课堂知识，细细体会，尽量查找出作业中的问题，如果还不懂就请教工具书，实在搞不懂就去请教老师。

李 × ：对不懂的问题我是不会放过的。先回忆老师是否讲过此类问题，如数学就根据例题举一反三。如果是需要记背的学科就要查找学习资料，必要时和同学一起研究、推敲，实在不会就要去问老师。

老师：对做作业时出现的问题，不管用什么办法一定要搞明白，千万不能退缩放弃。当然能自己解决的（包括用资料）尽量自己解决，自己解决会印象更深，自己实在不会的再去请教老师或同学。

怎样处理完成老师布置的作业和自己安排的学习任务之间的关系呢？

栗×禹：我通常是先完成老师布置的作业，然后再来完成自己规定的学习任务，如果学习任务太重，时间紧就先完成作业，自己安排的学习任务抽空再完成。

王×：老师布置的作业第一，自己安排的学习任务第二，应该以老师布置的作业为主。

怎样对待参考书和复习资料呢？

老师：参考书和复习资料是辅助学习之物，有的同学把参考书之类的书籍当作作业的参考答案和课堂发言的“参考方案”生搬硬套，这种做法我一向不赞成。参考书和复习资料，通常应该在学习任务完成后，或对一些问题经自己思考又无处校对答案正确与否时再翻阅一下，它们应该是学生学习的“第二老师”，如果不作思考、不经分析就抄参考书、复习资料，那么这些书籍就变益为害，失去了意义。可以肯定地说，复习资料和参考书对我们是有益处的，关键是看怎么用，用好了，可帮助我们分析课文，进行练习，开阔视野，扩大知识面，提高应变能力，用不好就会起反作用。

另外，参考书和复习资料应慎重选择，不能盲目订购，一是应以课本为主，二是不能订购答案不准确，习题出得没价值，不值得阅读的复习资料。

教师在做教学设计的时候，想到学习方法，可能最先想到的是学科教学方法。看完以上案例和分析，我们应该清楚，教学设计中的学习方法，尽管落实到文稿中可能只是一小段话，但实际上它是对学生学习系统的指导。了解学生是如何学习的，然后从动力系统和操作系统两方面来指导学生学习，才能给学生切实有效的指导。

# 名师案例篇

# 第 12 章

# 读懂学生，以学定教

## ——怎样设计一节初中语文课

北京中学语文教师　李志清

【名师简介】李志清，北京市特级教师、劳动模范。曾主持山东省教育科研规划重点课题，参研德州首个教育部科研规划课题。曾获全国随笔写作创新课堂一等奖、全国“华师杯”优质课特等奖、山东省级教学成果奖、山东省教科研成果一等奖等。2009 年发起并推动“三位一体”语文新课程建设研究，在全国百余家实验校产生积极影响，相关的课例入选“齐鲁名师讲堂——国家课程资源建设项目”，其论文及教学设计两次入选山东省教学资源库，此外还有多篇论文发表。主编九年级下册《红草莓蓝草莓随笔化写作》教材，专著《和语文一起飞翔——“三位一体”语文新课堂探究》被列入山东省教育系统学校配书计划。

### 一、我的备课秘笈

教学设计是对教学的规划和设想，也是对教学效果的前瞻和预测，是决定教学成败的一个关键因素。因此，做好教学设计的意义毋庸多论。

语文课的教学设计，要设计什么呢？众多有经验的教师为了回应这个问题，往往给出一个教学设计的框架，包含的主要项目有教学目标、教学重点、教学难点、教学方法、教学内容、作业设计、板书设计、教学反思。有一些教师为了体现教学目标上位的思考，加了一个板块：课标分析。有的为了体现学生主体地位，加了学情分析、学习方法、活动设计等板块，不一而足。我想，这些板块自然是重要的，可以引领我们做出一个框架合理的教学设计。

但现成的框架范例不能代替我们自己对教学设计的深入思考，我们可以在倾听别人意见的基础上，问问自己：我希望建设怎样的语文课堂？

我们当然希望语文课堂是学生感兴趣的，是生动活泼的，是能收获知识的，是能学得方法的，是能提升解决问题的能力的，是能支持不同层次的学生的，是能助力学生的全面发展和长远发展的，是能促进教学相长的。那么，我们教学设计的要素就是明确的目标、适切的方法、真实的情境、丰富的资源等等。我们就可以围绕以上要素，做好教学设计。

**（一）准确的目标**

目标是出发的方向。一出发，如果方向错了，这一趟行程就真不知会跑到哪里了。而我们做教学设计经常遇到的问题是偏离方向，目标不准确。

目标不准确怎么办呢？

我想，这需要研究并准确把握课程标准。我在一线教学 20 多年，愈加认为教师是应该细读课程标准每一句话的。为此，我逐句阅读，并结合我的教学实践，把 7—9 学段的课程标准的每一句话，拆分成了我认为最小的、最具体明确的 179 个小单位。这项工作是一个浩大的工程，有的教师可能会觉得太耗时费力，但是，我认为这是值得每位教师下的功夫。只有这样做，我们才会对每一节课的每一小环节的教学行为有比较清晰的把握，才会知道我为什么这样设计，我想达到什么目标。这是做教学设计前必须弄清楚的问题。

当然，只研究课程标准是不够的，若想让目标准确，还要深入研究教材。举一个例子：我在第一遍做《傅雷家书》导读设计的时候，因为查阅的资料比较少，理解不深入，我还没把设计做完，就和学生一样，面对傅雷事无巨细的唠叨，大呼受不了。后来，当我对傅雷的身世和经历有了更多了解，读过他的一些译著，对他的学术观点有了一点思考之后，我愈加感受到傅雷的育子方式和性情，与他的身世、经历、学术观点有密切的关系，我才能够继续深入走进这部呕心沥血的教子书，才发现读这本书，我们要体会的不只是深沉的父爱、深重的期望，还有赤子的情怀和对学术、对世事的思考。

目标不准确，还跟不了解学情有关。如果我们不了解学生的需求，不知道他们知识的起点，那我们的教学设计就是一厢情愿的设计，就可能是偏离了学生实际的无效设计。调查问卷、访谈都是了解学情的好方法，我们不妨试用。但在教学实践中，我发现，最简捷高效的可能就是“写一张小纸条”的方法。学生课前可以提交“问题小纸条”，教师根据小纸条就能很快了解到学生最需要得到哪些帮助；学生课后也可以提交“建议小纸条”，教师就能很快知道这堂课学生的学习效果怎样，学生希望教师有哪些方面的改进。

当然，我们在设计教学目标的时候，还应该注意一个问题，那就是：我如何知道我的教学目标有没有达成。如果我们设计了教学目标，但是没想过要如何才能知道学生的达标情况，上完课不知道学生的达标情况，目标的存在价值就会大打折扣，所以我建议在设计目标时，就要设计好如何了解教学效果，如何了解学生的达标情况。

有人说，语文的目标最难测，因为语文教学常用的是理解、体会、品味等这些似乎只可意会、不可言传的词语。其实，我们的目标中不可能只出现了解、理解、体会、品味这些词语，况且这些词语也是可以落在实处的。我们可以先想清楚，学生达到什么标准算是了解了呢？比如，能用简洁的语言概括内容就算了解；怎样才算是理解了呢？比如，能清楚地解释自己的想法，或能饱含感情地朗读作品就算理解；怎样算是品出味道来了呢？比如，能清晰地做出自己的评价，能够为自己的想法提供支撑材料就算会品味；怎样算是把自己的收获理清楚了呢？比如，能够落笔，条理清晰地写出自己的收获就算理清楚了。能说出，读出，写出，总是具体可测的。

**（二）适切的方法**

这个方法自然不仅指教师的教学方法，还指学生的学习方法。教师最擅长的是设计教学方法，我们也知道“学习金字塔”理论，知道各种学习方式的学习效果不同，于是，我们乐此不疲地设计：哪个教学环节，要图文结合讲什么；哪个环节让学生自己阅读；哪个环节设计什么问题引领学生思考；哪个环节组织小组合作研讨；哪个环节要让学生展示批注、朗读；哪个环节要让学生辩论、表演、写作……

通过认真地思考这些问题来设计教学方法，无疑是必要的，但是，只考虑这些还不够，因为以上的思考多是教师从完成教学任务的角度设计的。我们常听到教师感叹：“我教了，学生怎么不会呢？”是啊，为什么教师一方输出了，接受一方没反应呢？原因是什么？因为学生没有参与学习，因为学生不知道怎么参与学习，或者是参与了但他不知道如何才能掌握知识和能力。所以我们需要转换角色，设身处地地替学生想想，他们在学习过程中需要学会和运用什么学习方法，这就需要我们更多地考虑以下问题了。

学生可能对这堂课的哪个环节不感兴趣，为什么不能回答这个问题，朗读时需要哪些提醒和方法指导，在圈点批注时可能会写些什么，学生小组讨论时什么会干扰讨论的有效性，展示自己的阅读收获时可能选用怎样的方式，辩论时可能会有什么样的观点和证据，表演时会需要什么帮助……如果我们多从学生角度来思考问题，就能采取更为有效的教学方法，学生也能学得真正适合他们的学习方法。

我在引领学生阅读《骆驼祥子》一课时，采用了猜读法，让学生猜猜题目的由来，激发了学生的阅读兴趣；运用了浏览法，让学生快速了解祥子的悲剧人生；运用了图示法，让学生更直观地看到祥子人生的三起三落；运用了批注法，让学生仔细琢磨祥子是一个怎样的人；运用了比较法，让学生清晰地感受祥子由生动活泼的青年成为行尸走肉的变化之大；运用了研读法，让学生深入思考祥子变化的多重原因；运用了想象法，让学生假想如果自己生于那个黑暗的社会或者祥子来到我们今天的社会，会有怎样的结局。当然，如果再说细一点，想让学生学会批注法，我们就得应学生需求，指导他们如何做概括式批注、分析式批注、评价式批注、疑问式批注、联想式批注，否则方法就不会被学生所掌握。我们采用这些方法不是为了显示教师会指导多种读书方法，而是为了激发学生的阅读兴趣，同时让学生有更深入的思考，有更多的收获。

综上，设计教学方法，我们不能只考虑教师怎样教，要更多地考虑学生怎样学。最近，因为疫情肆虐，很多学生需要在家自主学习，教师们都向学生提供了丰富的学习资源。我想，我们一定不能忘记，明确学习任务之余，一定要结合学生需求，提供任务导航，引领学生掌握适合他们的学习方法。

**（三）真实的情境**

所有的学习都不是建造空中楼阁，都是为了提升解决实际问题的能力，语文学习也是如此。语文老师要考虑如何让语文学习和现实生活密切接轨，让学生在真实的情境中获得知识和能力。比如，我们学习法国小说家都德的《最后一课》时，可以让学生来读郑振铎的《最后一课》，感受中华民族不可欺不可侮的民族精神，激发起内心的爱国热情。我们学习非连续性文本的阅读方法，就应该让学生真正读一读现实生活中的家用电器说明书、学校的晨检午检统计表、“今日头条”上的疫情分布图等。最近，新型冠状病毒肺炎疫情肆虐，我提议我的学生写“疫情”主题作文。同时，我为他们推出了“疫情”主题写作系列网课，包括“为时而作——让立意更积极些”“明眸善睐——让题目更靓些”“开合有度——让内容更具体些”“角度新颖——让构思更巧妙些”“字字珠玑——让语言更精彩些”等，因为这些内容贴近学生的生活现实，学生很快写出了大量立意明确、内容丰富、角度新颖、语言精彩的文章。其中有人写的是关于火神山、雷神山火速建成的新闻报道，有人写的是疫情期间当仁不让的人和事的记叙文，也有人写的是“勇气是战胜疫情的法宝”这一观点的议论文，还有人写的是疫情期间众生百态的小小说，还有人写的是从蝙蝠角度来提醒人类应该反思自身的想象文，还有人写的是关于疫情传播速度的研究报告……有的同学在短短的几天时间撰写了上万字的文章，有的文章还发表在《青年文摘》上。为什么学生如此积极、主动、高效呢？因为这个写作情境真实可感，学生有话可说。

其实，多姿多彩的生活就是语文学习的大情境。我曾带领学生到杜甫草堂举办“草堂诗会”，到东岳之巅举办“泰山诗会”，到河西走廊举办“阳关诗会”。我们也曾到泯江岸边去读余秋雨的《都江堰》，到岳王庙去朗诵《满江红》。这样的课堂确实需要多方支持，不容易做到，但是在不同的季节读江南的《春》《济南的冬天》《湖心亭看雪》是容易的，把苏州园林的美丽图片在课堂上播放给学生是容易的，把学生刚刚经历的军训、运动会的一幕幕在课堂上进行“精彩回放”，也是比较容易的。也正是有了这些真实的情境，学生的学习活动变得更加生动、活泼、真实，学生怎么会精神疲惫，不愿意参加呢？当然，真实的情境、丰富的活动，不是越多越好，也不是越热闹越好。许多时候，语文老师需要主持好一台节目，这台节目绝对不是形式大于内容的一场戏。任何情境的创设和活动的设计都应符合学习规律，都应引导学生解决真实问题，提升学生应用知识的能力。应用是内化的知识外显的过程，也是经验扩展和提升的过程，是经验的结构化体现的过程。教学内容不可能直接转化为解决问题的能力，需要在真实的情境中，教师设计出有明确指向的蕴含知识、思想、方法和情感认知的活动任务，引领学生分析问题和解决问题。因此，设计有梯度、有层次的问题，引导学生深入思考，促进学生的思维更加广阔和灵活，这是创设情境、任务引领时必须注意的。

当然，做一个好的语文教学设计，不只需要以上这些，在这个特殊的时代，教师不是知识的垄断者，只是共享者。我们要善于学习，善于利用丰富的网络资源，善于从团队中获得帮助，善于利用新技术支持我们的教学。还有一点特别值得单独提出来，其实也是前面我们在探讨中始终关注的一个问题，那就是我们要善于挖掘和借助来自学生的强大力量。萧伯纳说：“我不是你的教师，只是你的一个旅伴而已。你向我问路，我指向我们俩共同的前方。”只有教师和学生同行，我们才能到达更远的地方。

## 二、教学设计案例

### 《遇见恩师》随笔展评教学设计

授课班级：七年级研修二班

**一、学情分析**

学生在“遇见恩师”话题写作中，写下了不乏真情实感的随笔，但部分学生不善于通过描写来突出人物特点，随笔中出现概述多、描述少的问题。为保护和激发学生的写作热情，同时解决随笔中出现的问题，特设计此随笔展评课。

**二、学习目标**

1. 学生在情境活动中，在阅读同伴佳作和课内外经典文章的过程中，感悟通过描写突出人物特点的艺术魅力。

2. 学生梳理读悟所得的收获，用以修改提升自己的文章。

3. 学生在展示随笔过程中，体会作品获得肯定的成就感，激发写作热情。

**三、学习要点**

1. 理解抓住人物特点描写外貌、语言、动作、神态的作用，特别是细节描写的魅力。

2. 尝试运用本堂课的感悟收获，修改提升自己的文章。

**四、学习材料**

学生作品、师生共同推荐的文章、多媒体课件。

**五、学习方法**

情境活动、阅读评论、师生谈话、小组探究。

**六、设计思路**

情境活动—发现问题—读悟得法—修改提升—随笔展示。

**七、板书设计**

教师板书：抓住特点描写人物。写什么？怎样写？

学生板书，回答以上问题。

**八、教学过程**

（一）游戏导入

1. 教师导入

亲其师，信其道；信其道，亲其师。今天我们聊聊各有特征的，令我们喜欢、敬佩的，让我们受到触动的，对我们影响大的，有可能再也不会忘的老师。如何向大家介绍一下这位老师呢？我们玩个游戏——恩师模仿秀！

请表演者选一位大家熟悉的老师，抓住人物特点，描绘其外貌，模仿其神态、语言或动作。不要说出老师的名字。其他同学猜猜被模仿的是哪位老师。

2. 学生活动

参加“恩师模仿秀”游戏。在游戏中描绘人物外貌，模仿人物神态、语言或动作。

3. 教师总结

谁的模仿最生动传神？你看到了一位怎样的老师？这些见闻都能写进文章吗？——选择哪些内容来写，关键看文章想表现什么。

【设计说明】“恩师模仿秀”的对象是身边的老师，再现生活情境，能够激发学生观察和体会人物特点的热情和兴趣。每一个孩子都愿意参与游戏。有话想说、有话能说往往是写作的缘起。

（二）发现问题

1. 教师提问

我们看看，这些我们仔细观察过、倾听过、感受过的老师，来到我们的文章中是什么样的。我请大家欣赏一位同学的文章。

教师提问，作者说，他想写幽默风趣的、和蔼可亲的、深受学生喜欢的王老师。可是，他对自己的文章不满意，希望得到指点。请你提出改进建议。

2. 学生活动

学生阅读同伴随笔，发现随笔中的问题。

预设学生能发现的问题：文章中的人物虽然特点鲜明，但是文章本身缺乏具体的人物描写，特别是缺少生动传神的细节。

【设计说明】问题从学生作品中来，能增强解决问题的针对性。学生自主发现问题，是解决问题的第一步。

3. 教师点拨

语文老师感叹，许多同学做写人的作文时，最容易犯的毛病就是用概括性的语言对人物评头论足，就是不让人物自己说话、自己行动。多角度描写人物，特别是生动传神的细节描写，会让人物形象更鲜明。

（三）读中有悟

问题引领：请同学们阅读教师推荐的师生作品、经典作品，并展开探究：文中是怎么描写人物的？这样的描写有什么作用？

1. 展评教师随笔

出示教师写的《我的学生》随笔片段，提问：怎样才叫让人物自己说话，自己行动呢？我们来看看下文。

**下课了**

动听的编钟乐声响起，下课时间到了。正处于昏昏然状态的小沈，顿时精神抖擞起来，他兴奋地把书往前一推，把座位往后挪了挪，正准备起身，才注意到我在强调作业要求。他亮晶晶的眼神又黯淡了下来。

“老师，咱不布置作业行吗？你的大恩大德我们会记一辈子的……”小沈小声嘀咕，他以为我听不到，同桌白了他一眼。同学们都在快速记着作业要求。走廊里隐隐传来邻班同学的说笑声，小沈已经坐不住了，东瞧瞧，西望望，不停地转动手中的笔。

一声门响把他吓了一跳。他急忙一手按住课本，另一只手赶紧拿笔在书上胡乱划拉，然后，定定神，稍抬头，瞥了一眼教室门口：果然是班主任正在威严地环顾。他身子一震，又以迅雷不及掩耳之势低下头，疯狂地“写起字来”。

没有动静？——原来班主任找另一个同学有事啊！小沈长吁了一口气。

“下课！”“老师再见！”几句再简短不过的话让小沈脸上重现光彩。他跳了起来，顾不得凳子歪到一边，风一般第一个冲出了教室。我似乎听见了他心里的欢呼——“篮球，我来了！”

（说明：后面写的是小沈作业潦草，我训他，他不“记仇”，热情教我用 Ipad；小沈听课忍不住说话，我罚他不许说话，他捂着嘴坚持，脸都憋红了；因为答应我考个好成绩，小沈早读大声背《腹有诗书》，老师们暗地里都很高兴；小沈测试成绩进步大，我表扬他，他不好意思地摸着头笑。）

2. 学生活动

学生阅读教师随笔片段，体会让人物“自己说话和行动”的含义。

【设计说明】把老师作品拿进课堂，读给学生听，学生极为感兴趣。他们会在师生随笔的比较中，发现使人物形象更为生动传神的描写方法。

3. 展评学生随笔

教师展示学生写的随笔片段。提问：从例文（1）中，你看到了范老师怎样的外貌？由外貌了解到范老师是怎样的人？从例文（2）中，对申老师的语言描写只有两句话，你从中看出申老师是反应很快呢，还是慢半拍呢？从例文（3）中，由申老师的动作，你能看出这是一个怎样的老师？

### 学生随笔（1）

范小江老师是一个结实的人。天很冷了，别人都穿上棉衣了，他还总是穿着条纹衬衫，可能方便运动吧！他如果双手交叉在胸前，双臂上结实的肌肉清晰可见。（张云想）

### 学生随笔（2）

可有的时候，老师就不聪明了。课堂上，同学们回答问题，老师总是一脸困惑地说："哦？""是吗？"感觉他没听懂，好像比我们慢了半拍，脑子比我们笨似的。但是效果好啊！同学们都争着表现自己比老师聪明。在申老师的课堂上，你会发现，大家明显变得越来越聪明了。有时我想，是我们聪明还是申老师更聪明呢？（王伊林）

### 学生随笔（3）

英语老师大概是看我太紧张了，于是轻轻帮我理了一下头发，把手搭到了我的肩膀上，然后郑重其事地说："从今天起，我任命你为我的英语课代表。以后记着帮我收作业哦！"说完，她微笑着看着我。我在原地呆呆地站着，像是傻了一样。许久，我笑了，我体会到了被信任与鼓励的快乐。（丁佳一）

4. 学生活动

学生谈阅读发现。

预设学生的发现：例文（1）抓住外貌，写范老师是一个有力量的人。身体结实——双臂上结实的肌肉清晰可见，双臂有力。例文（2）抓住语言，写申老师富有教学策略，大智若愚。例文（3）抓住动作，写英语老师温柔、善解人意，善于鼓励学生。

5. 推荐经典片段

问题引领：我们来看经典名篇的片段，把原文和改后的片段进行比较，发现名家笔法。

### 片段（1）

原文：我们的老师今天穿上了他那件挺漂亮的绿色礼服，打着皱边的领结，戴着那顶绣边的小黑丝帽。这套衣帽，他只在督学来视察或者发奖的日子才穿戴。

——都德《最后一课》

改后：最后一课上，韩麦尔老师穿得很郑重。

片段（2）

原文：她爱诗，并且爱用歌唱的音调教我们读诗。直到现在我还记得她读诗的音调，还能背诵她教我们的诗：圆天盖着大海，黑水托着孤舟，远看不见山，那天边只有云头，也看不见树，那水上只有海鸥。……

——魏巍《我的老师》

改后：蔡老师爱诗，我到现在还记得她教我们的诗。

片段（3）

原文：矮胖老师依然不说一句话，却渐渐收起了笑容，用黑板刷轻轻敲击着讲台上的课桌，待全班同学安静下来，他突然面向课堂，反手在背后的黑板上徒手画了一个篮球大的圆，紧接着，又反手画了一个等边三角形。

那生动地站在黑板上的圆和等边三角形又标准，又好看，于是全班同学都呆呆地想：用圆规和三角板画，恐怕也不过如此吧？

——马及时《王几何》

改后：王几何老师在黑板上画了一个圆和一个三角形，很标准。

片段（4）

原文：到第二学年的终结，我便去寻藤野先生，告诉他我将不学医学，并且离开这仙台。他的脸色仿佛有些悲哀，似乎想说话，但竟没有说。

"我想去学生物学，先生教给我的学问，也还有用的。"其实我并没有决意要学生物学，因为看得他有些凄然，便说了一个安慰他的谎话。

"为医学而教的解剖学之类，怕于生物学也没有什么大帮助。"他叹息说。

——鲁迅《藤野先生》

改后：我和藤野先生告别时，他有些伤感，也为我感到惋惜。

6. 学生活动

学生阅读经典片段的原文和改后的文章，在比较中发现名家笔法。在师生交流中体会外貌、语言、动作、神态描写，特别是细节描写的魅力。

预设学生会发现：

片段（1）：都德为什么详写衣着细节？是为了突出韩麦尔先生的思想感

情，他借自己郑重的装束，来表达对最后一课的珍惜和纪念。

片段（2）：蔡老师的音调很美，蔡老师教的诗歌很美。记得蔡老师的音调，记得她教的诗歌，实际是因为记住了温柔美丽、爱诗歌、爱孩子，对孩子产生深远影响，让孩子深深依恋的蔡老师。

片段（3）：详写王老师的动作，是为了突出王老师画图本事大，让全班同学都看呆了。作者就用这个圆和三角形，让我们明白了一个简单朴素的道理，几十年后不忘记，这就是恩师。

片段（4）：原文写藤野先生说话时的神态——悲哀、凄然、叹息，可以看出老师的伤感和惋惜。正是因为学生理解老师的情，所以才会观察到这些细致入微的神态。藤野先生爱他的学术，爱他的学生，超越了国界，触动了作者心灵，对作者产生了深远的影响，所以作者敬佩、感激、怀念藤野先生。用饱含感情的语言评价他："在我眼里和心里，他的性格是伟大的。"

【设计说明】把学生作品、教师作品和经典作品，作为写作课的阅读探究材料，能起到以读促写的作用。学生在阅读交流的同时，会进一步感悟人物描写的重要作用。以学生自读自悟为主，合作探讨为辅，能使学生有更深入的思考。学生不得要领时，教师点拨辅助，不强求学生的感悟收获和教师的预设一致，充分尊重学生在学习中的主体地位。

（四）修改提升

1. 明确任务

请每位同学回看自己的随笔，找到人物描写需要修改之处，对于没用的内容可删除，对需要添加的细节进行添加。如果自己没有修改思路，可以向小组同学或者教师求助。

2. 学生活动

学生修改自己的随笔，找到需要修改之处进行修改，使随笔成为有更高含金量的作品。

【设计说明】学生结合自己的阅读感悟修改提升自己的作品，学以致用的同时，锻炼自我诊断和修改提升的能力。

（五）随笔展示

1. 推选"随笔之星"

小组集体顺时针传阅随笔，聚焦修改提升处，发现每个同学作品的亮点。同时推选本组修改提升最明显和写出人物特点、描写生动传神的文章，文章作者当选"随笔之星"。

2. 展示改后随笔

学生在小组展示自己的作品。

学生阅读同伴作品，针对精彩处做出肯定性评价，并推荐优秀作品。

【设计说明】随笔展示的同时，让每一位孩子获得来自同伴的激励性评价，获得发表作品的成就感，燃起写作热情。阅读同伴作品，对精彩处做出肯定性评价，能培养发现美的情怀和能力。

3. 教师点拨总结

透过这些生动传神的人物描写，你有没有发现：所有的老师都有共同点。这个共同点是什么？热爱课堂、热爱学生、满怀热望和期待，对学生产生了积极深远的影响。所有的学生都是怎样的感情呢？喜欢、敬佩、难忘、留恋、感激 ......

所以，抓住人物特点学会描写，让人物形象生动传神，非常重要。还有一项也很重要，就是用你的眼睛去观察，用你的心灵去体会，发现恩师的精神品质。当你体会到教师的精神品质后，你就能自然地描写出最打动自己心弦的细节，自然地叙述出自己最难忘的事情，自然地抒发出你的敬爱赞美之情。这样写出的文章，会是最真实动人的文章。一句话：当教师的大爱遇到学生的理解，将诞生世上最美的文章。

师生情是不可多得的人生财富，遇见恩师是一种缘分。我们有幸遇到了恩师，恩师温暖了我们幼小的心灵。如果，你把“遇见恩师”写好，你就能和魏巍、鲁迅一样，温暖更多的读者的内心。今天的作业是修改《遇见恩师》，让我们的个人精品集、班级精品集里，留下那位最值得敬爱的人。

【设计说明】建立个人精品集和班级精品集，是为了帮学生搭建一个展示风采的舞台，激发学生写文章、写好文章的热情，也为今后的写作积累重要的素材。

# 第 13 章

# 创新激趣，启迪思维，注重实效

## ——怎样设计一节数学课

北京中学数学教师　申海东

【名师简介】申海东，中学高级教师，北京市骨干教师，朝阳区教育系统数学学科带头人，兼职教研员。《中小学数学》和《名师在线》杂志特约编辑。参与北京师范大学“义务教育数学课程标准项目学习课程资源开发”项目的课程开发、教材撰写、项目实施等工作。录像课“二次函数的应用”等四节课在歌华有线播出，录像课“平行四边形”被中央电教馆收录，出版专著《中学生数学核心素养的培养之路》，撰写的《初中数学三角函数难点及教学方法探索》等论文获北京市教育教学论文评比一等奖，所执教的研究课“几何图形中的‘变与不变’”获全国优质课比赛一等奖，在首届全国“情感—交往”型课堂课例展示与研讨活动中获特等奖。在学习方式变革的过程中，系统开发录制微视频，并将视频应用于平时的教育教学当中，为学生自主学习提供了丰富的学习资源。

## 一、我的备课秘笈

数学课天天有。每当我自己备课的时候，都会思考这样一个问题：怎样才能上好这节课呢？经过二十几年的探索与实践，我有了几点粗浅的体会。我认为成功的数学课应该具备“创新方式”“激发兴趣”“方法灵活”“实实在在”的特点。

### （一）创新方式——常教常新

创新方式就是创新教与学的方式，不因循守旧，不照搬别人的教学设计，努力把课讲出新意来，在某些方面有所突破。教师要努力接收先进的教育教学观念，因为教育观念决定着教学行为。实施素质教育，关键是端正教育教学观念，打破传统的教育观念的束缚，围绕“一切为了学生的发展”服务，树立新的质量观、教育观和学生观。数学课程应突出体现义务教育的普及性、基础性和发展性，使数学教育面向全体学生，实现人人学有价值的数学，人人都能获得必要的数学，不同的人在数学上得到不同的发展。

每一个学生都可以学习数学。虽然学生的智力水平、经验背景和学习习惯存在差异，但每一个智力正常的儿童都可以学习规定的数学内容，都有条件按教学要求学好数学。不同的学生学习不同水平的数学。学生之间的差异是客观存在的，教师应当承认学生差异的存在，并向不同的学生提出有差别的学习要求，而不是让每个学生都按同一个水平发展，学习完全一样的数学知识和达到同样程度的数学水平，要允许学生以不同的速度学习数学。

教学需要按一定的进度完成，但并不是每一个学生都需要按同样的速度完成所学的内容，可以允许一部分学生用较快的速度学习，另一些学生用多一点的时间达到相应的要求。学数学可以有不同的方法。教师可以引导学生用适当的方法理解数学问题，也应当允许学生用自己的方法去探索和解决问题。有的方法从成人的角度看是好的，但不同的学生可能有不同的感受。教师可以引导学生对不同的方法加以比较，但不应把某一种方法强加给学生作为必须使用的方法。教师要尽量给予学生更多的操作实践机会，提供丰富的材料，使学生可以亲自进行实验，体验成功和失败。

**（二）激发兴趣——以学定教**

激发兴趣就是激发学生的学习兴趣。大家都知道“兴趣是最好的老师”，孔子也曾说过“知之者不如好之者，好之者不如乐之者”。由此可见，培养学生的学习兴趣，让学生在愉快的氛围中学习，是调动学生学习积极性，提高教学质量至关重要的条件，也是减轻学生过重负担的根本措施。

导入新课是一节课的重要环节，好的导入能集中学生的注意力，引起学生的认知冲突，打破学生的心理平衡，使学生很快进入学习状态。

为此，我经常从教材的特点出发，从学生的实际生活中提出一个能激起学生思维活动的数学问题，采用这种方法导入新课，并在讲授时注意让学生保持学习兴趣，即变“苦学”为“乐学”，变“要我学”为“我要学”。为了保持学生的学习兴趣，还需要重视运用教具、学具和电化教学手段，让学生的多种感官都参与到教学活动之中。同时营造良好的教学氛围，建立和谐的师生关系，使学生在轻松愉快的环境中学习。此外，在教学中，我还通过富有启发性的问题，组织学生相互交流，让学生不断体验到成功的快乐，保持学习兴趣。

**（三）方法灵活——多感官参与活动**

数学教学方法多种多样，每一种教学方法都有其特点和适用范围，不存在任何情况下对任何学生都有效的“万能”的教学方法。因此，要从实际出发，选择恰当的教学方法，而且随着教学改革的不断深入，还要提出新的教学方法，以适应时代的要求。

教学方法是教学过程这一整体结构中的一个要素，它和其他要素如教学任务、教材、教学手段、教学对象等都是相互联系、相互影响的。数学教学方法的选择，必须从这些方面综合考虑。“教学有法，但无定法，贵在得法”，教学中要注意多种方法的有机结合，坚持“一法为主，多法配合”，逐步做到教学时间用得最少，教学效果最好，达到教学方法的整体优化。但无论采用何种方法，教师都要坚持启发式教学，都要坚持在教师的指导下让学生通过动脑、动口、动手、动眼积极主动地参与学习活动，都要坚持面向全体、因材施教的教学原则，都要坚持让学生把学习当成一种“乐趣”，而不是一种“负担”。同时，还要坚持把教材用活。

修订版课程标准提出，教学过程中，教师要充分发挥创造性，依据学生的年龄特点和认知水平，设计探索性和开放性的问题，给学生提供自主探索的机会，让学生在观察、操作、讨论、猜测、归纳、分析和整理的过程中，理解数学问题的提出、数学概念的形成和数学结论的获得以及数学知识的应用。在实际教学中应根据学生的认知规律和现有水平，在领会教材编写意图的同时，不受教材的约束和限制，学会灵活地处理教材，创造性地使用教材。

**（四）实实在在——重实际讲实效**

实实在在就是教学中要讲求实效，不走过场，不摆花架子，就是教学要“到位”，即努力做到教学内容充实，合理地确定教学内容的广度和深度。所谓教学内容的广度，是指知识的范围或知识的量，从信息论的角度说就是一节课传输给学生的信息量。一节课的信息量过大，知识点过多，学生难以接受，而一节课的信息量过小，知识点过少，则浪费时间，不利于调动学生的积极性。数学教学要实实在在，体现边讲边练、讲练结合的特点，做到练有目的，练有重点，练有层次，形式多样，针对性强，并注意反馈的及时、准确、高效。

## 二、教学设计案例

### “等腰三角形的性质”教学设计及反思

（一）内容与内容解析

1. 内容

等腰三角形的性质。

2. 内容解析

本节课知识属于《义务教育数学课程标准（2011 年版）》中“图形与几何”领域的相关内容。“轴对称”一章从生活中的图形入手，带领学生学习轴对称及其基本性质，了解轴对称在现实生活中的广泛应用，并利用轴对称知识探索等腰三角形的性质，学习等腰三角形的判定方法，并进一步学习等边三角形的性质。等腰三角形的性质为证明两个角相等、两条线段相等或垂直提供了方法，也是后续学习等边三角形、菱形、正方形、圆等内容的基础。教学过程中借助剪纸图片引导学生通过动手操作剪出一个三角形，这个剪的过程保证了三角形的两条边相等，即得到等腰三角形。学生进一步利用轴对称的性质得到等腰三角形的性质。对等腰三角形性质的探索是一个通过动手操作得出概念，通过观察实验得出相应的性质，在此基础上通过推理论证得出结论的过程，教师引导学生在学习过程中积累解决问题、演绎推理的经验。在问题探究过程中学生还获得了添加辅助线证明性质的方法，为学生解决几何问题积累了经验，在活动中渗透对学生数学核心素养的培育。

基于以上分析，确定本节课的教学重点：探索并证明等腰三角形的性质。

（二）目标和目标解析

1. 目标

（1）探索并证明等腰三角形的两个性质。

（2）能利用等腰三角形的性质证明两个角相等或两条线段相等。

（3）结合等腰三角形性质的探索与证明过程，体会轴对称在研究几何问题中的作用。

2. 目标解析

达成目标（1）的标志是：学生能够通过对折剪切得到等腰三角形，在此基础上借助教师引导，观察猜想得到图形中对应要素之间的关系，从而得到性质 1（“等边对等角”）；在此基础上，结合验证及性质 1，在证明过程中运用添加辅助线的方法，引导学生从不同角度界定辅助线在图形中的“角色”，进而得到性质 2（“三线合一”）。

达成目标（2）的标志是：学生在动手操作、猜想验证、性质证明、例题分析的过程中，积累了相应的探究图形性质的活动经验，在此基础上借助教师引导、小组互助，初步会用性质证明或计算两个角、两条线段的相等或大小。

达成目标（3）的标志是：学生借助对折的过程进一步得到等腰三角形是轴对称图形的结论，结合等腰三角形第 2 个性质的验证过程，得出底边上的中线或顶角平分线或底边上的高所在直线是它的对称轴；能借助轴对称发现等腰三角形的性质，积累解决两个角、两条线段的相等或大小问题的经验，发展空间观念和逻辑推理能力。

（三）教学问题诊断分析

由于学生刚刚由实验几何过渡到验证几何，在推理验证过程中缺乏问题解决的基本方法，对于怎样添加辅助线、构造问题解决条件的意识相对缺乏，对于稍复杂的几何问题仍没有掌握解决的方法。例如，在“等边对等角”的证明中，学生对为什么要做底边上的中线感到茫然，常常发出“怎么想到的”这类疑问。事实上辅助线本身就是一项探究性数学活动，是为获得对问题的证明所采取的一种尝试，既可能成功，也可能失败。作底边上的中线是受前面探究活动的启发——做出对称轴有可能解决问题，而对称轴是通过底边中点的；由于对称轴垂直于底边，因此也可以作底边上的高加以尝试；由于对称轴平分对应线段的夹角，因此，也可以作顶角平分线加以尝试。

学生由于认知经验不足，对性质 2 的理解容易出现错误，从而影响应用。教师在教学中应引导学生在证明性质 1 的基础上对性质 2 加以证明，以此来加深学生对性质 2 的理解。

本节课的教学难点：性质 1 证明中辅助线的添加及对性质 1、性质 2 的运用。

（四）教学支持条件分析

根据本节课教材内容的特点，为了更直观、形象地突出重点，突破难点，用彩纸引导学生剪一个等腰三角形，在此基础上对其进行探究；为更加直观地呈现学生的猜想验证，运用投屏的方式呈现学生对问题解决的过程。

（五）教学过程设计

1. 动手操作，引入课题

通过回顾“轴对称”一节中同学们共同欣赏过的美丽窗花及自己制作的作品，引导学生回顾轴对称的性质。

问题 1：美丽的窗花是如何剪得的？

问题 2：利用剪窗花的方法，我们按照下图的步骤再剪一个图案，你发现手中的纸片是什么形状的？为什么？

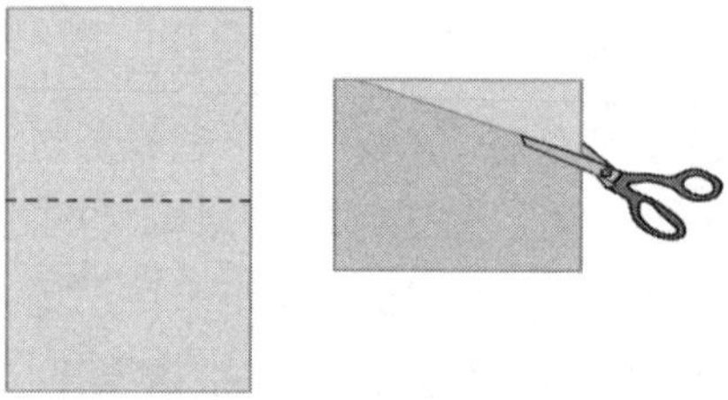

【设计意图】借助美丽的窗花及学生作品回顾轴对称图形的性质，通过观察操作过程、制作学具，教师引导学生进一步结合问题体会轴对称的作用。同时，尽管学生在小学阶段已学习过等腰三角形的定义，但在教学过程中应引导学生进一步结合小学阶段的学习经验，形成图形（概念）再进行探究，体现初中阶段数学学习的意义与价值。

2. 实验操作，大胆猜想

师生活动：学生动手剪出等腰三角形，并通过观察，在教师的引导下对等腰三角形的性质进行大胆的猜想，得出结论。教师在黑板上写出同学们的猜想。

问题 3：将自己手中的等腰三角形纸片对折，观察重合的线段和角，你有什么发现？

预设学生回答：

（1）等腰三角形的两底角相等；

（2）折痕是等腰三角形顶角的平分线；

（3）折痕是等腰三角形的中线；

（4）折痕是等腰三角形的高；

（5）折痕分得的两个三角形全等。

结合学生回答进一步追问：同学们手中的等腰三角形纸片是否具有这样

的特点？

【设计意图】让学生借助自己亲手制作的学具展开探究活动，通过观察、思考、猜想、交流的过程，引导学生体会研究几何图形的基本思路，通过直观想象、大胆猜想，在探究过程中积累数学学习的经验。追问学生手中的等腰三角形纸片是否具有这样的特点，体现了由特殊到一般的过程。

3. 推理证明，归纳性质

问题4：利用实验操作的方法，我们有了与等腰三角形有关的猜想，请同学们验证这些结论是否正确。

追问：（1）要证明两个角相等，方法是什么？

（2）如何证明两个三角形全等？

【设计意图】验证等腰三角形的两底角相等，结合问题引导学生发现问题的已知、求证及问题分析思路。

师生活动：教师引导学生进行验证，利用投屏展示不同学生问题解决的方法并进行交流。

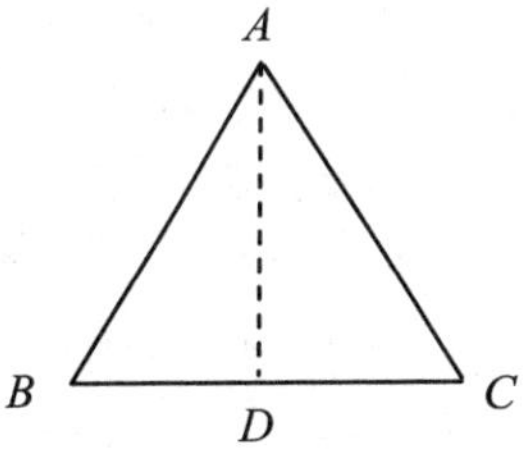


预设学生在解决问题的过程中可能出现的方法。

方法1：作$\angle BAC$的平分线$AD$，利用全等三角形的判定得到

$\triangle ABD\cong\triangle ACD$，得到$\angle B=\angle C$.

方法2：作底边$BC$的中线$AD$，利用全等三角形的判定得到

$\triangle ABD\cong\triangle ACD$，得到$\angle B=\angle C$.

方法3：作底边$BC$的高线$AD$，利用全等三角形的判定得到

$\triangle ABD\cong\triangle ACD$，得到$\angle B=\angle C$.

板书：

等腰三角形的性质1：等腰三角形的两底角相等。

简写成：等边对等角。（文字语言）

$\because AB=AC$,

$\therefore \angle B=\angle C$.（符号语言）

【设计意图】学生从折纸的过程中得到启发，找出通过添加与折痕有关辅助线的方法验证探究活动中的猜想，在此基础上为后续猜想的验证（等腰三角形性质2）提供重要依据。在探究、验证过程中，潜移默化地引导学生由实验几何过渡到验证几何，由合情推理过渡到演绎推理，逐步提升学生问题解

决的能力。

问题5：观察添加的辅助线有什么区别和联系？

追问：

（3）等腰三角形中，若折痕这条线未出现，在问题解决过程中你会怎样做？

（4）等腰三角形底边上中线的左右两部分经翻折可以重合，你发现等腰三角形还有什么特征？

【设计意图】让学生体会问题解决的方法，并进一步体会等腰三角形的轴对称性。

师生活动：师生共同归纳后续猜想（2）至（4），借助验证等腰三角形性质1的经验，学生知道等腰三角形是轴对称图形，且顶角平分线或底边中线或底边高线所在直线是对称轴。

板书出示等腰三角形的性质2：等腰三角形的顶角平分线、底边上的中线、底边上的高互相重合。

简写成：三线合一。（文字语言）

结合课件及板书引导学生总结符号语言：

$\because AB=AC$，$AD\perp BC$，$\therefore \angle$____$=\angle$____，____=____.

【设计意图】在学生体会等腰三角形轴对称性的基础上，结合性质1的经验进一步得到等腰三角形的性质2。

问题6：验证猜想（5），折痕分得的两个三角形全等。

借助上述问题解决的经验，猜想（5）成立，但图形要素及相关要素属于图形的性质，折痕分得的两个三角形不属于图形的要素及相关要素。因此，尽管猜想成立，但不属于等腰三角形的性质。

【设计意图】进一步引导学生认识“图形的性质”，抓住课堂生成，完整呈现学生的猜想及验证过程。

4. 巩固练习，熟悉性质

师生活动：学生独自完成练习，教师订正答案，并追问依据。

（1）在$\triangle ABC$中，$AB=AC$，如果一个底角为$50°$，则另两个角的大小是________和________。

（2）在$\triangle ABC$中，$AB=AC$，如果一个角为$50°$，则另两个角的大小是________和________。

【设计意图】巩固等腰三角形的性质1，第1题是基础题，第2题在第1题的基础上有进一步的思考，需要综合运用等腰三角形、三角形内角和的知识，借助分类讨论确定等腰三角形的内角度数。

（3）如图，在△*ABC*中，*AB*=*AC*，点*D*是*BC*的中点，∠*B* = 40°，则∠*BAD*的大小是______。

（4）如图，在△*ABC*中，*AB*=*AC*，点*D*、*E*在边*BC*上，且*AD*=*AE*。求证*BD*=*CE*。

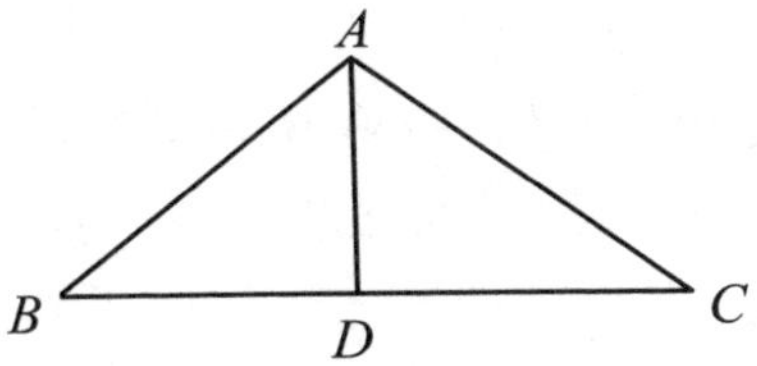


第（3）题

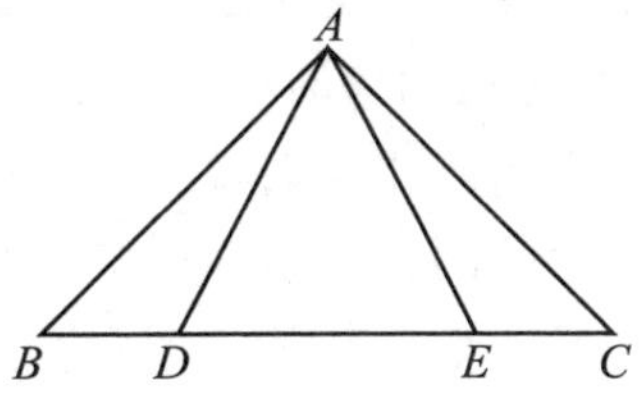


第（4）题

【设计意图】巩固等腰三角形性质2的知识，第（3）题是性质2的直接应用，也是为第（4）题辅助线的添加提供方法。第4题可通过作辅助线证明对应相等的线段。在应用性质2的同时，巩固证明线段相等的方法，也可借助全等三角形的判定证明*BD*=*CE*。

5. 性质应用，例题精讲

例：如图，在△*ABC*中，*AB*=*AC*，点*D*在*AC*上，且*BD*=*BC*=*AD*。

（1）图中哪些三角形是等腰三角形？（追问：哪些角相等？）

（2）用含∠*A*的式子表示∠*CDB*，∠*C*，∠*ABC*。

（3）求出∠*A*的度数。

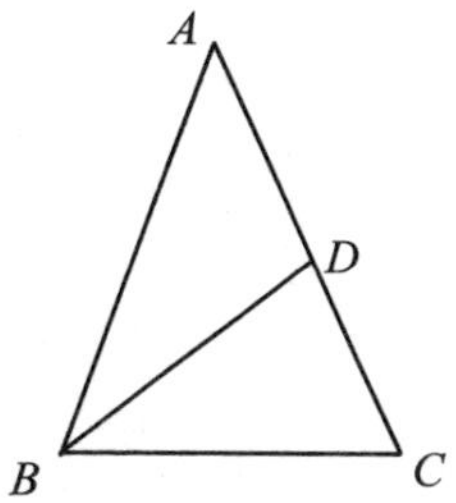


【设计意图】根据学情，对教材例题进行改编，借助变式问题，逐步引导学生认识等腰三角形→运用等腰三角形的性质进行问题解决→综合运用三角形内角、外角等知识，通过推理实现问题解决。问题（3）本质上是方程思想的运用，可以根据学生的学习情况对其进行渗透。

6. 归纳小结，突出重点

小结：（1）经过这一节课的学习，我们学到了哪些知识？

（2）我们是如何探究等腰三角形的性质的？

（3）你学到了哪些证明线段相等或角相等的方法？

师生活动：从学习内容、思想方法方面进行概括总结，并进一步引导学生体会证明线段相等或角相等的方法。

【设计意图】借助小结，引导学生在全等三角形中证明对应线段、对应角相等方法的基础上，把握本节课的核心——等腰三角形的性质，扩充解决此类问题的方法。

（六）教学反思

本课教学的主要环节是设置叠长方形、剪等腰三角形的动手活动，引导学生探究并证明构成等腰三角形的要素即两腰与两底角间的关系，以及相关要素底边中线、顶角平分线、底边高间的关系，进而获得等腰三角形的性质 1 和性质 2，并运用性质 1、性质 2 解答了几个相关问题。

课的起始以“轴对称”一节中学生欣赏过的对折剪窗花为情境，提出剪等腰三角形的问题，旨在引导学生自主搜索脑中存储的轴对称性质，以此作为动手叠长方形、剪等腰三角形并探究其性质的依据。在发现、猜想、证明环节，遵循以学生为主的理念，让学生在自主与合作中观察、猜想、表达，适时设问、追问，引发学生由直观猜想逐步转向有条理的思考、严谨的推证。在巩固运用环节，搭设台阶不仅降低了例题的难度，也有助于学生积累解决相关问题的思路与方法，体现了关注学情、从学生的“最近发展区”突破学习难点的教学智慧。

设置的动手折叠剪切、自主猜想活动，既发展了学生的空间观念也有助于学生发现问题与提出问题的经验的积累；性质证明问题的思路分析与自主论证，培养了学生的逻辑推理能力和分析问题、解决问题的能力，实现了育人目标。

# 第 14 章

# 超越知识，紧扣生活，指向观点，升华价值

## ——怎样设计好一堂道德与法治课

北京中学思想政治教师　范小江

【名师简介】范小江，特级教师，江西省首批学科带头人，江西省思想品德学科学术委员会副主任委员，律师、国家二级心理咨询师，部编版初中《道德与法治》教材的执笔者和审读者，《中学政治教学参考》封面人物，北京市基础教育地方教材审读专家组成员，北京市中学法治名师工作室实践导师。

从教 27 年，积极钻研教育教学，以“学习是一种享受”为人生座右铭，撰写《使用好部编〈道德与法治〉教材的几点建议》《为了原生态的思想品德课堂》《好的思政课是教师生命的呐喊》等十多篇教育教学论文发表在《中学政治教学参考》《人民教育》等核心期刊上。先后主持“解汉字之义，说核心价值观之育”“初中道德教育与实践”“iPad 进课堂对学生能力影响之研究”等多个课题并结题。多次参与省级中考统一命题工作，获得过省级优质课选拔赛一等奖、全国优质课竞赛一等奖，获得过“中华优秀传统文化教育全国百佳人物”“全国科研先进个人”“省级优秀执教教师”等荣誉称号。

有人常问我，备一堂课要多长时间？我会说，人生只为一堂课。什么时候我都在备课，这不是大话，这是我个人的生活与工作状态。我的备课是广义上的备课，不是狭义上的备课。2019 年 3 月 18 日，习近平总书记主持召开了思想政治理论课教师座谈会，在会上对全国大中小学思想政治课教师提出了“六个要”，即政治要强、情怀要深、思维要新、视野要广、自律要严、人

格要正。因此，我认为，要备好一堂课就是要不断地提升自己的修养、历练自己、锤炼自己，使自己成为合格的思想政治课教师，就要对照习近平总书记提出的“六个要”修身，因为利己方能达人。传道授业解惑乃师之道，而思想政治课教师的传道尤为重要且特殊，因为思想政治课是立德树人的关键课程。我们都知道，立德树人的根本任务指向培养什么人、怎样培养人、为谁培养人，这是教育的根本问题，实际上也是思想政治课教学要解决的根本问题，更是思想政治课教学要直面的关键问题。备好一堂道德与法治课，需要用好我们所有的生活素材，做到“教学生活化，生活教学化”，学生方能“学习生活化，生活学习化”。在时代大潮的引领下，思想政治课教师要引导学生立下崇高志向，仰望星空，把握机遇，清楚形势，脚踏实地，做中国特色社会主义的建设者和接班人。

## 一、理念要正确

我们知道，有好的理念才可能有好的课堂。设计一堂好的道德与法治课，需要有正确的育人观，培育学生提出问题、分析问题、解决问题的能力，尊重学生的主体地位，设计的课堂要贴近生活、贴近社会、贴近实际。初中道德与法治学科着眼于育人使命，以社会主义核心价值观为导向，把握学科核心素养四个要素的独特价值，简单地说就是有信仰、有思想、有尊严、有担当。所谓信仰，是指基于共同理想的信仰，即政治认同的理想信念；所谓思想，是指源于科学理论的思想，即科学精神的结晶；所谓尊严，是指凝结着自由、平等、公正价值取向的尊严，唯有法治才能使人拥有这样的尊严；所谓担当，是人民行使当家做主的政治权利，也是公民参与公共事务的责任担当。理念相当于我们设计课堂教学的旗帜，旗帜就是方向。一堂好的道德与法治课，能够鼓励学生与教材、与教师对话，进而与自我对话，探索行动策略，促进学生的生命成长；能够促进课堂教学方式更多地在对话、澄清、共识中实现价值引导；能够引导学生深度学习，直面挑战，实现师生心与心地沟通，以真事真情真话育真人。

## 二、设计要合理

部编版《道德与法治》教材以活动为路径，包含“运用你的经验”“探究与分享”“阅读感悟”“方法与技能”“相关链接”“拓展空间”等主要栏目，每一框题里的“探究与分享”是主要的活动设计，一般有三到五个活动，以落实新课程一贯强调的“活动内容化、内容活动化”。我们的教学设计一般是从设置情境、导入新课开始，有的教师会用教材中提供的“运用你的经验”导入，有的也会另起炉灶来备课、上课。不管是以怎样的方式导入，要设计好一堂道德与法治课，都需要把握整套教材的理念，领悟教材的实质，理解单元的旨意，准确地定位课与框要到哪里去。我们说要用教材教，不是教教材，教材是例子。对于每框主题的各个栏目来说，一方面不是要求教师照本宣科地一一落实为课堂活动，因为它与每个班的学生实际不一定吻合，对于一些学校或学生，教材中的活动或许深度不够，梯度不足；而对于另一些学校或学生，课本的活动难度却有可能比较大，导致他们无法完成预定的设计。另一方面，教材也不是就完全要求教师另行设计教学，我们可以依据教材和课标，依据本班学生的实际情况，进行自我设计。教材的每框主题都有学科知识，如关于品德的知识、有助于养成品德的知识，但纯知识的教学是我们要摒弃的，超越知识、指向价值是我们的课堂要追求的。所以针对教材的各栏目，结合学生的实际情况，我们需要对教材进行再创作，从知识是什么，到知识要到哪里去，可以从“运用你的经验”开始，也可以在“运用你的经验”中结束，这都是对教材的创造性使用。“拓展空间”既是对本框教材的提升，也是对下一框教材的铺垫与深化，同时也是对本框、本课甚至是本单元内容进行综合实践学习的脚本。教学无定法，设计无定法。设计教学时，只要适合自己的教学风格，同时又符合学科核心素养、正确价值、必备品格、关键能力的培育要求，这样的教学设计就是好的教学设计。

## 三、重点要到位

教师在进行教学设计的时候，需要根据课程标准，通读教材，明确所教课的重点和难点，这是备课的一项常规工作。有些教师写了很多年的教学设计，就是对此无法理解，我们说，一个好的教学设计，本应是先读课程标准，再读教材，确定好本单元、本课、本框的教学重点是什么，再结合学生的实际，预测教学难点是什么。在教师用书上，也有明确的重难点的提示，到了我们自己进行教学设计的时候，需要把这些资料全部内化为本人的想法。对教学重点的设计是教师帮助学生完成对框、课、单元学习的桥梁。首先，要保证教学重点不能缺失、缺位。为了保证教学重点不缺位，我们要思考的应该是怎样设计教学过程，怎样设问，怎样挖掘背景材料。若把教学设计比作一篇散文，那教学重点就是这篇散文的神，而教学流程就是散文的结构篇章，一切指向教学重点，形式就简单了，这也是保证教学质量的前提。其次，要结合实际，教师活教，学生活学。学生如果觉得教材上的活动设计简单，那我们就可以再复杂些、再有深度些；学生如果觉得教材上的活动复杂了，我们在实施的时候就可以简单些，这个时候教师的作用是怎样把桥梁和纽带的作用发挥出来。再次，教学重点设计得多与少，要依据学生的实际情况来确定。既不能贪多，也不能图少，要依据大多数学生的“最近发展区”，保证绝大多数学生有东西“吃”，能“吃饱”，还有富余。

## 四、空间要留足

新教材的突出特点是给学生留下了广阔的学习空间，通过多种形式的活动设计，引导学生在自主学习的时候，逐步深入思考所学的内容，用好教师第二次开发的教材，联系生活思考、探究、质疑，特别是能够在一些具有冲突的情境下提出不同看法，展开讨论，在两难选择中表达自己的观点，倾听他人的意见，从而在碰撞中不断深化自己的认识，辩证、全面、客观地分析问题，不被教材所约束。部编版教材的一大特点就是改变了以往的文字表达，不再是告诉你应该怎样，而是使用平和的语言，在平心静气的说理氛围下，使学生自然而然地接受或理解教材的主张。

陶行知说，解放空间使他能到大自然、大社会中取得更丰富的学问。我们在设计教学的时候，要能够把新近发生的时事热点及时用上，理论联系实际，把所要学的内容生活化、生动化，留给学生思考的空间，使得生活中处处都是道德与法治的知识，而不是仅仅存在于教材中。当时是最新的，但等到学生读的时候就旧了，所以教学设计要引导学生从教材内走向教材外，走向社会，如此才是真正的学习。这就需要我们在进行教学设计的时候，要留足空间，把课本的留白充分用好。设计教学其实也是在引导学生如何学习，是学生学习的路线图、说明书、学习指南。

## 五、方法要多样

再好的方法，如果反复使用也会变得无趣。《道德与法治》教材通用活动栏目是七个，活动设计类型是十多种，我们在设计教学方法时，也同样需要考虑多样的方法。至于用什么样的方法更合适，就需要根据教学内容、学生实际，甚至即时的情况等来决定。当然，学生喜欢的一些方法可以常用，但是不能不变。有资料表明，一位长期受学生喜欢与爱戴的教师，具备的一个重要特征就是教学方法多样。常用的教学方法有讨论、辩论、表演、调查、展示、模拟、角色变化、情景模拟、测试、比赛、绘画、演讲、报告、评论、现场参观……正如我们常说的“教学有法，但无定法”。在我们进行教学设计的时候，方法很多，什么方法最合适，需要根据教学内容、学生的年龄特点和当时的实际情况来选择。总之，适合学生、适合教师自己、适合教材本身的方法就是最为适宜的方法。但是，不能为了方法而忽略内容，方法是为内容的有效呈现服务的，内容需要方法来呈现精彩，最终目的是要达到学生收获满满，既激发了兴趣，又获得了成长。

## 六、操作要可行

评价一份教学设计的好坏，唯一的标准是学生的获得感如何。有的教学设计通过精彩的 PPT 抓住学生的眼球，但学生并不能真正地深入学习。有的教学设计流程具有明确的环节，看起来逻辑性很强，但到了具体操作的时候却变成另外的情况。不是说在实际操作中教学设计不能有变化，问题是有些教师在设计教学的时候，不能以学生为主体，为活动为活动，为环节为环节，使得整个教学活动成了教师设计脚本、自导自演的一部戏，而学生在戏外。这样的教学设计就很难说是一份好的教学设计。所以在设计教学的时候，要一步一步进行，预设学生可能会提出什么疑问，教师应该如何去应对。好的教学设计，务必要以操作可行为重要标志。在课堂上，操作可行的主体活动的数量一般为四个上下，如果活动过多，操作时就只能是机械的按部就班，走程序，学生也就很难成为课堂的主人。我们说真正好的课堂应是知识的超市、生命的狂欢，是师生心灵的沟通、情感的交融。如此，在实施教学设计的时候，预设生成，就是我们时常要考虑的，在实施的时候，还要充分捕捉学生的课堂生成，只有这样课堂学习才能够真实地发生，育人才能够落地。

### “参与民主生活”教学设计

#### 一、学习目标

1. 积极参与民主生活，增强社会责任感和主人翁意识；增强认同社会主义民主的情感；逐步形成尊重、宽容、批判和协商的民主态度。

【设计意图】这是情感、态度、价值观目标，教师在设计教学的时候，先要明确其定位。积极参与民主生活，包含三个词语：积极、参与、民主生活。

积极参与民主生活，首先要明确是做什么事，即什么事是民主生活的事。作为学生，他的民主生活有什么，从远及近，国家层面的民主生活是什么在前面已经学习过。作为青少年，当下要过怎样的民主生活，才能为未来过民主生活奠基，这是我们要明确的。“从娃娃抓起”，看似一句口号用语，实则是一句战略用语。整个社会的民主意识如何，要依靠一代一代去增强，每一代人进入社会的时候，这代人的民主意识水平取决于他们在娃娃的时候接受的民主教育水平如何。因此，这样的情感、态度、价值观目标不是一节课、两节课就能实现的，而是播下民主意识的种子，在可能的当下的生活中使学生能够积极参与，认同民主生活，形成正确的民主态度。

2. 通过参与体验民主生活，增强分析判断能力，能够以理性、公正、客观的态度全面、深刻、辩证地看问题，逐步提高参与民主生活的水平。

【设计意图】能力目标就是知道如何具体参与民主生活，如果学生现在能够结合实际参与到民主生活中去，将来也就有机会参与民主生活，懂得怎样过民主生活，成为生活中的一个政治明白人。

3. 知道行使民主权利的意义和做法，不断增强民主意识和培育民主素养。

【设计意图】让学生知道公民具有民主权利并知道怎样行使，对个人素质的提高、社会的进步、国家的发展，都具有重要意义。知晓民主权利，懂得行使，才是学以致用，才会让学生更加深刻地领悟书本知识在现实生活中是处处有体现的，学会体验观察这样的生活，并在将来会过这样的生活。

**二、教学重难点**

“参与民主生活”是部编版九年级上册第二单元第三课的内容。让学生增强民主意识，增强社会责任感和主人翁意识，提高分析判断能力，以理性、公正、客观的态度全面、深刻、辩证地看问题，并逐步提高依法参与民主生活的水平。

【设计意图】围绕着新课程的三维目标阐述教学重难点，正如上文所说，一堂好课就是一篇好散文，这篇散文的神就是教学重点。本课的教学重点就是引导学生增强民主意识，客观看待我国的民主问题，明确民主的内涵，理解把握我们国家民主的真实性，丰富对我国民主内涵的理解，从现在开始也能参与民主生活，把民主意识的种子植在内心，让民主素养在内心扎根培育。

**三、教学方法**

启发式、探究式、参与式、合作式、对话式。

【设计意图】课堂是一场对话活动，是由教师主导、主持的一场生命与生命的对话。教师又是课堂的导演，脚本是教师设计的，但主角却是学生。因此，在这样的教与学的活动中，教师不是主宰，而是要启发学生在创设的情境中做科学的探究、深度的思考，激发、引导人人参与，人人可以表达，人人想表达，人人都是课堂的主人，课堂的本质就是激情与激情的碰撞，思想与思想的交汇，生命与生命的对话。

**四、教学过程**

1. 时事播报

根据学生时事播报的内容，有效地切入学习的主题。作为学习兴趣的激发点，教师可以将时事播报即兴作为课堂上的一种设计，尊重学生自主时事播报的愿望，指导学生分析社会热点，并让他们利用所学观点发表看法，培育学生全面、客观、辩证地看问题和分析问题的能力。

学生汇报的是《中共中央国务院关于全面加强新时代大中小学劳动教育的意见》的发布。随后提问：我们需要劳动教育吗？然后教师带领学生讨论、列举生活中的一些现象：鞋带开了，不会系；虾不会吃；大学生不会洗衣服……进而得出结论：劳动教育必须进行。因为劳动教育可以解决学生生活能力的问题，是成长成才的需要；可以解决观念的问题，能使学生树立正确的价值观；可以解决国民综合素质的问题，培养社会主义建设者和接班人。这一过程中，学生还回顾了学校开展的劳动教育活动，如露营、打扫卫生区等，最后以主动劳动、尊重劳动、热爱劳动为倡导结束汇报。

【设计意图】一个小小的时事报告，让每个学生都有机会参与，一方面培养学生密切关注时事新闻的素养，了解国家大事，另一方面引导学生学会运用所学知识对国家大事进行分析，发表看法，提升自己的核心素养，形成正确的价值观。教师可以限制选题，也可以放开选题，把握的尺度在于我们能够驾驭到什么程度。提前介入学生的时事播报，在过渡到下一步的教学时就会比较从容；不提前介入，考验的是我们对时事热点的了解和专业素养的程度，即我们能否无缝衔接下一个话题。如果是理想的状态，从任何一个话题都可以顺利过渡到要进行的新课讲授中，当然也常出现学生做时事播报的时候就想围绕这个话题进行讨论的情况，这也未尝不可。教师教学的重心不在于设计的课能否按计划进行，如果所研讨的话题有利于激发学生的兴趣，同时又能够有效地培养学生的核心素养，教师完全可以支持学生围绕热点问题进行讨论、辩论。这样的课堂才是“学生是课堂主人”落地的真正的课堂。

2. 导入新课

展示学校召开学生代表大会的照片……

问题：这践行了哪些社会主义核心价值观？

【设计意图】根据所做的时事汇报，学生们激烈地讨论劳动教育的必要性，阐述对劳动教育的自我理解。有的同学就指出，随着智能化的发展，目前这样的劳动教育是不必要的。有的同学对此进行了反驳，认为劳动既有脑力劳动，也有体力劳动；既有复杂劳动，也有简单劳动。劳动本身是一种生活方式，是一种传统美德，是一种优良品质。学校正在加强的劳动教育，可以帮助我们对劳动有更深刻的认识，也能够增强大家对劳动成果的尊重。甚至还有同学说，劳动是公民的权利，也是公民的义务。作为教师，此时顺势就可以说："生活即教育，刚才所举的是劳动教育，下面我们来看一些学校活动的照片。这些照片是关于学校召开的学生代表大会的，包括每个班从代表的选举到提案的撰写、代表的参会及全体学生观摩大会的全程举行。"对此，学生们印象非常深刻，通过让他们亲身参加活动，感受在学校召开代表大会的仪式感、庄严感，在学生的心中播下民主的种子，未来在这些学生代表中就可能诞生各级人大代表、职工代表等。活动育人、文化育人，真实的发生引发了学生真情的投入，激发了学生的兴趣与学习的欲望。

3. 新课研讨

活动一：民主众生观。

民主是想说什么就说什么。

民主就是选举。

民主就是少数服从多数。

民主就是我的意见都要被采纳。

……

问题：你是怎样看待民主的？请在上述关于民主的看法中选择其中两个进行回应。

小结：我国现行的民主制度是宪法规定的制度，如人民代表大会制度、中国共产党领导的多党合作和协商制度、民族区域自治制度、基层群众自治制度。

【设计意图】第一个活动，让学生阐述对民主的看法。列举日常生活中人们的有关民主的观点，组织学生进行辨析，依照课程标准，在现实生活的基础上进行拓展，让学生对民主有了新的认识与提高。辩证看待问题，培育辩证思维，在两难选择中做出正确的价值判断，并对民主有科学的认识，澄清学生以前对民主认识的偏见。在这个活动中，学生与学生进行思维碰撞，水到渠成地获得对我国民主制度和民主的正确认知。

活动二：业主委员会"失联"了吗？

2019年5月底，北京市朝阳区某小区多名业主致电《北京日报》，称业主委员会“失联”两年。业主们呼吁业主委员会尽快履职，公开物业收支及公共收益账本。有业主在微信群里喊话，要求业主委员会履职，可一直得不到回应。找不到业主委员会，一些业主只好向小区所属的朝外街道办求助。有业主从朝外街道办获得“业主委员会备案单”，但名单中5名业主委员会成员的电话，几乎无一打通。业主程先生等人反映，小区大堂本来是业主们的公共区域，可目前全部用于出租。按照物业管理相关规定，业主委员会及物业公司应每年公布小区物业收支及公共收益账本，可至今业主委员会集体“失联”。“别说让业主参与小区事务管理，现在连基本的知情权都没有。”

经记者了解，该小区公共收益结余数十万元。这些收益是返还业主抵作物业费，还是另做他用？业主委员会表态会听从大多数业主的意见。

业主委员会是怎样产生的？发生上述这些现象的主要原因有哪些？该如何破解？

【设计意图】第二个活动，选择的是学生身边熟悉的案例，使他们进一步明确民主跟我们的生活密切相关。真实的案例能够引发学生的共鸣。作为城市里的孩子，之前可能对业主委员会了解得不多，但是简单解释后，就知道在自己身边存在。对于有些学生们来说，还多多少少会有一些亲身的经历。西方谚语说，之所以有最差的乘务服务，是因为有最差的旅客。出现业主委员会两年不履职的情况，到底是谁的责任？我们这些有选举权的业主，当时手中的票是怎样投的？慎重对待手中的选票就是民主意识增强的标志。发现问题，分析问题，感知民主生活，提升民主素养。当我们成为社会的主人的时候，希望我们的民主意识一代比一代强，这就是我们的社会需要的，也是我们的教育要努力的。

活动三：小组共同设计北京中学第二届学生代表大会代表及校长小助理的选举方案，落实学校提倡的自主管理、民主治校。

要求：

（1）通过选举方案的实施能够选出学生心中最好的学生代表和校长小助理人选。

（2）发挥想象力和运用民主智慧，展示本组的选举方案。分享本组方案产生过程中的分歧意见，以及最后解决分歧意见的心得体会。

通过研讨这个方案，你对民主有什么新的认识？

【设计意图】引导学生从已有的生活经验到拓展的认识，再到身边的社会生活，最终回到学校，落脚到学校生活。陶行知说，什么样的学校生活，就是什么样的教育生活，也就是未来学生生活的样子。学生设计代表大会的选举方案，既是对已学知识的运用，又是提升民主素养的较好实践。合作探究如何与人相处，以及对民主本质的认识，在学生心中播下民主意识的种子就成了自然而然的事。学生以主人翁的姿态设计选举要求和流程，再付诸具体操作，则是把知识内容活动化、活动内容化。

4. 拓展空间

为进一步推动“雏鹰建言行动”，引导学生关心社会生活、关注现实问题，鼓励学生科学地表达自己的主张，建设性地推进问题解决，提交有较强针对性、科学性、可行性和适切性的“模拟提案”。

请访问我们的网址 http ：//47.94.150.197 或关注微信公众号“北京青少年模拟政协”，注册账号并登录提交“模拟提案”。

请积极参与提交、评价“模拟提案”。

【设计意图】从参与学校民主实践活动，到参与社会的实践活动，环环相扣，紧密联系，学习始终在发生，这样的发生处处都是在育人，都是在培育学生终身的法治意识和正确的价值观。引导学生从课内到课外，深度参与模拟政协提案，联系生活，联系社会，培养发现事件的能力和创新精神，增强公共事务参与意识，通过实践育人、协同育人，为学生最终成为社会主义建设者和接班人奠基。

**五、教学反思**

本堂课的设计与实施，紧紧围绕社会热点、学生实际生活，创设了安全、和谐、舒展的学习环境，发现、运用学生最为熟悉的身边资源，激发学生学习的欲望，引发争论、讨论。这里没有束缚，新的知识在交流、讨论中自然而然地获知；这里也没有教化，学生是在合作探究中获得了新的认知。一切发生在身边，成长自然而然，在不经意中，恍然大悟，原来民主意识是这样的。在学习与交流中，每个学生都把自己融进去了，书本中的观点完全被活化了：我们是未来的主人，我们这一代人的民主水平，就是未来几十年国家的民主发展水平。无形中，学生们的使命感、责任感就增强了。从娃娃抓起，不是一句虚言。问题就在那里，需要有人去解决，我们是其中的主人，如果我们不去提高，问题就一直在那里。所以说，一节好的道德与法治课的设计与实施，要坚持以学生发展为本，追求课程育人、活动育人、文化育人、实践育人、管理育人、协同育人，把社会主义核心价值观落细落小落实，以培育政治认同、科学精神、法治意识、公共参与的学科核心素养为目标，让他们在真事真情真话的氛围中学做真人。

# 第 15 章

# 自我磨课，夯实基础

## ——怎样上好一节语文课

北京中学语文教师　施广胜

【名师简介】施广胜，特级教师、高级教师，蚌埠市教坛新星，蚌埠市学科带头人，蚌埠市优秀教师，蚌埠市名教师，安徽省教坛新星。

以“每天进步一点点”为人生座右铭。从教 25 年，先后撰写《提高阅读教学实效性的做法》《注意四个环节，扎实搞好阅读教学》《浅谈自我磨课》《浅谈如何在语文教学中落实语言文字应用》《由仿到创 聚焦运用》《浅议语文“课前帮”的现实意义与注意事项》等论文。主持或参与过各级课题，参与了校本教材《中华经典诗文诵读》的编写，参与课题“小学写字教学研究”的研究，主持“中华传统武术项目在小学的推广与普及实践研究”课题的研究等，其中多个课题顺利结题并获得国家级、省级优秀成果奖。

### 一、我的备课秘笈

我们通常把教师上校级、市级的公开课叫“上示范课”，把集中大家智慧的、反复推敲试讲的过程叫“磨课”。磨课作为学校教研的一种独特形式，在打造精品课堂的同时实现了教师智慧与经验的共享，对教师专业成长起到了重要的促进作用。那么，作为主备人在磨课时，如何自磨，又应怎样借助集体的力量进行他磨呢？

#### （一）自磨的准备

信息化时代，教师可以很方便地在网络上浏览各类教学参考文章。于是，有的教师往往在上某节课之前，先草草翻看一遍课文，然后就打开教参帮助自己把握教材，并开始上网寻找现成的教案，东取一个导入，西取一段设计。这样一篇拼凑而成的教学设计，看起来内容翔实，实际上前后脱节，不能扬教师之所长，更难切合当下的学情。结果往往事倍功半，课上得磕磕绊绊，学生与教师在煎熬中结束新课。

我在备课前，会反复研读课文，一遍又一遍，自己先把课文读得能够“字音读准，句子读通”。这样做就可以知道，学生读一遍课文需要多长时间，学生读课文时，哪些字音难以读准，哪些词语不好理解，哪些句子不好读通顺……这样，学生初读课文时，就可以有针对性地巡视，有预设地进行学情调查，以便在检查初读情况、教学生字和词语时，对音形义分别扫清障碍，强化重点，解决难点。

自我研读文本，揣测好学情后，我会带着三个问题再读课文：一是课文写了什么？二是为什么写？三是怎么写的？在解决“课文写了什么？”这一问题时，可以考虑就这篇课文而言，学生可以运用怎样的方法概括主要内容，是用题目扩展法，还是用六要素归纳法？或是用段意合并法，即把每段的段意连起来？抑或恰有总起句、过渡句？还是就题目或主人公提出几个问题，逐个回答归纳起来？还是多法并用，学生各依所长、殊途同归？按照这种方式，教师既能将思维发散开去，又能收得回来，预设就有了底。“为什么写？怎么写的？”这两个问题引领教师把握课文中心与写法。

待三个要点自得后，开始感悟文章的精妙：这个内容，这个中心，作者是怎样布局谋篇、遣词造句、很好地安排表达的？

在此基础上反复朗读，直至入情入境，产生共鸣，被文本感动。随后打开教参，参读之，希冀有更新的发现、新的提升。再翻开课程标准文件，从学段衔接的体系高度来定位本单元、本课的教学目标，为下一步进行教学设计打下坚实的学情基础、文本基础、情感基础，做好单元主题整体目标下的适切定位。

### （二）自磨的设计

1. 板块设计，多种预设，随文训练，关注主体。教学环节的设计，一般包括课前谈话；新课导入，质疑问难；初读课文，教学字词，整体了解主要内容；精读课文，进行听说读写多种训练与情感熏陶；迁移练习，延伸拓展；结课并布置作业。

2. 精心设计导入。这一环节的作用是为课文教学做铺垫，消除学生的紧张情绪，激发学生的探究兴趣，使之产生对教师的认同感。以课文《田忌赛马》的教学为例来说明。

师：我们来做一个智力游戏吧。假如有大、中、小三棵梨树，大梨树上长梨200个，中等梨树上长梨150个，小梨树上长梨100个。请两位同学去摘梨，摘完一棵摘另一棵，看谁摘的梨子多？假如是你，先上哪一棵树摘？为什么？

生：我先上最大的树，因为那棵树上梨子多，所以我摘的也多。

生：我先上最小的树，因为那棵树上梨子少，我摘得快，摘完这棵我再摘第二棵，两棵树加起来是250个，所以我就更多了。

师：两位同学选择不同的树摘梨，而得到不同的结果，你们想到了什么道理？

生：看问题不能只看表面，做事要多思考，这样才能出好成绩。

师：今天，我们就来学习一个运用智慧的故事——田忌赛马。

（摘自《"新基础教育"发展性研究专题论文·案例集（下）》，作者丁芳）

3. 质疑问难。教师引导学生对课题进行质疑，或者让学生就预习中不理解的地方提出问题，并把学生的疑难纳入教学过程，为学生的所需而教。此时，教师要注意倾听，及时梳理和有效指导，如果是能马上解决的表层问题，则立即解决；如果与课文关联不大的问题，则随机解决，把有质量的必须读书思考才能解决的，触及课文重点、难点的问题纳入到教学中。美国学者布鲁巴克说，最精湛的教学艺术，遵循的最高准则就是让学生自己提出问题。

4. 初读课文，教学字词，引导学生了解主要内容。语文教学的一般顺序是从整体到局部再到整体，整体着眼，局部着手。初读，让学生整体感知课文，留下一个整体的印象，为后面的细读、品读打下基础。初读要强化，要到位，训练要严格，不放过任何一处错误，特别是对于学困生，更要要求他们好好读书。课文没读正确、流畅，别的事先不做。例如，在《巨人的花园》词语教学中要求学生认识8个生字，会写12个字，正确读写"鲜花盛开、绿树成荫、鲜果飘香、洋溢、允许、围墙、告示牌、白雪一片、训斥、覆盖、凝视、火辣辣、冷酷、愉快、拆除"等词语。在教学中，教师发现学生对"洋溢"的含义理解有困难，引导予以解决；"添"字写的时候容易错，就重点范写。"这里'添'是易错字，左窄右宽，右上是个天，撇捺要舒展，右下角不是'小'，最后两笔是并列点。"当教学的内容是学生需要的时候，会发现他们听得格外认真。

《巨人的花园》是一篇童话，有的教师在教学中出示了填空题，帮助学生了解文章的主要内容：巨人外出，花园里常年洋溢着孩子们（快乐的笑声）。

当巨人回来禁止孩子们玩耍时，花园变得（寒冷而荒凉）。再当孩子们偷偷钻进花园玩耍时，花园里（草翠花开，增添春意）。而当巨人训斥孩子们后，花园又被（冰雪覆盖）。当巨人受到小男孩的提醒，拆除围墙后，花园又成了（孩子们的乐园）。利用这种方式引导学生读书、思考、交流，整体了解主要内容。

5. 精读课文，进行听说读写多种训练，品读感悟。在初读感知的基础上，教师引导学生抓住重点词句、段落，进行揣摩、品味，理解、朗读，表演、探究，等等，把握重点，突破难点，受到情感熏陶，获得思想启迪，享受审美乐趣。这是教案设计的重头戏。

《巨人的花园》一课中的“四处逃散”“四处逃窜”两个词不难理解，但表达效果不同。在教学中，教师可以给学生创设情境，让他们表演，而后以采访的形式让学生谈感受。学生通过演一演、说一说，真正体会到了文中孩子们的内心世界。教学中，要求学生结合刚才的学习，谈“花园变得寒冷而荒凉”的原因。在体会了“两个感叹号”的基础上有感情地朗读，引导学生感悟：气急败坏，十分生气，语气严厉，孩子们吓坏了——板书：四处逃散。读出“气急败坏，十分生气”的语气后，请几个同学表演。教学“花园又被冰雪覆盖”的原因时，请学生把巨人又发脾气的语句读一下。引导体会：在训斥声中，孩子们——板书：四处逃窜，开始是“四处逃散”，现在是“四处逃窜”。带着理解，教师请几个同学表演“四处逃窜”，教师扮演巨人。表演后采访学生：你为什么跑得那么快？共同体悟：巨人自私、粗暴的言行，吓坏了孩子们。这样品词析句，重在感悟，重视展开过程。

6. 迁移练习，延伸拓展。在这个环节，或练笔，把课堂上通过学习知识所形成的能力进行迁移、运用；或补充内容，拓宽学生的视野，提升学生的认识；或抛出与课文观点相左的内容，引导学生辩驳，升华学生的情感、认识；等等。

如在教学《一夜的工作》时，当阅读教学部分告一段落后，进行的第四环节是让学生以“一封发不出的信”为题给周总理写一封信。可以想象：这时，学生在有了学习过程中的真切触动后，心中有多少话想对总理讲，又有着多么激动的心情呀！这里，给他们一个表情达意的机会，他们就会还我们许多的惊喜。再如，教完《新型玻璃》一文后，让学生去当“工程师”进行更有创新性的新型玻璃的设计，这也是激发学生创新意识的有益尝试。

7. 结课，布置作业。

在教学《献你一束花》一文结课时，教师配乐讲述：

作家冯骥才在写完这篇文章后曾经感言：“每当看到从赛场上走下的那些失落的背影，我的心中就有一种莫名的难受。其实，他们同样也付出了艰辛与努力，用尽了汗水和力量，但是他们承受得往往比失败者还要多……从这一点上说，他们应该得到更多的鲜花与掌声！”看来鲜花应呈送给凯旋的英雄，更应献给——黯淡无光的失败者！此时，你一定也想对文章中的人物说些什么。请同学们回去后，拿出手中的笔，写下你心中的话语。这样的方式余音绕梁，让学生有所回味。

**（三）教研组内的他磨**

为了提高教师的教学技能而磨课，可以选择教学过程中的若干微技能指标来观课，如“提问”“时间分配”“教学方法”“教学手段”等。进行观课分工，每位观课者都要明确自己的观课目的，进行细致的观课记录活动（笔录、录音、录像），及时捕捉有效信息进行记录，包括教师教学活动、学生学习活动、教学实施过程的各个环节等。教学后，根据观课感受、反馈意见，帮助教师提升教学水平。

## 二、教学设计案例

### 《伯牙绝弦》教学设计

（一）教学目标

1. 朗读课文，背诵课文。

2. 能根据注释和课外资料理解词句意思，能用自己的话讲讲这个故事。

3. 积累中华经典诗文，感受朋友间真挚的友情。

（二）教学重点

让学生凭借注释读懂内容，在此基础上记诵积累。

（三）教学过程

1. 揭题导入

今天我们学习第25课，请一位同学读课题，最后一个字怎么读？谁再读？大家一起。

【设计意图】“弦”字的正音，建立在对学情的预知上，因为“弦”字音很难读准，必须强化。

2. 初读课文

（1）初读。

这是一篇古文。我们先自由读课文，要求读准字音，读通句子，遇到难读的地方，多读几遍。因为是古文，再加一条：根据提示在恰当的地方停顿，按自己的语速去读。多媒体出示课件。

【设计意图】“初读要求”真正做到位，很不容易，要课课落实才能培养学生严谨的自学意识与能力。

（2）检查读书。

①谁读第一句？预设：口齿清楚、声音响亮！

②谁读第二、三句？预设：“哉”和“兮”教师用红色标示，都是语气词，表示强调，这样的词后边一停顿、一延长，古文的味道就出来了。听教师读，再自由练读，再请个别同学读。

③谁读第四句？预设：有一处重音强调要读好——“必”得之。

④谁读最后一句？预设：要读好“谓 / 世”这里的连续性，语气停顿。

（3）就这样，语速放慢，适当停顿。

我们齐读。读得有点意思了，感到自己越读越好的请举手，把掌声送给自己。

【设计意图】第一句预设表面看是评价语，实际是对读书的基本要求。以此为“榜样”，学生知道该怎样努力达到要求。后几句的预设，目的在于对“教师的主导如何体现”做到心中有数。此处留有点拨的可能。若学生达到要求，教师不需赘言；若学生达不到，教师则要进行精当的点拨。“凡事预则立，不预则废。”所以教师要在备课时进行这样的预设。

3. 说说课文大意

（1）课文读得有点基础了，同学们可以根据课文下方的注释，联系上下文，自己去试说每句话的意思了。

【设计意图】学生先学，因为“是故学然后知不足，教然后知困”。学生能力从何而来？不是教师教出来的，学生要有踏踏实实的自学过程。

（2）学生自学，教师巡视。

【设计意图】巡视不是无所事事，而是快速把握当下学情，如班级上中下三个层次学生的学力如何？进度、效率如何？难点在何处？通过巡视实现对学生“最近发展区”的把握。教师要思考原先的预设是否需要调整，通过调查、调整使下一步分层教学更有针对性。

（3）我们来交流一下，多媒体出示课件。

①出示第一句。这句的关键是要理解哪一个字？“善”字。我们组个词来方便理解——善于。“善于”的近义词——擅长。

②出示第二句。这里又出现“善”字，但与第一句的“善”字意思不同，这是古文中的一词多义现象，大家要联系上下文来理解它的意思。“善哉”是什么意思？大家对泰山有了解吗？泰山的古名是“岱宗”，春秋时始称泰山，享有“五岳之首”“天下第一山”的称号。

③出示第三句。注意这里的“江河”，古文中的“江河”是有特指的，分别指的是长江、黄河。

④出示第四句。“必得之”的“必”是什么意思？“都”的意思，连起来再说说你的理解。

⑤出示最后一句。联系上下文可以推断“复”的意思是什么？“再”的意思。“不复鼓”呢？

（4）同学们刚才较好地理解了这篇古文，真棒！借助注释说句意，联系上下文进行理解。今后阅读古文，也可运用这样的方法进行学习。

【设计意图】每句都有相应的预设，有的是方法渗透，有的是背景资料补充，有的是古文知识讲解，有的是对课文的关键词语的强化，还有的是连词成句的示范。

4. 学习想象

（1）大家刚才较好地理解了古文，就为下面深入学习课文内容打下了基础。请快速用波浪线画出最能体现钟子期是俞伯牙知音的语句。来读读你画的句子。

【设计意图】不动笔墨不读书，“下手”才知深浅。

（2）找准了，现在我们边练读句子边想象当时的情境。请一位同学读钟子期的赞叹。（转向这位同学）咱俩要配合好！怎么配合，你要听懂我的心思，读时要把你的赞叹读出来。（多媒体播放背景音乐，教师示范）第一遍：志在高山；第二遍：志在高山；第三遍：志在高山。第一遍：志在流水；第二遍：志在流水；第三遍：志在流水。

【设计意图】明是读书，实是一举两得：一是示范朗读，以展示泰山之巍峨，江河之宽广浩瀚；二是以声音或雄浑或昂扬或重音强调来对应朗读的语调。师生相和，亦为“心有灵犀一点通”的再现。

（3）请你来说说仿佛看到了什么，听到了什么，想到了什么？（预设：琴技如此——炉火纯青、高妙。音乐艺术的魅力如此之强！）

【设计意图】本单元以“感受艺术魅力”为专题来组织课文，水到渠成时，也不能忘却作者的编排意图，这里进行强化。

（4）突破难点：伯牙善鼓琴，琴声里高山、流水可以表现，想一想，伯牙琴声还会表现什么呢？多媒体出示“明月、清风”的答案。

（5）当钟子期听了这样的琴声，会怎样赞叹？多媒体出示句式。

谁来仿说一句？（预设：语句流畅，感情强烈，我听出了你由衷的赞叹！）

小结：这真是俞伯牙善鼓琴，钟子期善听啊！

（6）谁能连起来一次仿说两句？一次仿说三句？（预设：你的应变能力很强。你的表达能力很强！）

小结：这真是俞伯牙所念，钟子期必得之！

【设计意图】语文知识要踏踏实实积累，扎扎实实训练，快快乐乐运用。课前的积累，现在的句式训练，在仿创之间，学生领悟到积累与习得的关系。

（7）总结板书：俞伯牙善弹，钟子期善听。俞伯牙弹出的不仅是琴声，也是心声；钟子期听到的不仅是琴声，更是俞伯牙的心声！（板书：琴声、心声）

【设计意图】“编筐编篓，重在收口。”教学要撒得出去，也要收得回来。在紧要处，点出关键所在。通过板书，传递明确清晰的课文主旨。）

（8）质疑。课文学到这里有什么疑问要提出来吗？学生提问，别的同学帮助回答。

（9）预设：我们知道钟子期听到的不仅是琴声，更是俞伯牙的心声！那俞伯牙到底有怎样的心声呢？再读读“志在高山”，再读读“志在流水”！（像泰山一样巍然屹立于天地之间，胸怀像江河一样宽广浩瀚）

【设计意图】新课标强调：“对课文的内容和表达有自己的心得，能提出自己的看法，并能运用合作的方式，共同探讨、分析、解决疑难问题。”具有质疑能力是学生应该达到的一个学习目标。教学过程既是学生的认知过程，又是学生思维的发展过程，而思维又是由疑问引起的，所以教学中要善于在“看似无疑处”引导学生质疑。

（10）小结：俞伯牙的这一志向、胸怀，钟子期听得懂、说得出，是真知己。像这样理解对方心意，有共同语言的人，我们称之为——知音！

从钟子期听得懂、说得出这一点来说，你觉得钟子期在音乐方面的造诣怎样？（预设：成为别人的知音是要有条件的——水平、积淀、修为）

【设计意图】俞伯牙是“琴仙”，技艺天下少有，但钟子期在音乐方面的造诣更是绝无仅有！要引导学生关注作为一名知音的底蕴、修养，也许有的学生从此亦会关注提升自我，那就是一件幸事了。

（11）知音难觅。再读一至四句，体会知音欢聚的快乐。

多媒体出示课文片段。

5. 深悟绝弦

（1）两人越谈越投机，最终结拜为兄弟，约定来年的中秋再相会。可当俞伯牙如约前来后，钟子期却因病去世了。如果你是俞伯牙，你心中会有怎样的感受？用一个词语来说。(预设：寂寞，悲伤，痛惜……) 为什么？

【设计意图】学习的积累，情感的积蓄，总要归结于发展学生的认知与表达。先概括为一个词语，再追问为什么？已使学生欲罢不能，使学习转化为“我要倾吐……”。

（2）至此“破琴绝弦”之意，你们理解吗？

破琴——把心爱的琴摔碎。

绝弦——把琴弦全断绝。

表面——摔碎琴，断绝全部的琴弦。

实际是宣示琴随谁而去？——钟子期！琴声随谁而终？——钟子期！

这是因为——子期已逝，世上再无——知音。

（3）这真是——欲取瑶琴弹，知音却已逝，纵有千般意，复弹与谁听？俞伯牙是这样茫然、怅然进而决然！——破琴绝弦！

多媒体播放悲伤音乐：子期死，——让我们读出此时俞伯牙的心声。

（4）你们读出了茫然、怅然，可我还要听出你们的决然！学生再读。

【设计意图】寂寞、悲伤、痛惜，茫然、怅然，都只停留在心境与头脑中，只有“决然”的举动，才是石破天惊的悲壮！学生读出“决然”时，也就“看到”了春秋时的那一幕“破琴绝弦”的定格。

（5）这篇文章现在能够做到熟读成诵吗？背吧！

【设计意图】古文的学习与浸润，离开诵读与背诵是不可想象的。没有这一要求，学生的古文积累就会虚化。

这个故事温暖着一代又一代渴望知音的人们。但是世上知音又太少了，一代名将岳飞曾道：“欲将心事付瑶琴，知音少，弦断有谁听？”老师想问，岳飞是真想弹琴吗？诗人贾岛则吟诵：“两句三年得，一吟双泪流。知音如不赏，归卧故山秋。”贾岛又在期盼什么呢？知音可遇不可求，得一知音，不仅是音乐家俞伯牙、名将岳飞、诗人贾岛的期盼，也是各个阶层、各个领域、高贵的、普通的人的永远的——思求。

板书：思求。

【设计意图】知音难觅，知音难求，但思求得一知己足矣，不应是高雅人士的独享与专利。我们固然要引导学生体味高雅艺术的魅力，也要注重贯彻全人教育理念。全人的教育，是指完全人格亦即和谐人格而言。通过结课设计试图让学生知道：即使自己只是一个普通人，也有得一知己、得一知音的需要与可能。

（四）板书设计

伯牙绝弦

琴声　心声　知音

# 第 16 章

# 由大到小，由粗到细

## ——如何进行单元设计

北京中学数学教师　刘小静

【名师简介】刘小静，北京中学小学部数学教师，朝阳区骨干班主任。在课堂中积极探索适切学生核心素养形成的教学方式，深受学生喜爱。多次在全国、市、区内做展示课，所撰写论文多次在国家级、市级、区级比赛中获奖。

### 一、我的备课秘笈

传统的教学设计以课时为单位，也就是我们通常所说的备课，在这方面所有的一线教师都积累了丰富的经验。我自己将近20年的工作也是这么一课一课地备过来的，从入门到能够胜任教学工作，相信这样的基本功助力了一代又一代教师的成长。

为什么要进行单元设计呢？华东师范大学崔允漷教授曾说，传统的课时设计立场是教师，而不是学生；单位是课时，而不是学习；取向是知识分解，而不是整合；目标是双基，而不是素养；重心是教师向学生信息传递，而不是学生信息加工；关注是教学，而不是评价；目标主语是学生，过程主语是教师。随着《中国学生发展核心素养》研究成果的发布，学科素养也走进了人们的视野，学科核心素养是学生通过本学科学习之后逐步形成的关键能力、必备品格与价值观念。单元标志着教学专业逻辑起点的转变，从知识到学习，从内容到课程，单元整合了时间、目标、内容、情境、任务、活动、评价等要素，组成了一个相对独立而完整的学习事件。单元代表了课程的最小单位，是课程的细胞，也是落实学科核心素养、实现学科育人的重要路径和基本单位，单元课程—学期课程—学科课程—年级课程—学校课程，体现了课程的整体性、累积性、建构性。由此我们可以看出，进行单元设计更有利于学生学科素养甚至核心素养的形成。

教师进行单元设计备课要有整体观念，即备课绝不是单一的备教材，而是要结合课标、教材、学情、教师因素、评价导向、课堂现状、教学条件、思想观念等诸多方面来进行，其中尤其要关注学生核心素养的形成。因此，教学设计应该是一个从对素养的思考，到对整体教学目标的制订，再到具体实施及检测方案的设计这样从大到小、从宏观到微观、从粗到细的过程。

《中国学生发展核心素养》中提出了六大核心素养，旨在培养全面发展的人。数学学科能为学生综合素养的形成提供的最大贡献就是科学精神。科学精神主要是学生在学习、理解、运用科学知识和技能等方面所形成的价值标准、思维方式和行为表现，具体包括理性思维、批判质疑、勇于探究等基本要点，而这些又是要靠学科素养来实现的。2011 版新课标中提出了数学学科核心素养的十个关键词：数感、符号意识、空间观念、几何直观、数据分析观念、运算能力、推理能力、模型思想、应用意识和创新精神。教师在教学设计过程中，需要考虑如何去落实这些宏观的目标。我常用的方法就是用三维目标把这十个关键词进行整合，根据具体教学内容的不同对照使用。

首先，在完成知识与技能目标时关注数感、符号意识、空间观念、运算能力的落实；其次，在达成过程与方法的目标中体现几何直观、数据分析观念、推理能力、模型思想的渗透；最后，在实现情感态度价值观的目标中关注应用意识和创新精神的培养。例如，在“数的认识”的教学中，落实知识与技能目标时关注学生数感、符号意识的形成，在达成过程与方法的目标中会比较多地用到几何直观、模型思想；在“计算”这一类内容的教学中，关注学生运算能力的培养，让学生在明算理的过程中学会借助几何直观，同时培养学生一定的推理能力；而空间观念主要体现在“空间与图形”这一领域的教学中，数据分析观念在“统计与概率”领域体现得多一些；在解决问题的教学过程中，对学生培养的学科素养是最多的，最常关注的就是推理能力、模型思想。而培养学生情感态度价值观的过程中，对学生应用意识和创新精神的培养在每个环节都会予以关注。

把学科素养分解到具体教学目标里，就离落地不远了，因为把目标融进教学设计，是我们一线教师最熟悉的工作。而有了学科素养目标的指引，单元活动设计的思路就呼之欲出了。以单元为单位的教学设计，首先要有一个大的问题情境。这个问题情境可以是现实生活的真实情境。比如，空间与图形、统计与概率、解决问题、数与代数领域中常见的量，在生活中都可以找到应用这些知识的场景，所以能很方便地找到一个现实情境开展学习。在现实的情境中学习对于小学生来说是非常有效的方式，因为它符合小学生抽象思维发展不够充分，需要以形象作支撑的思维特点。但是在采取这种问题情境的时候，要尽可能设计一些非良构的问题。一般而言，一个良构问题只有一个使人满意的解决方案，而现实生活中的问题大多是非良构问题，它往往包含很多复杂的干扰因素，这就有助于培养学生的科学辨析能力。除此之外，问题情境还可以是数学情境，就数学论数学。很多教师都排斥这种情境，总觉得不找到点与实际的联系就好像缺少价值，其实大可不必担心。数学本来就是一门抽象的学科，随着学习的深入，这种学科本身的问题会越来越多，只要是在学生已有经验基础之上的，符合学生实际情况的问题，即使就是简单的学科问题，也能激发学生无尽的创造潜能。比如，计算类的课，就可以直接采用这类问题情境。

这个问题情境的设计看起来与课时情境设计差不多，但是有些区别。单元的情境设计要贯穿整个单元，在这个大的情境下分解出若干的小任务，放到每个课时中去落实。在进行单元问题设计的时候，要抓住重难点，有所取舍，很多时候需要打破原来的单元安排。比如，两位数的竖式加法这部分内容，按照教材的安排是先学两位数加一位数，再学两位数加两位数，先学不进位的，再学进位的。如果进行单元整体设计，就会发现学生对于前面简单的内容完全没兴趣，因为不学也会。而且从知识的本质上看，如果学会了进位的，前面简单的问题就可以迎刃而解了。所以这个单元的教学可以倒着设计，先研究最复杂的两位数加两位数的进位加法，研究明白了再回头解释不进位加法的算理算法，后面的课时改为练习课。这样反而更简单高效。

设计好问题，就能使学生展开探究交流了，这些都是最终要落实到每个课时中去的内容。需要关注的是，基于核心素养的探究学习，不要着急被结果套住，也就是说，不要着急让学生把问题的结果找出来，而是把重点放在研究过程的展开上。学生用了什么策略？怎样进行猜测、试验、调整？如何整合资源以及开展合作？这些才是最重要的。即使结果出来了，也不算大功告成，要引导学生继续思考：这个结果在什么前提下是成立的？什么情况下就不适用了？以此来促进学生心智灵活转换能力的提升，而不是对于结果的执守。

教学设计的最后就是学习效果监测。传统的纸笔答题方式可以测试出学生对于基础知识和基本技能的掌握情况，所以进行这方面学习效果的检测是有必要的。但是对于过程与方法、情感态度价值观方面的测试，纸笔答题的方式所能反映的内容就不够充分了，这就需要教师采取更灵活多样的评价方式。比如，学生学习过程中的表现、同伴的评价等都可以作为参考。

总结起来，进行单元设计，我们可以从以下几个方面进行思考：这一类知识对学生核心素养的形成有什么贡献？学生通过前面的学习已经习得了哪些？后续还会在这个方面有什么样的发展？而此时的这一个小单元，它的价值是什么？这个价值可以通过哪个维度的目标实现？这个目标又可以靠什么活动进行落实？用什么样的方式来检测学习的效果？

## 二、单元备课教学设计案例

那么，如何进行单元设计呢？下面我将以人教版义务教科书二年级上册的“认识时间”单元为例，谈一谈对单元设计的思考。

### （一）单元设计说明

对于“时间”这一内容，本套教材分四次编排：一年级上册“认识钟表”，让学生初步认识钟面上的时针和分针，学习认、读、写整时；二年级上册，也就是本单元的“认识时间”，让学生认识几时几分，知道 1 时 = 60 分；三年级上册“时、分、秒”，让学生认识时间单位“秒”，知道 1 分 = 60 秒，体验时间的长短，学习有关时间的简单计算；三年级下册“年、月、日”，让学生认识年、月、日，了解它们之间的关系，了解 24 时计时法。从编排中可以看出，三年级学生才开始系统地学习时间，在此之前只是初步认识。这样的安排是有心理学依据的：时间的特点是不是直观形象的，没有专门传感器，具有相对性、主观性，因此时间知觉是人的一种发展得比较迟的能力。那么为什么一、二年级还安排认识时间呢？答案很简单，有实际需要。这就决定了低年级学生认识时间的学习特点：结合具体情境，不能形而上地分析学习。

2011 年版数学新课标规定：通过义务教育阶段的数学学习，学生要能增强发现和提出问题、分析和解决问题的能力，突显了“发现和提出问题”的重要性。《中国学生发展核心素养》研究成果中，提出了六大核心素养 18 个要点，其中“批判质疑”“问题解决”等都指出了具有问题意识的重要性，认为发现和提出数学问题能促进问题更好地解决，是发展学生创造力的重要途径，也是其终身学习和发展的基础。

如何使本单元的教学既紧密联系学生的实际生活，又能够发展学生的问题意识和解决问题的能力？我利用学生参加学校阅历课程的经验，设计了让学生设计“参观活动时间表”的活动，引导学生发现实践活动中有关时间的问题，从而顺利过渡到学习本单元“认识时间”的相关知识。

**（二）单元学习目标与重点难点**

1. 单元目标

（1）在具体生活情境中，借助钟面认识时间单位“分”，知道 1 时 =60 分，知道分针在钟面上走“1 小格”是 1 分钟，初步认识几时几分（5 分、5 分地数），会读写几时几分和几时半。

（2）通过用时间的知识解决简单的实际问题，进一步学习观察、比较的方法，形成初步的推理能力，培养问题解决的能力。

（3）培养探究精神、合作意识。

2. 单元重难点

教学重点：正确读、写几时几分，知道 1 时 =60 分。

教学难点：接近“整时”的时间认读。例如，4:55。

难点突破：学生在认读时间时接触的大多数是相对静止的钟面（如钟表的某个时刻、练习中的钟表图案），这就导致很大一部分学生不理解钟表计时的原理，不了解指针转动的规律，只记住了一些类似于“先看时针，再看分针”的方法，因此在复杂情境中就容易混淆。突破这个难点，需要给学生提供充分的操作机会、足够的探究空间，在操作探究中帮助学生理解钟表指针转动计时的原理。

3. 单元整体教学思路

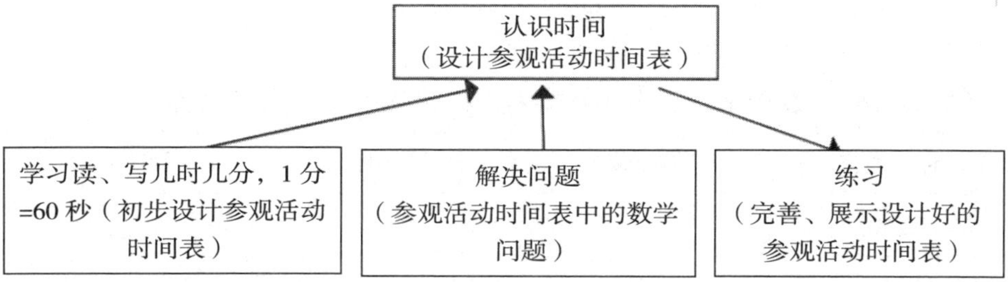


**（三）第 1 课时教学设计**

课题：学习读、写几时几分，1 分 =60 秒（初步设计“参观活动时间表”）。

课型：新授课。

1. 教学内容分析

本课是单元起始课，同时承载了“认识时间”这个单元的全部知识点：

读、写几时几分，知道1分=60秒。教材中借助了学生上课起立的情境，帮助学生联系生活，让学生在“拨一拨”“数一数”的活动中直观认识时间单位“分”，以及“时”“分”两个单位之间的关系。这节课我的设计思路与教材基本相同，只是替换了问题情境，使用了单元的大情境“设计参观活动时间表”，本节课的分解任务是让学生根据前期调研进行初步设计，在设计活动中根据解决问题的需求探究新知。

2. 学习者分析

学生在一年级上册已经初步认识了钟表，能够区分钟面上的时针和分针，会认、读、写整时。在日常生活中学生经常需要看钟表上的时间，因此部分学生对于几时几分也是认识的，只是在面对分针在钟表后半圈时的小时数时容易混淆。这些为学生在实际情境中通过同伴互助的方式探究新知提供了基础。

3. 学习目标确定

（1）知识与技能：在“初步设计参观活动时间表”的情境中，借助钟面认识时间单位“分”，知道1时=60分，知道在钟面上分针走“1小格”是1分钟，初步认识几时几分（5分、5分地数），会读写几时几分和几时半。

（2）过程与方法：经历探究新知的过程，体会用动手操作、观察思考、同伴互助的方式学习所需知识。

（3）情感态度价值观：培养探究精神、合作意识、问题意识。

4. 学习重点、难点

（1）重点：读、写几时几分，知道1分=60秒。

（2）难点：接近“整时”的时间的认读。

5. 学习评价设计

教师在教学过程中对学生参与学习的情况进行小组星级评价：

| 评价内容 | 积极参与 | 同伴互助 | 解决问题 |
| --- | --- | --- | --- |
| 评价星级 | | | |

积极参与：既评价学生积极进行课堂展示的情况，也关注小组活动时组员的参与率。

同伴互助：评价学生遇到问题时能否主动求助，小组成员能否关注遇到困难的同伴。

解决问题：既评价学生能否分析、解决问题，也关注其能否发现、提出问题。

6. 学习活动设计

环节一：创设情境，提出问题

（1）创设情境：学校每年都会组织参观活动，经过调研，年级学委会拟定了今年的参观活动：

**二年级参观科技馆活动时间安排**

（2019 年 12 月 6 日）

出发：上午 8:00

路上用时：1 小时

参观：3 小时

午餐：30 分钟

返回用时：1 小时

（2）引导学生审题：你从图中知道了什么信息？有看不懂的信息吗？

（3）启发思考：如果按照这个安排组织活动，你觉得可行吗？为什么？

（4）发现问题：没有具体时间安排不好操作。

（5）提出本节课要研究的课题：你能写出具体时间，设计一份方便大家使用的参观活动方案吗？

【设计意图】二年级学生已经参加过多次实践活动，对于活动的组织安排非常熟悉。教学中把学生对时间的认识和他们感兴趣的生活场景联系起来，更有助于学生时间概念的建立，同时也为学生探究新知提供了支点。图中呈现的方案，是我校低年级学生调研后最常使用的记录方式，往往都是由教师带着进行后面的设计，学生还没有独立把调研结果梳理成具体方案的意识和能力，这恰恰为本节课的探究提供了素材。

环节二：在解决问题中探究新知

（1）学生借助钟表学具进行独立思考、设计，完成后或者遇到问题时在小组内交流，教师巡视并提供帮助。

（2）展示方案后，进行互动质疑、集体研讨。

预设：上午 8:00 出发，那么 9:00 到达，9:00—12:00 参观，午饭是 12:00—12:30，到校是 1:30。

研讨问题①：12:30 和 1:30 这种时间表达方式我们第一次见，这是什么意思？（12 时和 1 时过 30 分）

你能在钟表上拨出 12:30 吗？分针为什么在这里？

引导学生认识：分针走 1 个小格是 1 分，从数字 12 走到 6 正好是 30 个小格，也就是 30 分。

引导学生加强对几时几分的认识：我们一起像他这样，从 12:00 拨到 12:30。

（在 12:05，12:10，12:15 时追问：这是几点？）

能继续拨到 1:30 吗？（带着学生 5 分、5 分地数）

研讨问题②：你是怎么知道 8:00 过一个小时是 9:00 的，能在钟面上拨出来吗？你是怎么拨的？

（把分针拨一圈，时针自己从 8 走向 9。）

学生通过操作理解：分针转一圈是 60 分，这时时针走了 1 个小时，60 分 =1 小时。

（3）巩固练习：“做一做”。

关注：倒数第二块表，是 9:55 还是 10:55，为什么？（引导学生拨一拨体会辨析）

【设计意图】二年级的学生设计时间方案，又涉及“经过时间”的问题，这样的设计的确有挑战性，但是正因为没有学习过怎样计算时间，才有了使用钟表操作的需求。同时由于学生有充分的实践活动经验，对于时间安排有很多感性认识的积累，也相对降低了操作的难度。学生在解决实际问题的过程中产生了认识“分”的需求，同时有情境和操作的支撑，为学习抽象的时间知识增加了一些趣味性，更易于理解。

环节三：回顾学习过程，发现新问题

我们根据调研结果，借助拨钟表，设计出了参观时间的安排：

**二年级参观科技馆活动时间安排**

（2019 年 12 月 6 日）

出发：上午 8:00

到达：上午 9:00

参观：9:00—12:00

午餐：12:00—12:30

返回：12:30

到校：下午 1:30

启发思考：看着这个安排，你还有什么问题吗？

学生发现：午饭后和放学前没有整理的时间，安排太紧张；可以再增加一些总结分享的项目，使活动更丰富些。

【设计意图】发现问题不止存在于审题环节，在解决问题过程中、解决完问题后往往会出现许多新的问题，这些新问题会随着学生的研究深入不断出现，却往往是更加有价值的真问题，而学生的问题意识、问题解决能力就是在这样不断提出新问题的过程中发展起来的。所以我在教学过程中，会随时关注学生又发现了什么问题，在这里利用学生设计的初稿，引导学生联系实际提出建议，并在后面的教学中寻求数学的解决方案。

7. 板书设计

认识时间

分针走 1 小格是 1 分。

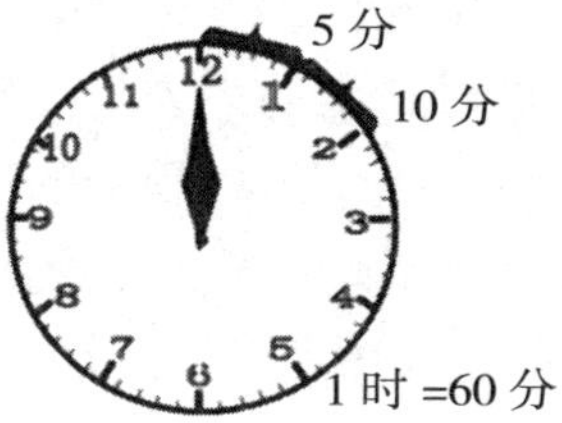


8. 作业与拓展学习设计

连线。

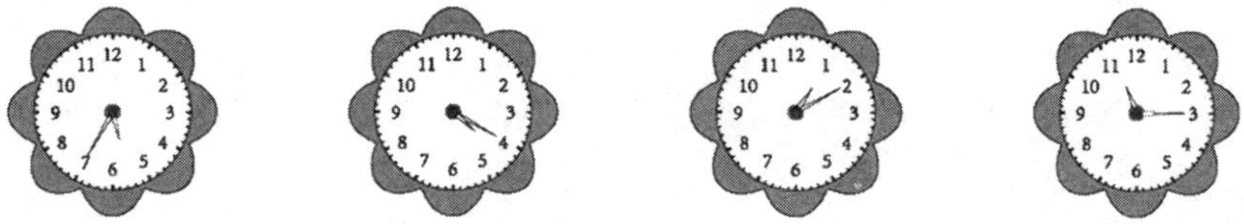

1:10　　11:15　　4:20　　5:35

9. 特色学习资源分析，技术手段应用说明

（1）用“设计参观科技馆活动的时间安排”串联整个教学过程。

（2）借助拨动钟表解决问题的过程认识几时几分的时间。

（3）鼓励学生小组内互助，挖掘同伴资源。

10. 教学反思与改进

本节课“认识时间”的任务借助拨动钟表完成，让学生积累丰富的操作经验，为突破学习难点做好铺垫。

心理学研究表明，7~8 岁是孩子的时间知觉迅速发展的时期。这个年龄的学生基本能把时空关系区分开，丰富的生活经验起着重要的促进作用。因此熟悉的秋游活动是学生探究过程中一个重要的抓手。

用一个活动串联起整个单元的学习，更有利于学生问题解决能力的培养。（如下图）在一个任务中，学生不断地发现问题、解决问题，再发现新的问题，从而使学习不断走向深入。

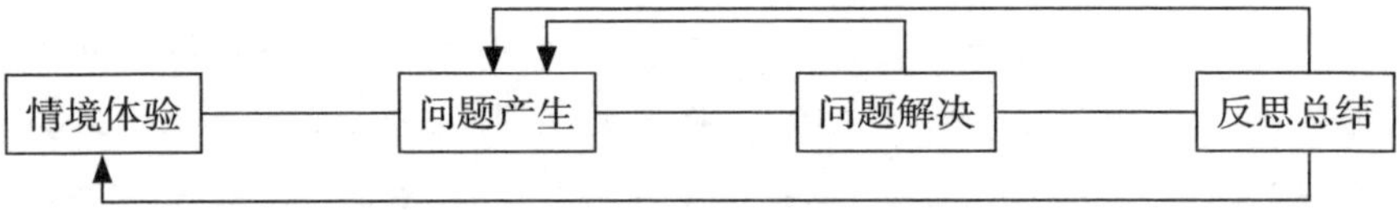


**（四）第 2 课时教学设计**

课题：解决问题（参观活动时间表中的数学问题）。

课型：新授课。

1. 教学内容分析

本课是运用时间的有关知识，通过观察、比较、推理的方法解决简单的实际问题。这是修订后教材新增的内容，打破了原来对时间的认识偏重于计算的现象，转为更加关注学生学习过程中的思维活动和数学思考。这节课我继续使用单元的“设计参观活动时间表”的情境，引导学生解决其中蕴含的实际问题，在解决问题的过程中培养学生初步的推理能力。

2. 学习者分析

通过第 1 课时的学习，学生已经能够认读几时几分，知道了时间单位“时”和“分”之间的关系，为本节课解决问题打下了知识基础。在上节课的最后，学生发现初步设计成的参观活动时间表中，存在时间过于紧张、活动安排不够完整的问题，这些发现正好为本节课解决问题提供了研究素材。

3. 学习目标确定

（1）知识与技能：会用时间的有关知识解决简单的实际问题。

（2）过程与方法：进一步学习观察、比较的方法，形成初步的推理能力，培养问题解决的能力。

（3）情感态度价值观：培养探究精神、合作意识、问题意识。

4. 学习重点难点

（1）重点：用时间的有关知识解决简单的实际问题。

（2）难点：根据解决问题的需要理顺情境中相关联的几个事件之间的关系。

5. 学习评价设计

教师在教学过程中对学生参与学习的情况进行小组星级评价：

| 评价内容 | 积极参与 | 同伴互助 | 解决问题 |
| --- | --- | --- | --- |
| 评价星级 | | | |

积极参与：既评价学生积极进行课堂展示的情况，也关注小组活动时组员的参与率。

同伴互助：评价学生遇到问题时能否主动求助，小组成员能否关注遇到困难的同伴。

解决问题：既评价学生能否分析、解决问题，也关注其能否发现提出问题。

6. 学习活动设计

环节一：创设情境，提出问题

（1）创设情境：出示上节课学生初步设计的参观活动时间表。

**二年级参观科技馆活动时间安排**

（2019 年 12 月 6 日）

出发：上午 8:00

到达：上午 9:00

参观：9:00—12:00

午餐：12:00—12:30

返回：12:30

到校：下午 1:30

（2）引导学生回顾：上节课，我们设计出了这个参观活动时间表，同学们发现：午餐时间安排得太紧张，活动安排不够丰富。这节课，我们就根据同学们的合理建议，给这个表增加一些项目。

（3）提出问题：如果要在午饭后安排半个小时的休整时间，可能是下面的哪个时间呢？把它圈出来：

下午时间

【设计意图】学生在上节课发现了初步设计的时间表安排的不合理之处，增加一些项目的需求正好与本节课的解决问题相关，因此借助学生生成的问题设计了本节课的问题情境。这种基于真实情境的问题更能激发学生探究的兴趣，也能为学生探究新知提供丰富的活动经验的支撑。

环节二：合作探究，解决问题

（1）学生独立思考，完成后或者遇到困难时在小组内交流。教师巡视，提供帮助。

（2）展示交流，互动质疑。

预设①：按时间先后顺序思考。午饭后休整，要在12:30之后不久，所以12:45合适。

研讨时关注：这种方法的重点是找到与问题有关系的时间，即午饭时间。

预设②：排除法思考。10:20还没吃饭，5:00都放学回家了，所以只有12:45合适。

研讨时关注：此方法的重点是根据“午饭后”这个线索，排除不可能的时间。

（3）检验：问题解决完了，正确吗？你是怎样检验的？

（预设：学生把这个项目安排带入整体中，看是否合理。）

【设计意图】鼓励学生从多角度展开思考交流，丰富解决问题的策略。学生可以从正向思考，找到相关联的时间，通过理顺它们之间的关系来寻找答案；也可以反向思考，排除不合理的答案，在排除错误选项的过程中，学生的推理能力得到培养。

环节三：巩固练习，拓展提升

（1）如果在放学之前安排一个交流分享参观感受的活动，什么时间合适？

（2）你认为我们还可以安排哪些活动，放在什么时间合适？

（3）小测试：

明明可能在下面哪个时间去踢球？把它圈出来。

【设计意图】本节课的探究活动放在了学生熟悉的情境中，在一定程度上降低了审题的难度，所以在最后安排了几个练习。最后一个练习，就是我们课本中的例题，让学生跳出这几天一直在用的在情境中解决问题，拓展了探究的空间，对学生解决问题的策略水平提出了更高的要求。

7. 板书设计

解决问题

**二年级参观科技馆活动时间安排**

（2019 年 12 月 6 日）

知道了什么？　出发：上午 8:00

到达：上午 9:00　　之后

怎样解答？　参观：9:00 —12:00

午餐：12:00 —12:30

解答正确吗？　返回：12:30

到校：下午 1:30

8. 作业与拓展学习设计

小红可能在什么时间去摘西红柿？圈一圈。

9. 特色学习资源分析、技术手段应用说明

（1）借助学生在上节课学习过程中提出的问题，设计新问题情境。

（2）解决完问题后对问题情境进行再开发，鼓励学生提出新的问题。

（3）创造性使用例题，作为练习使用。

10. 教学反思与改进

本节课的例题虽然是儿童生活中的问题，但毕竟不是学生正在面对的直接与学生相关的问题，所以我对这个情境进行了改编，与这个单元的主题联系起来，使用学生上节课自己提出的问题。这样真实的问题体现了数学的应用价值，学生更加感兴趣。

解决完问题后对问题情境进行再开发，鼓励学生提出新的问题，引导学生的思维走向深入。在最后，让学生跳出生活情境，解决其他情境中的问题，也就是教材中的例题，既起到了练习的作用，也对学生进行了一次简单的测验。

**（五）第 3 课时教学设计**

课题：练习（完善、展示“参观活动时间表”）。

课型：练习课。

1. 教学内容分析

本单元只安排了两节新授课，本课是巩固练习课。怎么能够让练习课改变做题、讲题的模式？能不能在练习知识技能的基础上促使学生进行更加具有深度的学习？为了达成这个目标，我制订了完善、展示“参观活动时间表”的任务，学生根据前两节课发现的时间表初稿中存在的问题，运用所学知识对这个安排表进行修改，之后用边拨钟表表盘边介绍的方式展示自己的作品，既巩固了认识时间的知识，也培养了问题解决能力。

2. 学习者分析

学生完成了对本单元新知的学习，除了学会了时间的有关知识之外，在探究学习的过程中解决问题能力、合作意识都得到了培养。在上一节课中，学生运用本单元的知识丰富了活动时间表中的活动，对如何完整、合理地安排秋游活动时间有了更深刻的认识，为本节课完善、展示作品做了充分的准备。

3. 学习目标确定

（1）知识与技能：通过完善、展示“参观活动时间表”，练习认读时间，在活动中巩固“时”和“分”之间的关系。

（2）过程与方法：在活动的过程中锻炼推理能力和问题解决的能力。

（3）情感态度价值观：培养探究精神、合作意识、问题意识。

4. 学习重点、难点

（1）重点：练习认读时间，巩固“时”和“分”之间的关系，培养解决问题的能力。

（2）难点：准确、熟练地认读几时几分的时间。

5. 学习评价设计

教师在教学过程中对学生参与学习的情况进行小组星级评价：

| 评价内容 | 积极参与 | 同伴互助 | 解决问题 |
| --- | --- | --- | --- |
| 评价星级 | | | |

积极参与：既评价学生积极进行课堂展示的情况，也关注小组活动时组员的参与率。

同伴互助：评价学生遇到问题时能否主动求助，小组成员能否关注遇到困难的同伴。

解决问题：既评价学生能否分析、解决问题，也关注其能否发现提出问题。

6. 学习活动设计

环节一：创设情境，提出问题

（1）出示“参观活动时间表”及上节课学生提出的完善建议：

**二年级参观科技馆活动时间安排**

（2019 年 12 月 6 日）

出发：上午 8:00
到达：上午 9:00
参观：9:00—12:00
午餐：12:00—12:30
返回：12:30
到校：下午 1:30

增加：30 分钟的饭后休整；放学前 1 小时分享。

（2）引导学生回顾并提出问题：上节课，我们根据同学们的建议增加了两个项目，当然还有同学有新的想法，增加后这个时间表就需要做出调整，你能根据你选择的增加项重新设计“参观活动时间表”吗？设计之后，小组合作交流一下展示分工，要求边拨钟表边展示。

【设计意图】本节课是本单元的最后一课。学生经历了“参观活动时间表”的初步设计、发现问题做出调整的过程，本节课将引导学生完善设计。

螺旋上升的学习难度安排将学生的探究学习不断引向深入，学生思考问题的角度越来越全面，更加符合现实生活中复杂问题的实际情况。

环节二：合作探究，完善设计

（1）小组合作完成最终方案，讨论、展示方案。教师巡视、提供帮助。

（2）展示交流，互动质疑。

预设①：严格按时间做安排；

预设②：留出余量，如路上多留出一些时间以预防堵车。

预设③：增加其他的活动。

研讨关注：小组展示之后请同学们与之互动交流，点评。在这个过程中引导学生发现符合生活实际的设计，体会数学的应用价值。

【设计意图】学生在完善方案的过程中继续应用所学知识，练习了本单元“认识时间”的知识之外也锻炼了解决问题的能力。同时本节课的设计和展示都是在小组内完成，学生的小组合作能力得到培养。学生经过三个课时的活动完成了最终的成果，收获了学习的成就感。

环节三：总结巩固

引导学生回顾：这个单元我们学习了什么？“认识时间”的知识在你的生活中有什么作用？

【设计意图】把学生的思考再次引入到现实生活中，使学生感受数学学习的价值。

7. 板书设计

**二年级参观科技馆活动时间安排**

（2019 年 12 月 6 日）

出发：上午 8:00

到达：上午 9:00

参观：9:00—12:00

午餐及整理：12:00—1:00

返回：1:00

到校：下午 2:00

放学：下午 3:00

**二年级参观科技馆活动时间安排**

（2019 年 12 月 6 日）

到校：上午 7:30

准备：上午 7:30—8:00

去程：上午 8:00—9:00

参观：9:00—12:00

午餐及整理：12:00—1:00

返回：下午 1:00—2:00

分享：下午 2:00—3:00

放学：下午 3:30（防止堵车）

8. 作业与拓展学习设计

看图讲故事。

9. 特色学习资源分析，技术手段应用说明

（1）借助一个大的情境，在完成任务中做练习。

（2）再次拨动钟表进行展示。

（3）引入生活资源，修改方案。

10. 教学反思与改进

本节课是练习课，打破了传统的做题、讲题、再做题的方式，而是让学生完成完善“参观活动时间表”并进行展示的任务，让学生在活动中练习所学知识，寓练习于无形，使得练习课更加有趣。本节课中第二次让学生拨动钟表，第一次是出于探究的需要，作为辅助工具；这次是作为展示的一部分，起到帮助学生巩固“认识时间”相关知识的作用。本节课的最后，让学生思考本单元的所学对生活有什么帮助，旨在引导学生继续挖掘数学的应用价值。

**（六）单元设计特色**

本单元的设计特色主要有三点：首先，整个单元的学习在设计“参观活动时间表”的大情境中进行，学生在学习中面临未经过滤的、包含复杂因素的生活中的真问题，通过分析、解决有挑战性的问题，设计活动方案来感受数学的价值。

其次，在问题引领下进行探究学习的设计。面对情境，发现问题，解决问题，反思总结，这四个环节不是单向的，不是一蹴而就的，而是动态循环的。学生在解决问题时、反思总结时会不断产生新问题，于是再去分析解决，随着学习的深入又有新的问题被发现。

最后，答案的合理性永远是相对的，没有一个答案可以适用于所有情况，于是，我们需要以批判质疑的眼光看待问题。所有这些都指向深度学习，旨在培养学生的高阶思维。

# 第 17 章

# 以学生为中心，激发学习兴趣

## ——怎样备好一节英语课

北京中学英语教师　张冬美

【名师简介】张冬美，小学高级教师，朝阳区骨干教师。2015 年被选拔为朝阳区优秀青年教师拔尖人才，2019 年被评选为朝阳区英语骨干教师。

近三年，曾获得国家级研究课、课例证书 6 份，市、区级研究课、课例证书 12 份；曾主持 1 个区级微课题，参加过 2 个国家级课题和 1 个区级课题；曾多次投稿并荣获市、区级论文评优证书，其中有 2 篇文章刊登在区级刊物上；曾参与编写《践行课堂文化，构建智慧课堂——“三个一”培养学生学习习惯案例故事集》《智慧课堂，慧心悦行——教师专题研究教学设计集》《智慧课堂，慧心悦行——英语学科实践活动成果集》，曾参与“京版云”教材数字资源平台建设项目开发，所完成的 3 节微课教材资源创意新颖、形式有趣、内容准确，经审核被北京出版社征集使用。近三年，曾多次进行公开课和研究课的展示，获得同学科专家及教师的一致好评。

## 一、我的备课秘笈

怎样备好一节英语课？“兴趣是最好的教师”，一节成功的英语课应以学生为中心，设计的教学活动应能激发学生的学习兴趣。

### （一）课前绘本故事，激发学生学习兴趣

故事教学是小学英语教学中的一个重要组成部分。以下是我使用多媒体技术促进英语故事教学的一个案例。

1. 教学片段——Story Time

我利用互联网搜索与 *Can you tell me the way to ...*？相关的资源和素材，最终，我选择了既受学生们喜爱，又适合学情、教情的英文卡通片 *Peppa Pig*。通过反复思考和研究，我将“*The Museum*”一集选定为课前五分钟故事内容。与教学重难点相契合的卡通片的引入，很好地激发了学生的学习兴趣。课前五分钟故事环节的设计，能培养学生通过听语言材料获得信息的能力，培养学生良好的倾听习惯。我通过制作 PPT 来呈现任务，环环相扣，对教材文本进行预热和铺垫，教师适当拓展，真正做到面向全体，关注差异。我的具体教学步骤如下：

（1）教师引导学生观赏动画片，思考并回答问题。

教师制作教学课件并引导学生观察课件中呈现的图片，询问学生看到了什么地方，学生根据已知，能够说出故事主题“museum”一词。在呈现与教材内容比较贴合的动画故事之前，教师提供问题，供学生思考，学生边观看动画片，边寻找问题答案，最后用英语来回答问题。

教师提供的问题：How many rooms have they visited？

语言基础比较薄弱的同学能回答此问题。

What are they？教师关注动画片中出现的一些地点词汇，适当为学生进行词汇补充与拓展，助力学生在学习完教材目标语言后，能够比较自如地进行替换和拓展练习，最终帮助学生们达成用英语问路和指路的教学目标。

（2）学生观看动画片，提取相关信息。

（3）教师播放课件，师生之间互动研讨。（图片略）

教师引导学生观察图片，为他们补充了地点名词，教师复现序数词，帮助学生们唤出序数词用法的记忆，同时为本课“It's on the fifth floor.”和“It's the third room on the right.”的学习和理解进行铺垫。教师有意识地帮助学生扩充表达方位的相关词汇，如 beside，left，right 等，为学生们最后的拓展活动提供语言支持。

（4）教师设计练习，鼓励学生用英语进行表达。复现故事中的地点词汇和序数词的相关表达，强化学生记忆。

（5）教师总结，为课文中学习问路、指路的话题进行过渡和衔接。教师再次复现问路、指路中会出现的高频词汇 on the right，between... 很自然地将故事教学导入到教材文本的学习中来。

2. 教学反思

通过互联网搜索适合学生的视频资源作为课前五分钟故事，这能够激发学生的兴趣，充分调动学生的学习积极性。

在呈现故事前，教师提出故事主旨信息和细节信息的问题，并通过多媒体课件呈现出来，学生在学习过程中便能够抓住重点，厘清思路，积极思考。

针对本故事，我所提出的细节问题：Where have they been？ How many rooms have they visited and what are they？

学生只有听清楚问题，才能准确回答问题。通过多媒体视频及课件的展示，学生学习课前五分钟故事。学生进行语言输入时，教师帮助他们准确定位、记忆原文、思考加工，最终助力学生用英语回答问题。

我设计的第一个问题，是围绕着故事的标题的，几乎所有学生都能准确定位并回答出“museum”一词，但是如果用英语回答整句信息，这对学生的语言要求还是很高的。优秀生可以通过教师引导，回答出“They have been to the museum.”；中等生可以根据教师引导、优秀生示范，尝试回答完整句子；学困生也能听清楚问题并回答“The museum”。

第二个问题学生需要观赏过动画片后，回忆故事中的相关细节，回答“They have visited three rooms.”。大部分同学可以尝试整句回答本问题，学困生能够理解并回答“three”。关于这三个房间的情况，大部分同学可以回忆、准确提取信息并回答。教师引导：“What is the first room？”学生回答“The king and queen’s room.”，教师继续引导 the second room and the third room，学生分别进行回答。

教师一步一步把故事学习引入到课文学习中来。

教师通过故事中出现的三个房间，复习三年级学过的序数词的知识。序数词知识比较抽象，学生不易理解，如果事先不做相关铺垫和预热，直接学习本课话题，对于学生来讲，难度非常大。教师通过提出“What are the three rooms”这样的问题，逐步引导学生说出“The first room is... The second room is... The third room is...”，加强序数词的语言知识的呈现和使用，能够帮助学生学习教材目标语言“It’s on the fifth floor.”，理解“the third room on the right”的意思。

教师呈现教学课件中三个房间位置关系的图片，引导并鼓励学生尝试表达“The dinosaur room is on the right of the king and queen’s room.”“The dinosaur room is in the middle，it’s between the king and queen’s room and the museum cafe.”。

总之，教师可以挖掘学生喜欢听故事、讲故事的积极情感因素，结合学生的已有知识水平和生活经验，利用多媒体呈现出学生喜欢的图片、视频，这样能够帮助学生理解目标语言，充分调动学习的积极性和兴趣。另外，通过鼓励学生积极参与到课前五分钟故事环节中来，师生共同有感情地听故事、讲故事，将学生引入本课话题，针对与主题课文十分贴合的教学重点和难点，教师利用多媒体课件呈现并适当点拨，充分发挥学生的主观能动性，最终帮助学生能够使用英语在真实的情境中进行有关问路和指路的表达。

**（二）信息技术辅助，激发学生学习兴趣**

随着信息技术的发展，涌现了越来越多的学习平台，以下是我利用某平台优化 production 环节设计的案例。

1. 教学片段——Let’s do it

问路、指路话题的目标语言已经习得，教师要帮助学生们创设真实的语言情境引导学生用英语。考虑到学生已经四年级，在英语学习方面，学生出现两极分化的趋势，有的学生语言基础比较好，教材文本已经无法满足这些学生的求知欲；而有的学生语言基础比较弱，他们进行语段的输出比较困难。基于这样的学情，教师思考进行分层教学，在拓展环节中创新设计了两个活动方案，大胆尝试将其带入英语课堂。

第一个方案是面向语言基础比较好的同学的。教师与学生事先约定好，在学习目标语言过程中获得贴画数前三名的学习小组，可和教师一起参与语言实践体验活动。活动前，教师提前为每一个小组成员做好角色定位与指导，为学生创设真实的活动情境，学生经过商讨自主选择，明确每位小组成员的任务。

学生 1 询问学生 2 某间教室如何走，学生 2 根据学校平面图进行指路。这里，学生 2 要先听清楚学生 1 问的问题，才能根据所学语言，借助学校平面图用英语为学生 1 指路。小组成员中，他们的语言能力各不相同，学生 4 在团队中语言基础可能比较弱，故教师与学生 4 约定好让其始终陪伴在学生 1 旁边，辅助学生 1 找到要找的教室的位置，并让他监督其他成员，保证整个活动的有序进行。学生 3 在学生 1 所寻找的教室外面等候，待他们完成任务后，小组成员在指定位置集合并由教师带队回班，教师预设的活动时间为 3 分钟，即不论是否完成这个体验活动，小组成员均要 3 分钟后在集合地点会合。

第二个方案是面向大多数学生的。教师提供若干地点名词的图片，分配到各个学习小组，教师组织学生活动：拿到单词贴画的学生先认读自己手中的单词贴画，然后和其他三名组员一起分享练习。等学生练习完毕后，教师找两名同学说一说自己手里的地点名词。之后教师呈现相关的视频资源供学生观看和学习，播放视频资源的时间大约为 3 分钟，这个时间教师会请一名同组教师帮忙关注课堂中参与方案二活动的学生。与此同时，教师带领方案一活动成员到楼道里进行体验活动。

分层活动过程当中，教师引领另一部分学生在教室完成阅读任务。明确要求：小组活动时，把自己手中的单词贴画和其他组员的单词贴画合在一起进行分享，学生按照图示选择合适的单词图片，将单词贴画粘贴到合适的位置。图片上没有贴画的可以着手绘画，若时间不够，学生可将任务拿回家，并使用彩铅填涂颜色，完善学习成果。

LET'S DO IT.

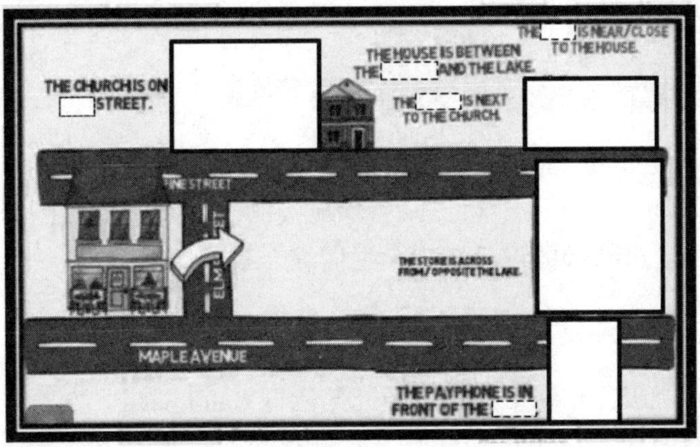


2. 教学反思

这个教学片段是一堂完整英语课的最后一个环节，也是检验课堂教学是否有效、学生能力是否得到提升的关键。不论是常态课还是公开课，教师在这个环节的设计都是最花费时间和精力的，因为要结合学生的实际情况进行设计，设计的活动过难，大多数学生将失去对英语学习的兴趣，学生能力无法提升；设计的活动过易，大多数学生争先抢答，课堂很难控制，学生能力也不会得到相应的发展。

以往，教师们苦于手头没有优质、新颖且匹配的资源做补充和支持，对在 Production 环节中选择既匹配又优质的教学资源总是煞费苦心。但现在网络上的学习平台很多时候能够给教师们提供设计思路和教学资源。

我所讲授的“问路”这一课，活动设计的灵感就来源于网络上的英语学习资源。选择的标准是具有趣味性，背景音乐轻松愉悦，没有语言的干扰。使用它作为输出语言的支撑，目的是通过 production 环节培养学生的英语综合素养。学生们通过课堂活动中自己和小组成员的努力，用积累的积分兑换相

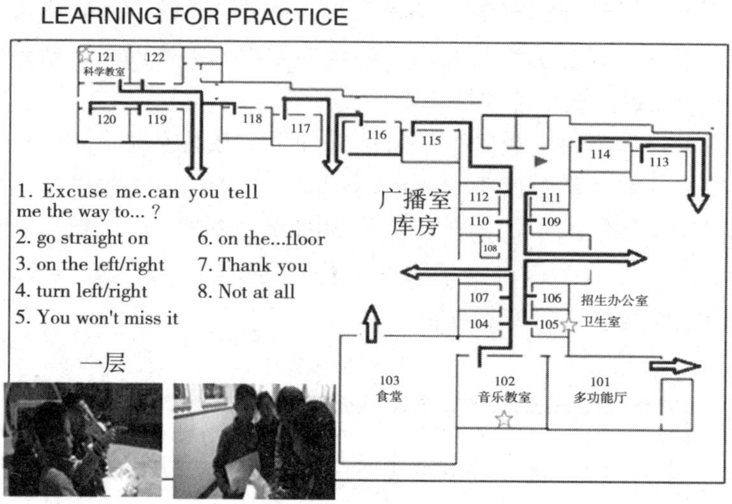


应的贴画，完成 stick and draw 活动，之后可以补充、完善他们手中的这份语言支撑材料。动口、动手、动脑，一堂现代的，具有实效性的，趣味无穷的英语课，就是通过教师的设计实现学生们综合素养的提升。

## 二、教学过程设计

教材：北京版二年级下册第二单元第六课 Can I have... ?

指导思想与理论依据：2011 版英语新课标在关于培养学生积极的情感目标中指出，小学英语学习的主要目标是培养学生对英语和英语学习的积极态度以及逐步增强的兴趣。具体而言，要着重培养学生敢于开口、积极参与的学习态度；同时指出，要把情感态度的发展渗透到日常的教学之中。关注学生的情感问题必须与英语教学本身相结合。

1. 主题课文

2. 功能句型

Can I have fish and rice, please?

Yes. Here you are.

3. 词汇

（1）单词：fish，rice，ice…

（2）短语：sit down，have…

**学生情况：**

二年级学生活泼好动，好奇心强，对于食物类的单词大多数同学在早期启蒙教育时就有所接触。经过一年级的学习渗透，大家对食物话题并不陌生。低年级学生喜欢谈论美食，对食物类的话题总是格外感兴趣。在低年级的英语教学设计中，我致力于挖掘学生的积极情感因素，激发和培养学生的学习兴趣。

**教学目标：**

1. 学生能听、说、读单词 fish，rice，ice，并能在实际交流中使用。

2. 学生能用"Can I have..., please?"以及"... for me, please."点餐，并能用"What do you have for lunch?""I have..."询问他人及交流自己的食物。

3. 学生能够表演或创编课文。

4. 学科育德：学生能够礼貌点餐并注重健康饮食。

**教学流程图：**

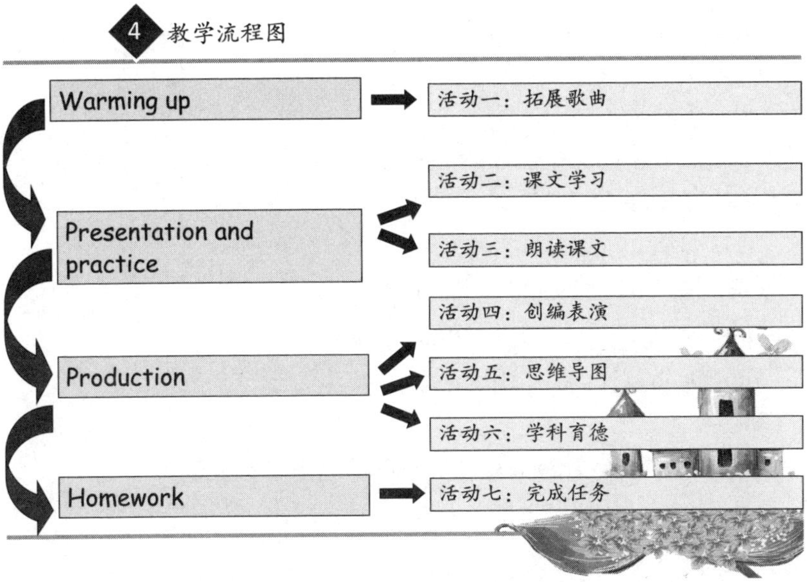

**教学过程：**

活动一：Let's sing.

教师与学生共同演唱歌曲 *Do you like...*（网络资源）。

活动二：观察主题图，回答问题。

T：Do you like spaghetti yoghurt?

Ss：No，I don't. Yucky!

T：We don't have spaghetti yoghurt for lunch. But we have yoghurt for lunch. What do Lingling and her classmates have for lunch? Let's learn.

T：Please look at the pictures. What do you know?

Ss：...

T：Where are they?

Ss：They are in the lunch room.

T：What food do you see?

Ss：I see...

活动三：听录音，学习对话。

T：What are they talking about? Let's Listen.

教师播放 2 遍课文录音。

Ss：They are talking about lunch.

T：What does Baobao want? What does he say?

Ss：He says "Can I have fish and rice，please?"

T：Wow! Baobao is polite. He says...

Ss：Please.

T：Right! Baobao is a good boy. We should learn from him.

T：Is the waiter kind?

Ss：Yes，he is kind.

T：He smiles and say…?

Ss：Here you are.

T：Baobao wants to have fish and rice for lunch. What about Lingling? What does Lingling say? Let's listen to the audio again.

教师再播放 1 遍录音，学生回答问题。

T：What does Lingling have for lunch?

Ss：She has meat and noodles.

T：Is she polite?

Ss：Yes, she is polite. She is a good girl.

T：Is the waiter kind?

Ss：Yes, he is kind. He smiles and say "Sure.".

T：We know Baobao has fish and rice for lunch. Lingling has meat and noodles for lunch. What does Yangyang have for lunch?

学生观察图片，凭记忆回答问题。

教师播放录音确认答案。

活动四：跟读课文。

教师领读，学生跟读。

活动五：课文表演。

师生示范。

T：Work in group of four. How many minutes do you need?

Ss：4 minutes.

T：Ok. Go!

活动六：功能句的学习与使用。

1. 教师出示功能句，请学生示范、朗读。

2. 课件呈现不同的食物图片，学生整体进行替换练习。

3. 结合 missing game，学生再次整体进行巩固练习。

活动七：What do you have for lunch ?

教师播放事先录制的学生在食堂点餐、交流与用餐的视频资源，学生观看并模仿练习。

1. 学生拿出学材（语言框架、食物奖励贴画），阅读并完成任务（选择食物贴画并粘贴到相应位置，如果没有贴画则手绘）。

2.Work in group of four。

3. 汇报。

活动八：Talk about the lunch.

1. 学生根据教师提供的语言框架，调动语言储备，构思演讲。

2. 练习与准备。

3. 面向全班介绍自己的午餐，并宣扬合理膳食、营养均衡的健康饮食理念。

活动九：总结与任务布置。

Today we have learned：

1.How to order.

2.How to talk about your meals with others.

3.Vocabularies of food.

Please have more healthy food every day.

Let's use the polite language "Can I ..." and "please".

Please try to be kind to everyone.

Homework:

1.I am a little teacher.

2.Read after the audio and recite the words.

Talk about the meals with your friends.

**教学反思：**

本课主题为"What do you have for lunch"。

活动流程：热身活动，课文学习与练习，拓展输出，总结与延伸。

1. 热身活动

教师能够与上一单元的知识进行自然过渡与衔接，巧妙地复现所学，巩固旧知。"What time is it？ It's... It's time for... "起到了承上启下的作用。热身活动中的拓展英文歌曲，是一首关于食物的有趣的歌曲，教师根据学生的年龄特点和兴趣基础，从许多网络资源中优选出这首歌，唱歌活动在激发学生学习兴趣的同时，也为本课之后的教学提供了充分的语言支撑。

2. 课文学习与练习

教师结合教学设计中的教学目标，尊重实际学情，设计的教学活动能够非常好地帮助学生自然习得重难点知识。教师通过查找并呈现大量的食物图片，充分调动学生的学习积极性，让图与文反复建立联系，学生们通过各种感官的刺激自然学习本课词汇。此外，教师还设计了丰富有趣的游戏活动，旨在复现、巩固所学词汇，让学生在欢乐轻松的氛围中，在良性竞争下掌握词汇，也为之后的拓展活动做铺垫。模仿、跟读课文，课文表演环节是教学常规活动，但它一点也不枯燥，学生们用自己认为对的腔调读句子，再加上自己的想象与创造，进行课文的表演与展示，这个活动深受学生喜爱。教师聚焦功能句的学习、练习与表达，强化重点、难点知识，通过练习助力并鼓励学生用英语做事情。

3. 拓展输出

本环节设置了两个创造性活动，活动一重基础，活动二重能力提升，很好地体现了课标中关于面向全体、关注差异的理念。教师录制教学示范视频也是本课的亮点之一，给学生们创设了贴近生活的教学情境，既服务本课教学，又能为学生创造更多用英语做事情的机会。最后，特别难得的是，教师在教学中渗透的道德教育设计得十分巧妙，多次引导学生要向 Baobao 和 Lingling 学习，因为他们使用文明礼貌用语，是小绅士和小淑女。本课教学内容是讨论午餐，教师向学生介绍健康食品和不健康食品，鼓励和引导学生多吃健康食品，少吃不健康食品。本堂课既有趣，又有内涵，是非常精彩的一堂开放课。

## 三、教研员点评

张老师是一位优秀的青年教师，本身的语言素质非常好，有较强的教学能力。这节课从一开始，就引用了一首歌曲，这首歌曲把这节课的知识与上一单元的知识进行了自然的过渡，使学生们对新知识充满亲切感，在唱的过程中，激发了学习兴趣。在课堂呈现新知和练习环节，张老师根据教学目标设计了丰富的教学活动，以学生为主体，很好地达成了教学目标。张老师还精心准备了大量的教学资源，突出了教学重点，解决了难点问题。学生们在理解和运用环节做得非常好。教师创设了真实情境，学生们在真实情境中，提高了使用语言的能力。在拓展输出环节，张老师设计了两个活动，一个活动注重基础，一个活动注重能力的提升。此外，张老师在教学中还非常关注学科育德，引导学生正确选择健康的食品，对德育的渗透做到了润物细无声。